Thomas Hellmuth

Austrofaschismus

Eine Identitätsgeschichte

BÖHLAU

Veröffentlicht mit Unterstützung durch die Kulturabteilung der Stadt Wien und
die Historisch-Kulturwissenschaftliche Fakultät der Universität Wien

Bibliografische Information der Deutschen Nationalbibliothek:
Die Deutsche Nationalbibliothek verzeichnet diese Publikation in der Deutschen
Nationalbibliografie; detaillierte bibliografische Daten sind im Internet über https://dnb.de abrufbar.

© 2024 by Böhlau, Zeltgasse 1, 1080 Vienna, Austria, ein Imprint der Brill-Gruppe
(Koninklijke Brill BV, Leiden, Niederlande; Brill USA Inc., Boston MA, USA;
Brill Asia Pte Ltd, Singapore; Brill Deutschland GmbH, Paderborn, Deutschland;
Brill Österreich GmbH, Wien, Österreich)
Koninklijke Brill BV umfasst die Imprints Brill, Brill Nijhoff, Brill Schöningh, Brill Fink,
Brill mentis, Brill Wageningen Academic, Vandenhoeck & Ruprecht, Böhlau, und V&R unipress.

Alle Rechte vorbehalten. Das Werk und seine Teile sind urheberrechtlich geschützt.
Jede Verwertung in anderen als den gesetzlich zugelassenen Fällen bedarf der vorherigen
schriftlichen Einwilligung des Verlages.

Coverabbildung: Kurt Schuschnigg bei der Einweihung eines Dollfuß-Denkmals in
St. Pölten am 20. Oktober 1935. © akg-images / brandstaetter images / Austrian Archives (S); Carry Hauser,
Tiroler Trachtenpärchen, 1934, Coverbild der Zeitschrift „Moderne Welt" © Bildrecht, Wien 2024; Carry Hauser,
Wiener Madonna, 1933 © Bildrecht, Wien 2024
Die auf dem Buchcover abgedruckten Bilder stehen für die austrofaschistische Ideologie und somit auch für einen
Teil der austrofaschistischen Identitätsbausteine. Die Fotografie zeigt Bundeskanzler Kurt Schuschnigg bei der
Einweihung eines Dollfuß-Denkmals in St. Pölten am 20. Oktober 1935. Die von Clemens Holzmeister entworfenen Ständesymbole sollen die Ständegesellschaft versinnbilden, die von den Austrofaschisten angestrebt, allerdings nicht verwirklicht wurden. Die beide anderen Abbildungen stammen von Carry Hauser, einem Maler und
Bühnenbildner: Die „Wiener Madonna" (1933) kommt den Katholizismus, der eine Grundlage des Austrofaschismus bildete, entgegen. Das Trachtenpärchen diente als Titelbild der Zeitschrift „Moderne Welt" (1934) und weist
auf die Bedeutung der Landschaft und der Volkskultur in der austrofaschistischen Ideologie hin. Hauser hatte sich
vehement gegen Antisemitismus und dem Nationalsozialismus gestellt, war allerdings auch in der Vaterländischen
Front aktiv. Der Austrofaschismus schien ihm ein Gegenmodell zum Nationalsozialismus zu sein.

Umschlaggestaltung: Michael Haderer, Wien
Korrektorat: Vera M. Schirl, Wien
Satz: le-tex publishing services, Leipzig
Druck und Bindung:
Printed in the EU

Vandenhoeck & Ruprecht Verlage | www.vandenhoeck-ruprecht-verlage.com

ISBN (print): 978-3-205-22044-2
ISBN (e-lib): 978-3-205-22046-6

Inhalt

Vorwort 7

Die Nebel lichten – eine Einleitung 9

1. Konkurrenz der Systeme – eine Vorgeschichte 15
   1.1 Der neue Staat und die Parteien 15
   1.2 Gesellschaftliches ‚Klima' in der Ersten Republik 18
   1.3 Konfliktdemokratie und der Weg in die Diktatur 25

2. Deutsch, christlich, universal – die Ideologie des Austrofaschismus 33
   2.1 Katholisch-christlicher Universalismus und „wahres Deutschtum" 34
   2.2 „Organische Demokratie": die berufsständische Gesellschaft 40
   2.3 Geschlechtliche Rollenbilder 44
   2.4 Ideologie in der Praxis 49
       2.4.1 Die „plebiszitäre Demokratie" 51
       2.4.2 „Bewegung" statt Parteien: die Vaterländische Front 54
       2.4.3 Stückwerk: die „organische Demokratie" 57

3. Vergangenheit in der Gegenwart – österreichische Identitätsbausteine 61
   3.1 Der habsburgische Mythos 61
   3.2 Katholizismus und Barock 65
   3.3 Landschaft und Ursprünglichkeit 66
   3.4 Vaterlandstreue, Heldentum und Heimatliebe 73

4. Der Versuch, das Bewusstsein zu beherrschen –
   Instrumentarien der Manipulation 81
   4.1 Schule und Universität 82
   4.2 Festliche Inszenierungen 87
   4.3 Literatur, Theater und Festspiele 97
   4.4 Presse, Radio und Film 105

5. Das große Scheitern der Identitätswerkstatt 113
   5.1 Grenzen der Propaganda 113
   5.2 Politischer Widerstand 117
       5.2.1 Zerstörung: der Nationalsozialismus 117
       5.2.2 Verteidigung: die Sozialdemokratie 121

5.3 Schein und Realität: Antisemitismus 125

6. Spuren, Kontinuitäten und (Auf-)Brüche 131
    6.1 Wiederauferstehung? 131
    6.2 Österreichische Identität reloaded 135
    6.3 Brüche und Kontinuitäten 141

Demokratie als Maßstab – Reflexion anstelle eines Resümees 145

Zeittafel 155

Anmerkungen 161

Abbildungsverzeichnis 191

Quellen- und Literaturverzeichnis 193
    Zeitungen und Zeitschriften 193
    Zeitgenössische Literatur / Literatur als Quelle 193
    Bibliographie 198

Personenregister 209

Sachregister 213

Vorwort

Das vorliegende Buch war schon seit längerem geplant, seine Realisierung zog sich dann aber doch in die Länge. Nun wurde es aber in wenigen Monaten geschrieben. Verantwortlich dafür waren letztendlich die politischen Ereignisse der letzten Zeit. Zunehmend wird von illiberaler Demokratie gesprochen, die Menschenrechte werden in Frage gestellt, gesellschaftlicher Wandel verneint, skurril anmutende Diskussionen über Kultur geführt. Es scheint, als ob die Gesellschaft ihr Heil wieder allein in der provinziellen Enge und in der Vergangenheit suchte, als ob sie nicht loslassen wollte von einer sehr eng definierten „Heimat". Das hatten wir alles schon mehrmals, und nie ist es gut ausgegangen. Gesellschaften sind nicht statisch, sie wandeln sich – das ist ein Fakt, historisch nachweisbar und nicht nur eine Behauptung.

Die – nicht unbedingt bewussten – Bezugnahmen gegenwärtiger Gesellschaften auf die Vergangenheit sind daher einer kritischen Betrachtung zu unterziehen. Dazu muss die Vergangenheit zunächst analysiert und interpretiert werden. Der:die Historiker:in sollte sich dabei bewusst darüber sein, dass ein völliges Entkommen aus der eigenen – auch politischen – Sozialisation nicht möglich ist. Folglich ist der Blick, der im vorliegenden Buch auf die austrofaschistische Vergangenheit geworfen wird, vielleicht auch manchmal subjektiv geprägt. Die moderne Kulturgeschichte hat gezeigt, dass Geschichtswissenschaft keine völlige „Objektivität" garantieren kann. Das Pochen darauf wäre auch bei anderen historischen Themen geradezu naiv oder gar ein Instrument, um persönliche, nicht zu vermeidende Werturteile zu verschleiern.

Die folgenden Darstellungen sind getragen von einem säkularen Verständnis von Staat und einem Demokratieverständnis, das sich durch gesellschaftliche Offenheit und Dynamik auszeichnet. Der Austrofaschismus pochte dagegen auf eine „organische Demokratie", die nicht durch eine Vielfalt von Meinungen geprägt war, sondern durch eine absolute Vorstellung von Gesellschaft. Damit verbunden war eine gewisse Hybris, die – zumindest aus heutiger Perspektive – gar seltsam und auch empörend anmutet. Manchmal kommt daher im Buch die persönliche Betroffenheit zum Ausdruck.

Apropos „Austrofaschismus": Der Begriff ist umstritten, weshalb die Zeitgeschichte zahlreiche alternative Bezeichnungen diskutiert. Im Buch wird der Begriff dennoch verwendet und die Entscheidung dafür im Nachwort – einer reflexiven Annäherung an die austrofaschistische Vergangenheit – auch durchaus nachvollziehbar argumentiert. Eine endgültige Lösung bei der Auseinandersetzung über die Bezeichnung des politischen Systems gibt es allerdings nicht, weil geschichtswissenschaftliche Definitionen keine mathematischen Formeln sind. Letztlich wird in diesem Buch aber ohnehin die Demokratie als Maßstab verwendet, um das politische System einzuordnen. Es geht dabei weniger um den Begriff des Faschismus als vielmehr um die gemeinsamen Grundlagen, die autoritäre und faschistische Systeme von einer bürgerlich-liberalen Demokratie unterscheiden.

Unabhängig von der begrifflichen Einordnung soll das Buch aber bewusst machen, dass jedes Beharren auf eindimensionale „Wahrheiten" Identitätskrisen verursacht und die Offenheit und Pluralität, die eine bürgerlich-liberale Demokratie ausmachen sollte, letztlich in soziale Ab- und Ausgrenzung verwandelt. Identität muss daher als dynamisch verstanden werden, „Heimat" konsequenterweise als „dynamische Heimat". Nur auf diese Weise können wir gesellschaftliche Veränderungen konstruktiv verarbeiten sowie die Gegenwart und Zukunft positiv – solidarisch, menschengerecht und demokratisch – gestalten. Es ist eine hochtrabende Hoffnung, aber vielleicht lässt sich ja doch aus der Vergangenheit lernen.

Wels/Wien, im Juni 2024

Die Nebel lichten – eine Einleitung

Wien, 2. September 1960: Der Spielfilm „Schachnovelle", eine Verfilmung der 1942/43 von Stefan Zweig verfassten Novelle, hat im Forum Kino seine Premiere. Für die Regie zeichnet Gerd Oswald verantwortlich, der 1938 in die Vereinigten Staaten geflüchtet war. In der Rolle des Rechtsanwalts Werner von Basil, der kirchliche Kunstschätze vor den Nationalsozialisten in Sicherheit gebracht hat und deswegen in Isolationshaft gesteckt wird, brilliert Curd Jürgens. Die Rahmenhandlung, ein Schachduell zwischen einem Schachweltmeister und von Basil, der aufgrund seiner Gestapo-Haft mit schweren psychischen Problemen kämpft, wird durch eine Rückblende in die Zeit der „Schachvergiftung", wie in der literarischen Vorlage der Hauptprotagonist seinen Zustand bezeichnet, ergänzt. In dieser Rückblende entsteht der Eindruck, als ob die bürgerlich-liberale Demokratie in Österreich nicht bereits mit dem austrofaschistischen System, sondern erst mit dem sogenannten Anschluss durch das nationalsozialistische Deutschland im März 1938 geendet hätte. Tatsächlich finden sich im Film nur zwei Mal indirekt Hinweise darauf, dass in Österreich bereits eine Diktatur geherrscht hat. Einmal betrachtet Werner von Basil, gewarnt vor einem Haftbefehl gegen ihn, nachdenklich ein Bild des austrofaschistischen Bundeskanzlers Kurt Schuschnigg, das eingerahmt an einer Wand seiner Wohnung hängt. In einer anderen Filmsequenz, die in der Gestapo-Zentrale im Wiener Hotel Metropol spielt, wird ein Bild von Schuschnigg unter dem empörten Blick des Rechtsanwalts entfernt. Schuschnigg steht gleichsam für Österreich, die Entfernung seines Abbildes symbolisiert das Ende der österreichischen Eigenständigkeit. Damit knüpft der Film nicht nur an die Abgrenzungsversuche des Austrofaschismus vom nationalsozialistischen Deutschland an, sondern verlagert die Diktatur zugleich in die Nebel der Vergangenheit.

Die Verfilmung der „Schachnovelle" entspricht der offiziellen österreichischen Erinnerungskultur nach 1945, die Novelle von Stefan Zweig hat diese bereits vorweggenommen. Die Zweite Republik blendete die Konfliktdemokratie der Zwischenkriegszeit und den Austrofaschismus weitgehend aus. Das sogenannte Dritte Reich überschattete die österreichische Konkurrenzdiktatur. Um die Zweite Republik zu sichern und – infolge der Erfahrung des Bürgerkriegs vom Februar 1934 – einen politischen Konsens zu gewährleisten, stand vor allem die Abgrenzung vom Nationalsozialismus im Zentrum der offiziellen Erinnerungskultur. Dazu wurde die „Opferthese" zelebriert, die Österreich zum Opfer des Nationalsozialismus stilisierte und jegliche Mitverantwortung ausschloss. Deutlich zeigt sich dies im Schulbuch „Unser Österreich", das 1955, im Jahr des Staatsvertragsabschlusses, für den Unterricht in der Hauptschule und der gymnasialen Unterstufe zugelassen wurde. Darin wird der Bürgerkrieg nur kurz erwähnt und als ‚Bruderzwist' bezeichnet, der allein der sozialen Not in der Ersten Republik entsprungen sei. Die austrofaschistische Diktatur kommt mit keinem Wort zur Sprache, vielmehr wird vom „Geist der Freiheit", der erst durch den Nationalsozialismus gewaltsam ausgelöscht worden sei, gesprochen:

> Niemand hätte es für möglich gehalten, daß in unserem Jahrhundert diese Freiheit jemals geraubt werden könnte. Sie galt jedermann als ein unantastbarer Teil der Menschenwürde. Und doch wurden im Jahr 1938 gleichzeitig mit der Glaubens- und Gewissensfreiheit alle Freiheiten, die in unseren Grundgesetzen verankert waren, mit einem Federstrich aufgehoben. […] Nun, da unser Österreich neu erstanden war, galt auch wieder die Freiheit der Meinung als Recht jedes einzelnen Staatsbürgers.[1]

Der Austrofaschismus wirkte bzw. wirkt aber in der Zweiten Republik nach: Nicht nur, dass etwa im Parlamentsclub der Österreichischen Volkspartei lange Zeit ein Portrait von Engelbert Dollfuß hing. Der „Demokratie-Killer", wie Robert Menasse ihn bezeichnet, wurde in einem „patriotischen Ölschinken" gleichsam gezähmt und sogar zu einem Widerstandskämpfer transformiert.[2] Erst 2017, im Zuge des Parlamentsumbaus, übergab die Österreichische Volkspartei dieses Portrait an das Niederösterreichische Landesmuseums als Dauerleihgabe. Überhaupt waren die offiziellen Bemühungen, eine österreichische Identität für die Zweite Republik zu konstruieren, zum Teil vom Austrofaschismus und seiner Ideologie beeinflusst. So wurden manche Identitätsbausteine der Zeit von 1933 bis 1938 einfach in die Zweite Republik transferiert. Der Habsburgermythos, aber auch der Katholizismus und die im Barock symbolisierte Gegenreformation fanden sich etwa nach 1945 im Fundus der ‚Identitätswerkzeugkiste'. Und auch der Föderalismus, der sich in der „Realverfassung" der Zweiten Republik spiegelt, wurde zwar im Austrofaschismus nicht in der politischen Realität gelebt, war aber durchaus in seiner Ideologie verwurzelt. Selbst die „Opferthese", die nach 1945 eine Beteiligung von Österreicher:innen an den nationalsozialistischen Verbrechen verleugnete, fand im Austrofaschismus manche Anknüpfungspunkte. Zwar galten alle diese Identitätsbausteine nicht mehr als Bestandteile der Österreich-Ideologie, die der Austrofaschismus propagierte, sondern dienten nun der bürgerlich-liberalen Demokratie im österreichischen Prozess der Nationsbildung. Es handelte sich aber dennoch um Versatzstücke einer Diktatur, die dem Zweck einer gleichsam demokratischen Indoktrination dienten. Weniger die „Sozialistische [und spätere Sozialdemokratische] Partei Österreichs" (SPÖ) als vielmehr die Österreichische Volkspartei (ÖVP) scheint hier einen maßgeblichen Anteil an der Konstruktion einer österreichischen Identität nach 1945 gehabt zu haben. Nicht nur der Nationalsozialismus hat somit seine Spuren in der Zweiten Republik hinterlassen, auch jene des Austrofaschismus sind bei genauerem Hinsehen oft deutlich zu erkennen. Die Vergangenheit kann nicht einfach ausgelöscht werden. Vielmehr prägt sie zum Teil noch immer die Politik bzw. Gesellschaft und – wenn zumeist wohl auch unbewusst – die Lebenswelten der Leser:innen.

Um diese Spuren sichtbar und bewusst zu machen, bietet sich ein kulturwissenschaftlicher Zugang über die „Neue Kulturgeschichte" an.[3] Zwar wurde der Austrofaschismus bereits aus politikgeschichtlicher Perspektive ausführlich analysiert (wiewohl freilich noch immer zahlreiche Desiderate bestehen), und auch über Kultur im engeren Sinn, etwa über Kunst, Theater, Film und Literatur, liegen bereits zahlreiche wissenschaftliche Untersuchungen vor.[4] Eine moderne kulturgeschichtliche Perspektive[5] überschreitet aber die Grenzen unterschiedlicher historischer Teildisziplinen, wie sie zum Beispiel die Politikgeschichte, Sozialgeschichte und Alltagsgeschichte sowie die historische Anthropologie darstellen. Sie beschäftigt sich unter anderem mit Ideologien, erfasst die politischen Entwicklungen und registriert diese in kulturellen Manifestationen wie etwa Literatur, Theater oder Film sowie Festlichkeiten und Kleidungsgewohnheiten. Auf diese Weise kann die Geschichtswissenschaft zum Teil neue Perspektiven auf die Vergangenheit einnehmen und damit auch zu neuen Erkenntnissen gelangen.

Allerdings muss Kultur dafür sehr breit definiert werden. Sie umfasst Sprache und andere Kommunikationsformen, die Handlungen von Individuen und sozialen Gruppen sowie kollektive Codes, Normen, Werte und damit verbundene identitätsbildende Merkmale, aber auch Materielles, etwa Gebäude und Gegenstände, insofern sie für die Zeitgenoss:innen sinnstiftend waren bzw. noch immer sind. Im Zentrum eines modernen Kulturbegriffs stehen folglich die handelnden Subjekte in ihrer Beziehung zur Gesellschaft und Fragen der Identitätsbildung. „Identität" ist in diesem Zusammenhang als dynamisch und somit als eine Art mentaler Konstruktionsprozess zu begreifen, in dem das Individuum versucht, die Umwelt, in die es hineingeworfen ist, mit seinem Inneren in Einklang zu bringen. Seine Erlebnisse und Erfahrungen werden ‚rund' und damit erträglich gemacht. Dabei ist das Individuum nicht völlig autonom, sondern in einen sozialen Raum eingebunden. In diesem findet es Denk- und Handlungsmöglichkeiten, die übernommen und in bestimmten Situationen angewandt werden können. Diese Denk- und Handlungsmöglichkeiten lassen sich mit Schubladen vergleichen, in die der Mensch seine Erlebnisse einordnet. Demnach ist Identitätsbildung als individuelles Phänomen zu verstehen, weshalb der Begriff der kollektiven Identität streng genommen eine Konstruktion darstellt. Er meint nichts anderes als eine Ansammlung von Identifikatoren bzw. Identitätsbausteinen.[6]

Der Austrofaschismus versuchte, die Schubladen, die gleichsam im Kopf der Menschen vorhanden sind und auch ergänzt werden können, mit spezifischen Identifikatoren bzw. Identitätsbausteinen zu füllen. Diese Bausteine fanden sich in der austrofaschistischen Ideologie, die ein spezifisches Österreichbild in Abgrenzung zum nationalsozialistischen Deutschland entwarf. Grundlegend war dabei die christlich-katholische Religion, mit der wiederum andere Identitätsbausteine begründet wurden. Zu diesen gehörte die vom Austrofaschismus angestrebte, allerdings letztlich nicht realisierte Ständeordnung, die als gottgewollt galt und angeblich im Mittelalter realisiert worden sei. Sie blendete die moderne Industriegesellschaft und die damit verbundene Klassengesellschaft aus und strebte eine Gesellschaftsordnung an, die Menschen nicht in Arbeitgeber:innen und Arbeitnehmer:innen, sondern nach ihren wirtschaftlichen und gesellschaftlichen Funktionen in Gruppen, in Korporationen bzw. Berufsständen, gliederte. Die individuellen Eigeninteressen, so die Vorstellung, würden sich zunächst in den Ständen und schließlich in einem gesellschaftlichen Ganzen auflösen. Neben der Ständeordnung begründete die christlich-katholische Religion aber auch die Idee eines Österreichs, das sich durch ein besseres, weil christlich fundiertes Deutschtum vom nationalsozialistischen Deutschland unterscheide. In diesem Zusammenhang wurde Österreich als Bollwerk gegen die Feinde christlich-deutscher Kultur stilisiert, wofür vor allem die Abwehr der Zweiten Wiener Türkenbelagerung im Jahr 1683 als Beweis galt. Zugleich findet sich in der austrofaschistischen Ideologie ein spezifisches, durch seinen universalen Charakter geprägtes Deutschtum, das sich in einem christlich-katholischen Missionsgedanken spiegelte. Die deutsche Kultur sollte als Leitkultur anderen Kulturen bzw. Ländern den Weg weisen. Und so galt der „Weg zu Gott" als „motivierende Urkraft" für die Politik bzw. gesamte Gesellschaft,[7] wobei „christlich" – zumindest ideologisch, wenn auch zumeist nicht in der religiösen Praxis – weniger konfessionell als vielmehr ethisch definiert wurde. Auf diese Weise ließ sich das Christlich-Katholische auch auf andere Religionen überstülpen. In seinem Universalismus berief sich der Austrofaschismus auf das – jahrhundertelang durch die Habsburger angeführte – Heilige Römische Reich Deutscher Nation und postulierte eine föderalistische, eine den Donauraum umschließende und sogar europäische Perspektive. Dem Nationalsozialismus wurde dagegen Zentralismus und kulturelle Hegemonie vorgeworfen, ebenso wie dem republikanischen Frankreich.[8]

Der Fokus des vorliegenden Buches liegt folglich auf der Identitätsbildung und damit einhergehenden Indoktrinations- bzw. Manipulationsmechanismen, aber auch auf deren partiellem Scheitern. Um aber Missverständnisse zu vermeiden, sei explizit betont, dass die folgende Darstellung freilich keine allgemeingültigen Wahrheiten bietet. Das wäre auch gar nicht möglich, weil Historiker:innen immer aus der Perspektive der Gegenwart in die Vergangenheit blicken. Geschichte, verstanden als die Deutung der Vergangenheit, ist daher immer auch von der Sozialisation der Historiker:innen beeinflusst. Wir tasten uns daher im Folgenden lediglich an die Vergangenheit und ihre Spuren in der Gegenwart heran, interpretieren und stellen Hypothesen auf, regen zum Weiterdenken an und verirren uns wohl auch manchmal in unserer Reise von der Zwischenkriegszeit in die Gegenwart. Genau das macht aber die Geschichtswissenschaft aus und weist sie als Teil der bürgerlich-liberalen Demokratie aus: Historische Erkenntnisse werden zur Diskussion gestellt und können aus anderen Perspektiven ergänzt, transformiert oder auch verworfen werden. Sie sind somit als fluid bzw. dynamisch zu betrachten. Das bedeutet allerdings nicht, dass die Vergangenheit beliebig gedeutet werden kann. Selbstverständlich muss der Erkenntnisprozess nachvollziehbar sein. Und dafür muss offengelegt werden, wie Quellen und andere historische Darstellungen miteinander verbunden werden, um spezifische Fragen zu beantworten. Diese Fragen wurden eingangs bereits angedeutet: Welche Wurzeln hat der Austrofaschismus und welche Ideologie liegt ihm zugrunde? Wie versuchte er, diese Ideologie sozusagen in den Köpfen der Menschen zu verankern und wieweit war er damit eigentlich erfolgreich? Und welche Spuren dieser ‚Identitätsarbeit' finden sich noch in der Zweiten Republik und in der Gegenwart. Das Buch verspricht somit eine interessante Reise gleichsam zurück in die Gegenwart, aber letztlich auch vorwärts in die Zukunft. Soll es doch zur Reflexion und damit auch ein wenig dazu anregen, die eigene Lebenswelt verantwortungsvoll, in einem bürgerlich-demokratischen Rahmen, mitzugestalten.

1. Konkurrenz der Systeme – eine Vorgeschichte

Der Austrofaschismus fiel nicht vom Himmel, auch wenn viele seiner Anhänger:innen die von ihm angestrebte Gesellschaft in einem von Gott gegebenen „Naturgesetz" begründet sahen (S. 42, 44). Er war vielmehr der Versuch, ein politisches Konzept zu realisieren, das in der Ersten Republik in Konkurrenz zu anderen heftig diskutierten politischen Systemen, unter anderem auch zur bürgerlich-liberalen Demokratie, stand. Diese Konkurrenzsituation führte oftmals zu gewalttätigen Auseinandersetzungen. Zum einen hatte sich der demokratische Diskurs noch nicht grundlegend in der Gesellschaft verankert. Zum anderen galt er aber ohnehin als Teil der bürgerlich-liberalen Demokratie und des Parlamentarismus, der von konservativer und rechtsextremer Seite als liberal, als Auswuchs des Parteienstaates und „absoluter Parteienherrschaft"[1], zunehmend kritisiert wurde. Zwar hatte sich die bürgerlich-liberale Demokratie nach dem Ersten Weltkrieg zunächst durchgesetzt. Neben dieser „Formaldemokratie"[2], wie sie der Austrofaschismus bezeichnete, existierten aber auch Vorstellungen einer sozialistischen „Volksdemokratie" sowie von autoritären bzw. faschistischen Gesellschaften. Zu den letzteren zählte der Austrofaschismus, der sich als „autoritäre" und „organische Demokratie" bezeichnete (S. 40–44).[3] Die noch schwache Verankerung der bürgerlich-liberalen Demokratie in der Gesellschaft bedeutete freilich nicht, dass sich die bürgerlich-liberale Demokratie der Ersten Republik von Vornherein in einer Krise befand. Mehr politische Mitbestimmung war nun möglich, und die anfänglich fortschrittliche Sozialgesetzgebung schien eine bessere Zukunft zu versprechen. Allerdings bereiteten die wirtschaftlichen und sozialen Probleme, die oftmals mit dem Begriff der „sozialen Frage" umschrieben wurden, einen fruchtbaren Boden für Rassismus und Antisemitismus sowie Chauvinismus und Nationalismus. Damit einher gingen eine unsägliche Kriegsverherrlichung und martialische Heldenverehrung, die Menschen verrohte und zu Untertanen erzog. Aus diesem gesellschaftlichen ‚Klima' sollte schließlich das austrofaschistische System – bis es von der nationalsozialistischen Konkurrenz verdrängt wurde – hervorgehen.

1.1 Der neue Staat und die Parteien

Als 1918 die Habsburgermonarchie unterging, brach ein großer einheitlicher Wirtschaftsraum auseinander. Das kleine Österreich, nunmehr eine Republik, kämpfte in der Folge mit wirtschaftlichen Strukturschwächen, weshalb es als kaum überlebensfähig und somit als Übergang zu einer anderen Staatsform betrachtet wurde. Daher galt der Anschluss an Deutschland als politische Alternative, aber auch die Eingliederung

Österreichs in eine Donauföderation oder in einen europäischen Staatenbund. Keine dieser vermeintlichen Lösungen ließ sich aber letztlich realisieren. Der Versuch, den neuen Kleinstaat mit der Ausrufung der Republik Deutschösterreich mittelfristig an Deutschland zu binden, scheiterte bereits 1919 am Vertrag von Saint-Germain. Die Bezeichnung „Deutschösterreich" wurde verboten, ebenso die Eingliederung in ein größeres Deutschland. Der neue Staat hieß nun Republik Österreich, dennoch blieben beinahe alle Parteien – allerdings in unterschiedlicher Ausformung und aus unterschiedlichen Gründen – auch weiterhin deutsch orientiert. Eine österreichische Identität sollte erst später unter dem Austrofaschismus – in Abgrenzung zum nationalsozialistischen Deutschland – propagiert werden.

Eine Ausnahme unter den Parteien bildete die Kommunistischen Partei, die sich für die staatliche Unabhängigkeit Österreichs aussprach und diese mit der spezifischen historischen Entwicklung der österreichischen Bevölkerung begründete.[4] Die Kommunist:innen, die eine „sozialistische Republik" bzw. „Räterepublik" anstrebten, besaßen allerdings nur geringen politischen Einfluss. Nicht zuletzt die Sozialgesetzgebung, die vor allem der Sozialdemokratie zu verdanken war, ermöglichte um 1920 eine vorübergehende soziale Befriedung der Gesellschaft und verhinderte zudem, dass die Kommunistische Partei an Attraktivität gewann. Unter anderem wurden der Achtstundentag, die Arbeitslosenversicherung und der Arbeiterurlaub – im Ausmaß von einer Woche und nach fünfjähriger Betriebszugehörigkeit von zwei Wochen im Jahr – eingeführt. Mit Betriebsräten erhielten die Arbeiter eine ständige Interessenvertretung in Betrieben, mit der Gründung von Arbeiterkammern wurde ein Gegenstück zu den Handelskammern gebildet und ein Grundstein für eine sozialpartnerschaftliche Zusammenarbeit geschaffen. Tatsächlich galt Österreich in Europa kurzfristig als Vorreiter in der Sozialgesetzgebung.

Die „fundamentale kollektive Identitätskrise"[5] der Ersten Republik zeigt sich am Beispiel der österreichischen Bundeshymne. Als ihre Grundlage diente die Melodie der Kaiserhymne von Joseph Haydn, der Text – „Sei gesegnet ohne Ende / Heimaterde wunderhold" – wurde von einem radikal deutschnationalen Dichter, Ottokar Kernstock, beigesteuert. Damit waren die meisten politischen Richtungen irgendwie bedient: Den Deutschnationalen ging das Herz bei einem Text der ihrigen auf. Kernstock hatte diesen im Übrigen schon 1919 verfasst und zunächst den Vers „Deutsche Heimat, wunderhold" an den Beginn gesetzt. Die Christlichsozialen, die auch die Monarchisten und Legitimisten integrierten, konnten den alten Text – „Gott erhalte, Gott beschütze, / unsern Kaiser, unser Land" – im Kopf mitsingen und erinnerten sich an den alten Kaiser. Selbst die Sozialdemokrat:innen schienen nicht ganz unglücklich, wenn der Text „Keine Willkür, keine Knechte" und „Gleiche Pflichten, gleiche Rechte" beschwor. Österreich besaß folglich eine Bundeshymne, die letztlich keine kollektive österreichische Identifikation zuließ. Die Austrofaschisten übernahmen im Übrigen die Kaiserhymne, ihre Beliebtheit hielt sich aber in Grenzen. Nach der Ermordung von Dollfuß gewann ohnehin das

„Lied der Jugend", das den Dollfuß-Mythos (S. 94, 96–97) bediente, zunehmend an Bedeutung.

Die Einstellungen der Parteien zur Ersten Republik waren also unterschiedlich. So sah die Sozialdemokratie die Zukunft optimistisch, weil ihre Hoffnung auf politische Mitbestimmung erfüllt und auch eine Verbesserung der Lebensverhältnisse näher zu rücken schien. Weiterhin hielt sie aber am Ziel einer sozialistischen, klassenlosen Gesellschaft fest. Allerdings sollte diese nicht auf revolutionärem, sondern – trotz des von den politischen Gegnern oftmals kritisierten Verbalradikalismus – reformatorischem Weg erreicht werden. Geduldig wurde also auf eine parlamentarische Mehrheit hingearbeitet. Die bürgerlich-liberale Gesellschaft galt daher eher als Instrument, um schlussendlich den Sozialismus zu verwirklichen. „Demokratie, das ist nicht viel, Sozialismus ist das Ziel", war die Losung vor allem jüngerer Sozialdemokrat:innen.[6] Nicht unglücklich mit dem Auseinanderbrechen der Monarchie, allerdings aus anderen Gründen als die Sozialdemokratie, waren auch die Deutschnationalen. Sie erhofften sich mit der Republik, die ja zunächst als „Republik Deutschösterreich" ein „Bestandteil der deutschen Republik" sein sollte,[7] vor allem eine Stärkung des „deutschen Volkstums" und letztlich auch einen Anschluss an Deutschland. Die „deutsche Frage", die sich im Vielvölkerstaat gestellt und zu heftigen Auseinandersetzungen geführt hatte, schien sich damit endlich lösen zu lassen.

Während Sozialdemokrat:innen und – zumindest teilweise – auch Deutschnationale die Geburtsstunde der Republik begrüßten, brach für andere gleichsam eine Welt zusammen. Es waren vor allem Konservative, Legitimisten und Monarchisten, die um das monarchische, ein angeblich von Gott legitimiertes System trauerten. Die Legitimisten akzeptierten überhaupt nur die Monarchie als mögliche gesellschaftliche Ordnung. Daher verwundert es kaum, dass sie Otto von Habsburg, den ältesten Sohn des letzten Kaisers von Österreich und Königs von Ungarn, Karl I., als Kaiser bezeichneten. Ihrer Meinung nach konnte nur er legitimes Oberhaupt von Österreich, eines monarchistischen Österreichs sein. Von den Legitimisten unterschieden sich die Monarchisten, von denen das Ende der Habsburgermonarchie freilich ebenfalls als Katastrophe empfunden wurde. Zwar erhofften auch sie sich die Wiedererrichtung der Monarchie, allerdings arrangierten sie sich mit der Republik zumindest vorübergehend. Dabei half der politische Katholizismus, der sich seit dem letzten Drittel des 19. Jahrhunderts herausgebildet hatte.

Obwohl sich die konservativ-christlichen Kräfte im 19. Jahrhundert, im sogenannten Kulturkampf, gegen die bürgerlich-liberale Gesellschaft gestemmt hatten, war es ihnen nicht möglich, sich ihr auf Dauer zu verschließen. Sie übernahmen ihre Organisations- und Kommunikationsformen und söhnten sich mit der Herrschaft des „Volkes" – zumindest partiell – aus.[8] Als Teil des politischen Katholizismus erleichterte die Christlichsoziale Partei (CSP), die immer wieder mit der Monarchie liebäugelte, den Monarchisten und ein wenig wohl auch den Legitimisten zumindest vorübergehend, die Republik hinzunehmen. Sie ersetzte gleichsam die kaiserliche Schutzherrschaft, die mit dem Niedergang der Monarchie verlorengegangen war.[9] Es konnte daher durchaus geschehen, dass Christlichsoziale, auch Regierungsmitglieder, an legitimistischen bzw. antirepublikanisch-monarchistischen Veranstaltungen teilnahmen und dabei die Kaiserhymne mitsangen. Im April 1922 führte etwa die Teilnahme von Christlichsozialen an einem Requiem für Kaiser Karl I. zu heftigen Protesten seitens der Sozialdemokratie und der Deutschnationalen.[10]

Tatsächlich war das Verhältnis der Christlichsozialen zur Ersten Republik ein gespaltenes. Dies sollte sich spätestens Ende der 1920er Jahre deutlich zeigen, als sie die bürgerlich-liberale Demokratie zunehmend als ungeeignetes Mittel zur Bewältigung der Wirtschaftskrise diskutierten. Es war aber keineswegs die alte Monarchie, die die Christlichsozialen wiedererrichten wollten. Ignaz Seipel, einer der wohl bedeutendsten Vertreter der Christlichsozialen Partei, sprach vielmehr von einer Vereinbarkeit von Kaisertum und Demokratie. Damit meinte er weniger eine konstitutionelle Monarchie, sondern eine ‚Alternative' zur bürgerlich-liberalen Demokratie. In ihr hatten Parteien keinen Platz. Der Kaiser sollte vielmehr „ein lebenslänglicher Volksanwalt" sein, „der nicht wie der Präsident einer Republik durch eine Partei zur Macht erhoben wurde".[11] Der Verdacht ist nicht ganz unbegründet: Der Begriff des „Kaisers" kann letztlich als Synonym für einen autoritären Herrscher verstanden werden, einen „Volksanwalt" oder einen „Führer". Er kann nicht durch Wahlen abgesetzt werden, dennoch steht er nicht über dem Volk. Er verkörpert dieses gleichsam. Damit vertrat er ein damals modernes Führerprinzip, das in rechtsextremen Kreisen seit Ende des 19. Jahrhunderts an Bedeutung gewann (S. 51–54).

1.2 Gesellschaftliches ‚Klima' in der Ersten Republik

Die Aufklärung, die Industrialisierung und die Säkularisierung, die mit einem Bedeutungsverlust der Religion für die Lebensgestaltung der Menschen einherging, veränderten die Gesellschaft: Alte Berufe gingen verloren und neue entstanden, das Zeitalter des Kapitalismus war gekommen und die Klassengesellschaft prägte das soziale Zusammenleben, die Arbeitsmigration in die Industriezentren setze ein und die soziale Armut nahm neue Dimensionen an. Gleichzeitig gewann aber auch der Individualismus an Bedeutung, der Einzelne löste sich aus den religiösen und traditionellen gesellschaftlichen Fesseln, stellte die alten, vor allem religiösen Sitten und Moralvorstellungen infrage. Das Schicksal galt nicht mehr als gottgegeben, sondern wurde gleichsam selbst in die Hand genommen.

Die Mitbestimmung des „Volkes", wie immer dieses auch definiert wird, gewann an Bedeutung, die bürgerlich-liberale Demokratie setzte sich zunächst durch. Diese ermöglichte die bereits erwähnten sozialen Errungenschaften (S. 16) am Beginn der österreichischen Ersten Republik. Zudem erlaubte sie vermehrt Kritik an den gesellschaftlichen Verhältnissen und gewährte künstlerischen Freiraum. So blühte etwa die

Varieté- und Kabarettszene, in der sich Unterhaltung mit Kritik verband. Neben dem bekannten „Simpl", in dem Fritz Grünbaum und Karl Farkas große Erfolge feierten, gab es in Wien unter anderem auch das jüdisch-politische Kabarett „Der liebe Augustin", das die Schauspielerin und Kabarettistin Stella Kadmon leitete. Der moderne Tanz verwarf strenge Tanzregeln und rückte das Gefühl in den Mittelpunkt, übte aber auch Gesellschaftskritik. Die Tanzgruppe um Gertrud Bodenwieser wandelte etwa im 1924 uraufgeführten Stück „Dämon Maschine" menschliche Körper in Maschinebestandteile um. Frauen werden von einem Dämon, der Maschine, in den Bann gezogen und ähneln zunehmend funktionierenden Rädchen in einer kalten Maschinerie. Innovationen fanden sich schließlich auch in den bildenden Künsten. Im „Hagenbund", einer der fortschrittlichsten Künster:innenvereinigungen, experimentierten Künstler:innen mit dem Expressionismus, der Neuen Sachlichkeit und dem Kubismus.

Gleichzeitig mit diesem Aufbruch in die Moderne entwickelte sich aber ein gesellschaftliches ‚Klima', in dem Chauvinismus sowie Rassismus und Antisemitismus wucherten. Vielen Menschen glaubten, den gesellschaftlichen Halt zu verlieren, den ihnen unter anderem auch die Religion gegeben hatte. Es schien, als ob sich die Gesellschaft in ihre Einzelteile auflöste. Die Sehnsucht nach einem ‚Ganzen', nach gesellschaftlicher Homogenität, war die Folge. Sie spiegelte sich insbesondere in der Vorstellung einer geschlossenen Nation.[12] Diese wurde nicht mehr, wie etwa während der Französischen Revolution, als bürgerlich-aufgeklärt bzw. republikanisch definiert. Vielmehr trat sie nun in Form eines chauvinistischen, aggressiven Nationalismus auf. Die bürgerlich-liberale Demokratie galt vielen als Spiegel der gesellschaftlichen Zerrissenheit und wurde geradezu verteufelt. Die mit ihr verbundenen, zeitaufwendigen Diskussionen in Parlamenten ließen sie als ungeeignet erscheinen, wirtschaftliche und gesellschaftliche Probleme schnell und nachhaltig zu lösen. Der Ruf nach einer „starken Hand" war vermehrt zu hören, antiparlamentarische und autoritäre Gesellschaftsmodelle wurden als Alternative diskutiert. Damit im Zusammenhang grassierten „völkische" Ideen, die Deutschtümelei bot sich als vermeintliches Heilmittel an. Eine Folge davon war die soziale Ausgrenzung bestimmter Bevölkerungsgruppen. Als menschenverachtendes Mittel dazu dienten der Rassismus und verschiedene Formen des Antisemitismus. In diesem ‚Klima' zog der rationale, ausgewogene politische Diskurs – in Österreich wie auch in anderen Ländern – gegenüber politischer Gewalt nicht selten den Kürzeren. Letztlich scheiterte die österreichische Demokratie in der Zwischenkriegszeit nicht an den demokratischen Strukturen der Republik, sondern am Mangel einer demokratischen Kultur.[13] Es fehlte an der Fähigkeit zum politischen Diskurs, an der Akzeptanz anderer Meinungen und an Konsensbereitschaft.

Deutschtümelei, damit verbunden auch der Deutschnationalismus, fand sich in unterschiedlicher Form bei allen politischen Richtungen. Bei den Deutschnationalen trat sie in der erwähnten chauvinistischen, aggressiven Form auf. Sie vertraten einen statischen Kulturbegriff und verneinten kategorisch jeden gesellschaftlichen Wandel. Es ging ihnen vor allem um die Verteidigung einer imaginierten heilen Welt, einer deutschen Kultur, die ständig bedroht zu sein schien. Daher propagierten sie auch unmittelbar nach der Gründung der Ersten Republik die Ausweisung „Nichtdeutscher", insbesondere von sogenannten Ostjuden sowie „Post- und Bahnwenzeln". Unter letzteren waren tschechische bzw. böhmische Beamte gemeint, die durch vertriebene Deutsche aus den ehemaligen Ländern der Monarchie ersetzt werden sollten. Zum einen erwarteten sich die Deutschnationalen dadurch einen größeren Stimmenanteil bei Wahlen, zum anderen sprachen sie überschwänglich von der „nationalen Ehre", die der neue (deutsche) Staat wahren müsse.[14] Als einzige der im Nationalrat vertretenen Parteien hatte die „Großdeutsche Volkspartei" (GDVP), die 1920 die unterschiedlichen deutschnationalen Verbände zusammenführte, einen Arierparagraphen in ihrer Satzung verankert.[15] Da die Deutschnationalen auf Bundesebene marginal blieben und lediglich als Koalitionspartner von Bedeutung waren, schlugen sich ihre Ausgrenzungs- und Vertreibungsphantasien vor allem auf lokaler Ebene nieder. Dort stellten sie auch häufig den Bürgermeister. In der oberösterreichischen Kleinstadt Wels forderten sie zum Beispiel schon 1918, nicht-deutsche Bevölkerungsgruppen in einem Einwohner:innen-Kataster deutlich sichtbar zu machen und somit zu stigmatisieren.[16]

Besonders engagiert waren die Deutschnationalen auch im lokalen Vereinswesen. Sie sangen „deutsches Liedgut" in deutschen Gesangsvereinen und trainierten, ja ‚stählten' ihre Körper in deutschen Turnvereinen, um die imaginierte deutsche Nation nicht gar durch körperliches Siechtum zu schwächen. So galten Turnvereine „als Zeichen der nationalen Kraft […] und des völkischen Lebenswillens",[17] als „eine Erziehungsstätte […] zur Wehrhaftmachung unseres Volkes"[18]. Die geradezu pathologische Furcht der Deutschnationalen vor einem angeblichen Niedergang deutscher Sprache und Kultur spiegelte sich im „Deutschen Schulverein" und im Verein „Südmark". Beide Vereine waren bereits Ende des 19. Jahrhunderts gegründet worden und schlossen sich 1925 zum „Deutschen Schulverein Südmark" zusammen. Ende 1933 bestanden rund 1.550 Ortsgruppen, darunter über hundert Jugendgruppen.[19] Mitglieder des Vereins reisten als „Wanderlehrer" durch die Bundesländer und agitierten durchaus aggressiv. Am 30. November 1926 hielt etwa ein solcher „Lehrer", Josef Hieß, im Kärntner Lavanttal einen Vortrag über „Geraubtes Deutsches Land":

> In zündender Resde [sic!] schilderte Herr Hieß die Leiden unserer deutschen Brüder in Südtirol. Er wies auf die Gefahr hin, die unserem Vaterlande von Seite der Tschechen und Slaven droht und zeigte an mehreren Beispielen, wie schlau die Juden vorgehen, um das deutsche Volk dem Untergange zuzuführen. […] Der Redner erntete für seinen ausgezeichneten Vortrag stürmischen Beifall. Alle Teilnehmer der Versammlung, die sehr gut besucht war, traten dem deutschen Schulverein Südmark als Mitglieder bei und versprachen Werbearbeit zu leisten.[20]

Der „Deutsche Schulverein Südmark" finanzierte Schulbüchereien, um „deutsches Kulturgut" zu retten und zu verbreiten. Kindergärten und Schulen wurden Lehr- und

Lernbehelfe zur Förderung der deutschen Sprache zur Verfügung gestellt. In Grenzregionen errichtete der Verein sogar deutsche Schulen, etwa 1930 die Haydnschule im burgenländischen Oberpullendorf.[21] Die Gemeinde hatte zunächst zu Ungarn gehört und war erst 1919 – durch die Verträge von St. Germain und Trianon – Österreich zugesprochen worden. Die Gefahr, von fremden Kulturen überrannt zu werden, schien dem Verein noch immer nicht gebannt.

Die Deutschtümelei bzw. der Deutschnationalismus der Christlichsozialen und der Sozialdemokrat:innen unterschieden sich im Übrigen fundamental von jenem der Deutschnationalen. Im Gegensatz zum deutschnationalen Chauvinismus orientierten sich beide Parteien übernational. Ihre Begründungen dafür wichen aber grundlegend voneinander ab. Bei der Sozialdemokratie ging es insbesondere um die Durchsetzung der klassenlosen Gesellschaft. Durch die Vereinigung mit der starken deutschen Sozialdemokratie erwarteten sie sich den Sieg über den Kapitalismus und eine sozial gerechtere Welt, die nicht allein an Nationen gebunden sein konnte. Nur der „Anschluss an Deutschland" könne, wie die „Arbeiter-Zeitung" 1920 schreibt, zur „proletarischen Revolution führen", auch weil „die wirtschaftlichen und sozialen Voraussetzungen der proletarischen Revolution [...] in dem großen deutschen Reiche unvergleichlich günstiger als in Deutschösterreich" seien.[22] Die Sozialdemokrat:innen folgten hier der marxistischen Auffassung, dass es zunächst einer starken bürgerlichen Gesellschaft und damit des erstarkten Kapitalismus bedürfe, um eine proletarische Revolution zu ermöglichen.[23] „Der Klassenkampf des deutschösterreichischen Proletariats", schreibt die „Arbeiter-Zeitung" weiter, „kann, solange Deutschösterreich isoliert bleibt, niemals zum vollen Siege führen; den vollen Sieg erkämpfen können wir nur, wenn wir unseren Klassenkampf [...] nicht mehr isoliert, sondern als ein Zweig des gesamtdeutschen Proletariats führen."[24] Letztlich betrachtete die Sozialdemokratie die bürgerlich-liberale Demokratie als eine Übergangsphase in die klassenlose Gesellschaft. Dennoch war die Erste Republik ‚ihre' Republik, weil sie wesentlich unter ihrem Einfluss zustande gekommen war.[25] Die Sozialdemokratie brauchte die bürgerlich-liberale Demokratie als eine Voraussetzung für die Durchsetzung der klassenlosen Gesellschaft, gleich ob diese nun durch einen gewaltsamen Umsturz oder friedlich auf reformatorischem Wege erzielt werden sollte.

Die Christlichsozialen standen der Erste Republik im Gegensatz zu den Sozialdemokraten skeptisch bis ablehnend gegenüber. Sie träumten von einem Österreich, das eine führende Rolle auf dem Weg zu einem friedlichen Europa einnimmt. Zwar waren bei den Christlichsozialen bzw. überhaupt in katholisch-konservativen Kreisen zunächst auch radikale großdeutsche Positionen zu finden. Letztlich dominierte aber ein übernationales Verständnis von „Deutschtum", das auf Basis eines christlichen Universalismus eine katholisch-deutsche Leitkultur propagierte. Diese Leitkultur sollte anderen Konfessionen und Nationen gleichsam den ‚richtigen' Weg weisen (S. 36–37, 40). Beide Formen deutscher Orientierung – Deutschnationalismus und katholisch-deutsche Leitkultur – fanden sich etwa in der 1919 gegründeten katholisch-deutschnationalen und antisemitischen Studentenverbindung „Deutsche Gemeinschaft". Ihr gehörten auch Engelbert Dollfuß und Othmar Spann an. Letzterer war ein maßgeblicher Wegbereiter des Austrofaschismus und seiner Idee des „Ständestaates" (S. 42–44). Im Gegensatz zur „Deutschen Gemeinschaft" lehnte der 1921 gegründete „Bund Neuland" den deutschnationalen Chauvinismus ab und vertrat allein die Vorstellung einer katholisch-deutschen Leitkultur. Zugleich trat der Verein gegen die Säkularisierung ein und sah sich dem Wahlspruch Papst Pius' X., „in Christus alles [zu] erneuern",[26] verpflichtet. Daher verabscheute der Verein auch den Nationalsozialismus, der ihm als gottlos und national beschränkt galt.

Die Deutschtümelei, insbesondere die „völkischen" Ideen der Deutschnationalen, wurde nicht selten von Antisemitismus begleitet. Aber auch die katholisch-deutsche Leitkultur barg die Gefahr antisemitischer Ressentiments unter einem kulturellen Deckmantel. Zwar wurde sie weniger konfessionell als vielmehr ethisch definiert. Sie gab aber die Maxime vor, wie gesellschaftlich ‚richtig' gehandelt werden müsse. Die sittlichen Ansprüche einer katholisch fundierten Gesellschaft galten letztlich als Messlatte, kulturelle Unterschiede konnten schnell zu einer Hierarchisierung von Menschen führen und in der Folge auch in Ausgrenzung umschlagen. Selbst die Sozialdemokratie, die viele jüdische Mitglieder zählte, fuhr im Zusammenhang mit dem Antisemitismus eine unklare Linie. Zwar verstand sie gesellschaftliche Konflikte grundsätzlich durch den Gegensatz der Klassen bestimmt. Andere Konflikte tat sie lediglich als Nebenkonflikte ab, die sich mit dem Sieg im Klassenkampf auflösen würden. Als „Judenpartei" diffamiert, verwendete sie aber zugleich den Antisemitismus, um politische Gegner anzugreifen. So wurden die Christlichsozialen als die wahre „Judenpartei" bezeichnet, die mit jüdischen Kapitalisten in Geschäftsverbindung stünde. Der sozialdemokratische Antikapitalismus wurde hier mit dem Stereotyp des jüdischen „Wucherers" vermischt. Nicht alle meinten diese antisemitischen Ausfälle wohl ernst, vielen diente dieser „taktische Antisemitismus" bloß als Instrumentarium im politischen Konkurrenzkampf. Weniger problematisch war dieser Antisemitismus deswegen aber nicht. Zudem ist anzunehmen, dass der Antisemitismus – vielleicht unbewusst – tatsächlich das Denken vieler Sozialdemokrat:innen prägte.[27] Schauen wir auf die Zwischenkriegszeit, wäre es geradezu naiv anzunehmen, dass erst diktatorische bzw. totalitäre Systeme die Gesellschaft ethnisch verengen.[28] Sie erleichtern zwar soziale Ausgrenzung und üben diese oft in kaum vorstellbaren Dimensionen aus. Die Bausteine für ihre menschenverachtenden Ideologien können aber auch in demokratischen Gesellschaften angelegt sein. Oder besser: Sie sind auch in demokratischen Gesellschaften zu finden.

Folglich war auch die Zwischenkriegszeit von unterschiedlichen, sich aber oftmals überschneidenden Formen des Antisemitismus geprägt. So finden wir etwa den religiösen Antisemitismus, der sich auf die jüdische Religion und jüdische Rituale bezieht, Juden als „Gottesmörder" bezeichnet und ihnen „Hostienfrevel" sowie „Ritualmord" vorwirft. Der soziale oder ökonomische Antisemitismus verband wiederum bestimmte spezifische soziale bzw. ökonomische Rollen, etwa die Tätigkeit im Handel und im

Bankwesen, mit bestimmten Vorurteilen. In den Köpfen der Antisemiten geisterte zum Beispiel das Bild des jüdischen „Wucherers" herum. Die große Macht, die damit verbunden sei, würden ‚die' Juden für die Erlangung der Weltherrschaft nützen. Damit ließ sich ein – freilich erfundenes – jüdisches Kollektiv für die wirtschaftlichen und sozialen Probleme der Zwischenkriegszeit verantwortlich machen. Ferner existierte der Kulturantisemitismus, der Juden historisch gewachsene kulturelle Mentalitäten zuschrieb. Damit ging eine perfide Ab- und Ausgrenzungsstrategie einher: Die jüdische Kultur wurde zwar als gleichwertig mit der christlichen, beide allerdings als nicht kompatibel betrachtet. Daher seien bei einem Zusammentreffen dieser unterschiedlichen Kulturen massive Konflikte vorprogrammiert. Der Kulturbegriff, der dieser Form von Rassismus zugrunde liegt, ist ein statischer. Kultureller Wandel, der ständig stattfindet, wird prinzipiell ausgeschlossen.

Schließlich prägte noch der rassistische Antisemitismus, der auch als „biologischer" oder „wissenschaftlicher" Antisemitismus bezeichnet wird, die Gesellschaft in der Zwischenkriegszeit. Er basiert auf dem Rassismus, der sich seit dem ausgehenden 18. Jahrhundert als vermeintlich „wissenschaftlich" herausgebildet hatte und heute als „pseudo-wissenschaftliche" Ideologie gilt. Dabei wird sozialdarwinistisch, somit also biologistisch ‚argumentiert' und ein Kampf höherer und minderwertiger „Rassen" angenommen. Ein Widerspruch der Aufklärung offenbart sich: Seit dem 18. Jahrhundert hatte die Wissenschaft begonnen, Mensch und Tier zu beobachten, zu vergleichen und letztlich durch Messungen zu kategorisieren. Diese Kategorien wurden schließlich auch auf die Gesellschaft übertragen. Plötzlich diente der Rationalismus dazu, soziokulturelle Ausgrenzung in Form eines vermeintlich „wissenschaftlichen Rassismus" biologistisch zu begründen.[29] Diese Form des Rassismus paarte sich nicht selten mit einer Kriegsverherrlichung, die an die Aufopferung für das Vaterland und das Heldentum appellierte. Ein Artikel, der 1926 in der deutschnationalen „Villacher Zeitung" erschien, stellte mit

> tiefer Wehmut […] fest, daß unsere männliche wie weibliche Jugend unter dem Einflusse volksfremder Gewalten und der feilen [käuflichen, Anm. d. V.], vergiftenden Judenpresse ganz und gar anders geartet ist, wie jene vor und in dem großen Kriege. Damals war sie beseelt von Vaterlandsliebe, Pflichtgefühl, Gehorsam, Opfermut und echtem Frontgeist, sie war stahlhart, dachte nicht an sich selbst, an feiges Sichergeben, sondern kämpfte mit starkem Willen und Selbstverleugnung für den Ruhm, die Größe und Wohlfahrt des Vaterlandes, mit dem sie sich innig verbunden fühlte.[30]

Nicht nur in Österreich, in ganz Europa war die bürgerlich-liberale Demokratie nicht das einzige politische System, das als möglich galt. Im Gegensatz zu unserer (westlichen) Gegenwart, in der allerdings zunehmend Phantasien von „illiberaler Demokratie" aufkommen, galt sie keineswegs als unbedingt erhaltenswert. Demokratische Spielregeln hatten sich in der Gesellschaft noch nicht fest verankert. Im Umfeld des kleinen Österreichs erlebten autoritäre bzw. faschistische Bewegungen, die auch vielen in Österreich als Alternative erschienen, einen Aufschwung: In Italien übernahm im Oktober 1922 der „Fascismo" unter Benito Mussolini infolge des berühmten „Marsches auf Rom" die Macht, in Deutschland gewann der Nationalsozialismus unter Adolf Hitler, der sich als „Bewegung" bezeichnete und sich damit gegen den Parteienstaat stellte, an Bedeutung, und in Ungarn regierte Miklós Horthy autoritär. Aber auch in anderen europäischen Ländern stellten sich rechtsextreme Bewegungen gegen die Demokratie. In Frankreich trat etwa die bereits am Ende des 19. Jahrhunderts gegründete „Action française" für die Wiedererrichtung einer Monarchie ein, und zahlreiche rechtsextreme Verbände, die sogenannten Ligues bzw. Ligen, streben die Abschaffung der französischen Dritten Republik an. Sogar in liberalen Kreisen, in denen die Republik zunächst euphorisch begrüßt worden war, wurde infolge der wirtschaftlichen Probleme der Zwischenkriegszeit zunehmend an ihr gezweifelt. Sie trauten der bürgerlich-liberalen Demokratie nicht zu, Krisen lösen zu können. Stefan Zweig klagte etwa über die demokratischen Entscheidungsprozesse, die viel zu langsam seien.[31] Es schien so, als ob manche Liberalen, insbesondere die Intellektuellen, in eine Identitätskrise geraten wären.

In Österreich stießen rechtsextremistische und faschistische Ideen etwa bei der Heimwehr (S. 26) auf starke Resonanz. In dieser rangen zwar unterschiedliche politische Richtungen um Dominanz, ihre Verachtung der bürgerlich-liberalen Demokratie zeigten sie aber ganz offen. Im „Korneuburger Eid" vom 18. Mai 1930 forderte sie, „den westlichen demokratischen Parlamentarismus und den Parteienstaat" zu verwerfen, bezeichnete den Staat als „Verkörperung des Volksganzen" und die „Stände" als einen gleichsam organischen Teil davon.[32] Das faschistische Italien unterstützte die Heimwehr ab dem Frühjahr 1928 sowohl finanziell als auch mit Waffen. Mit der Ausschaltung der bürgerlich-liberalen Demokratie in Österreich sollte ein Verbündeter geschaffen werden, der als ‚Pufferzone' zum nationalsozialistischen Deutschland dienen konnte. Im September 1931 versuchte der Steirische Heimatschutz unter der Führung von Walter Pfrimer, die Regierung zu stürzen und das politische System nach faschistischen Vorstellungen umzugestalten. Als Vorbild diente der „Marsch auf Rom". Zunächst wurden mehrere Orte in der Obersteiermark besetzt, dann marschierte der Steirische Heimatschutz in Richtung Wien. Die Unterstützung anderer Heimwehren blieb aber aus und der ‚Marsch auf Wien' scheiterte. Es folgte nun die Spaltung der Heimwehr in eine regierungsnahe Fraktion unter dem Bundesführer Ernst Rüdiger von Starhemberg und dem steirischen Heimatschutz, der sich zunehmend dem Nationalsozialismus annäherte.

Der österreichische Nationalsozialismus befand sich zu dieser Zeit bereits im Aufschwung. Zunächst hatten allerdings zwei unterschiedliche Richtungen miteinander konkurriert. Ein Strang des Nationalsozialismus reicht zu der am 15. November 1903 in Aussig gegründeten „Deutschen Arbeiterpartei" (DAP), die 1918 in „Deutsche Nationalsozialistische Arbeiterpartei" (DNSAP) umbenannt wurde. Zum Teil stand diese in einer sozialdemokratisch-marxistischen Tradition, die aber gleichsam „völkisch" verengt wurde. So sollten Unternehmer keine nicht-deutschen Arbeiter einstellen, um

Lohndumping zu verhindern. Marx' Überlegungen wurden auf einen Klassenkampf innerhalb der Arbeiter:innenschaft, zwischen deutschen und tschechischen Arbeiter:innen, übertragen.

Ein zweiter Strang des Nationalsozialismus führt nach München, in das dortige völkisch-antisemitische Milieu. Dort beerbten verschiedene Verbände den „Alldeutschen Verband", die bedeutendste nationalistische und antisemitische Vereinigung vor und während des Ersten Weltkriegs. Zu diesen Verbänden gehörte auch die „Thule-Gesellschaft", ein Germanenorden mit geheimen und okkulten Ritualen, der sich gegen die politische Linke stellte. Daraus ging 1919 die „Deutsche Arbeiterpartei" (DAP) hervor. 1920 wurde sie, bereits unter der Führung von Adolf Hitler, in „Nationalsozialistische Deutsche Arbeiterpartei" (NSDAP) unbenannt. Die Münchner Partei war vor allem von Georg Ritter von Schönerer, von seinem radikalen Antisemitismus, beeinflusst. Seit 1920 gelang es der Münchner NSDAP, wohl nicht zuletzt aufgrund des stark verbreiteten Antisemitismus, in Österreich zunehmend an Boden zu gewinnen.

Der österreichische Nationalsozialismus spaltete sich daher 1926 in zwei Bewegungen: eine „Schulz-Bewegung", benannt nach dem Obmann der österreichischen Nationalsozialisten Karl Schulz, und eine „Hitler-Bewegung". Der anfängliche Zulauf der Nationalsozialisten ließ einerseits aufgrund der inneren Spaltung, andererseits wegen der kurzfristigen Stabilisierung der österreichischen Wirtschaft vorübergehend nach. Ende der 1920er Jahre – die „Hitler-Bewegung" hatte sich inzwischen durchgesetzt – konnte schließlich ein neuerlicher Aufschwung verzeichnet werden. Dabei fischte sie erfolgreich im „völkischen" Milieu, viele Deutschnationale traten zur NSDAP über.[33] Der bereits erwähnte Josef Hieß, ein Wanderlehrer des „Deutschen Schulvereins Südmark" (S. 20), kann die Überschneidungen zwischen „völkischem" Milieu und Nationalsozialismus illustrieren: Hieß trat bereits 1933 der illegalen NSDAP bei, engagierte sich während des Nationalsozialismus im „Volksbund für das Deutschtum im Ausland" (VDA) und sollte nach 1945 den rechtsextremen Verein „Dichterstein Offenhausen" mitbegründen.

1.3   Konfliktdemokratie und der Weg in die Diktatur

Im März 1933 trug die Bundesregierung unter Engelbert Dollfuß die bürgerlich-liberale Demokratie zu Grabe. Am 1. Mai 1934 wurde schließlich eine Verfassung für einen „christlichen, deutschen Bundesstaat auf ständischer Grundlage"[34] erlassen. Das „Lehrbuch für Geschichte", verfasst von Oskar Kende, begründet diesen Schritt sehr vage:

> Dieser Zustand [die Abhängigkeit der Regierung von den Parteien, Anm. d. V.] wurde seit einer Reihe von Jahren von einem großen Teil der Bevölkerung immer mehr als schädlich und als Hemmnis für die Wohlfahrt des Staates und Volkes empfunden, und man verlangte

die Abschaffung der Parteienherrschaft und die Einführung einer Staatsverfassung, in der die Regierung von der fortwährenden Rücksichtnahme auf die Parteien frei sein sollte.[35]

Passivkonstruktionen und das Pronomen „man" lassen die Leser:innen im Unklaren, wer nun eigentlich die „Abschaffung der Parteienherrschaft" wollte. Unbewiesene Behauptungen reihen sich aneinander. Es entsteht der ohne Zweifel gewollte Eindruck, als ob der Weg in den Austrofaschismus unvermeidlich gewesen wäre. Klar erkennbar für die Zeitgenoss:innen spielt das Lehrbuch auf die Konfliktdemokratie an, die in den 1920er Jahren zunehmend an Brisanz gewann. Paramilitärische Verbände standen sich gegenüber: auf der einen Seite die rechtsextremen Heimwehren, die sich in den Umbruchstagen von 1918 gebildet hatten und auch unter dem Begriff des „Österreichischen Heimatschutz" zusammengefasst werden. Deren Mitglieder wurden auch als „Hahnenschwanzler" bezeichnet, weil sie Spielhahnfedern als Schmuck für ihre Hüte verwendeten. 1927 schlossen sich die verschiedenen Heimwehrverbände zusammen, 1930 traten sie auch als „Heimatblock" zu Wahlen an. Dazu kamen noch kleinere Verbände wie die antisozialistischen und antisemitischen Frontkämpfer, die sich aus ehemaligen Soldaten zusammensetzten. Am rechten Rand waren auch die Ostmärkischen Sturmscharen angesiedelt, die 1930 von Kurt Schuschnigg als katholische Kulturbewegung gegründet worden waren, aber auch eigene Wehrformationen aufbauten. Sie bildeten ein christlichsoziales Gegengewicht zur selbstbewussten Heimwehr. Diesen rechtsextremen Verbänden standen auf der anderen Seite bewaffnete ‚linke' Arbeiterwehren gegenüber. 1923 hatten sich diese zum Republikanischen Schutzbund vereint.

Immer wieder stießen diese Wehrverbände aufeinander, 1927 kulminierten die Konflikte schließlich. Der Schutzbund marschierte in der burgenländischen Gemeinde Schattendorf auf, worauf Frontkämpfer in die Menge schossen und zwei Menschen töteten: ein Kind und einen Kriegsinvaliden. Im Juli 1927 fand in Wien der Prozess gegen die Täter statt, die ihre Tat nicht leugneten. Dennoch sprachen die Geschworenen die Angeklagten frei. Es folgten massive Proteste der sozialdemokratischen Arbeiter:innen. In vielen Wiener Betrieben wurde die Arbeit niedergelegt, vor dem Justizpalast kam es zu einer Demonstration, an der rund 200.000 Menschen teilnahmen. Dem Republikanischen Schutzbund gelang es nicht, die Demonstration in geordnete Bahnen zu lenken – zu groß war die Menschenmenge, zu groß die Wut der Demonstrierenden. Die berittene Polizei stachelte deren Unmut noch weiter auf. Nicht die „aufgebrachte Masse"[36], wie oftmals in Schulbüchern zu lesen ist, drang in der Folge in den Justizpalast ein und stecke diesen in Brand, sondern eine kleine Gruppe von Demonstranten. Nach Rücksprache mit Bundeskanzler Ignaz Seipel gab Polizeipräsident Johannes Schober der Polizei Befehl, in die unbewaffnete Menge zu schießen. 84 Demonstrant:innen und fünf Tote der Exekutive waren zu beklagen. Den Sozialdemokrat:innen waren die Ereignisse ein Beweis für die Unterdrückung der Arbeiterklasse, die konservative Regierung sah darin den Beleg dafür, dass die Sozialdemokratie eine bolschewistische Revolution

Abb. 1 „Straßenschlacht" (Aquarell von Franz Probst, 1927).

plante.[37] Die Ereignisse von Schattendorf und der Justizpalastbrand waren eine Zäsur, vor allem weil die Sozialdemokratie eine Niederlage hatte einstecken müssen. Die sozialdemokratische Partei hatte sich als verletzbar erwiesen und geriet in die Defensive. Bestürzt von den Ereignissen rund um den Justizpalastbrand malte Franz Probst, der sich in seinen Gemälden vor allem mit sozialkritischen Themen auseinandersetzte, ein Schwarzweiß-Aquarell, das die Sozialdemokratie in der Defensive und den Gegner, die Exekutive und die austrofaschistische Regierung, als schreckliche, brutale Fratze zeigt.

Die Fronten waren verhärtet, wegen der angespannten Lage drohte jede Versammlung von paramilitärischen Verbänden außer Kontrolle zu geraten. Insbesondere Versammlungen des Schutzbundes liefen Gefahr, von der Heimwehr gestört zu werden. Dies geschah etwa am 19. August 1929 in St. Lorenzen im Mürztal, einer kleinen steirischen Gemeinde. Der dort ansässige Schutzbund wollte sein zehnjähriges Jubiläum feiern, als plötzlich die Heimwehr anrückte, um eine Rede des Sozialdemokraten Koloman Wallisch, damals steirischer Landtagsabgeordneter, zu verhindern. Zunehmend wurden die Versammelten, zu denen auch Frauen und Kinder zählten, bedrängt. Der Schutzbund wehrte sich, und die Feierlichkeiten gerieten schließlich zu einem Blutbad. Als traurige Bilanz waren insgesamt 91 Verletzte, auf Seiten des Schutzbundes auch ein Toter zu beklagen.[38]

Der politische Katholizismus war der bürgerlich-liberalen Demokratie bereits seit Anfang der Ersten Republik mit Misstrauen gegenübergestanden. Der politische Katholizismus: Dazu gehörten die Bischöfe und der andere Klerus, das breitgefächerte katholische Vereinswesen und schließlich auch die Christlichsoziale Partei, die ihrem politischen Handeln den katholischen Glauben grundlegten.[39] Für die Volkssouveränität, wie sie die Aufklärung und die Französische Revolution von 1789 gefordert hatten, konnten sich diese konservativen Gruppen nur wenig erwärmen. Der Justizpalastbrand, der die Schwäche der Sozialdemokratie gezeigt hatte, bestärkte sie seit Ende der 1920er Jahre, auf die Abschaffung der bürgerlich-liberalen Demokratie hinzuarbeiten und sie schließlich durch eine „organische Demokratie", die auf einer berufsständischen Ordnung beruhen sollte, zu ersetzen (S. 40–44). Ignaz Seipel, einer der führenden Köpfe der Christlichsozialen, hatte bereits 1918 überlegt, die zweite Kammer des Parlaments, den Bundesrat, in eine Ständevertretung umzuwandeln.[40] Überhaupt stellte er die parlamentarische Demokratie in Frage:

> Ruhe und Ordnung sichert uns für die Zukunft [...] allein der freie, wahrhaft demokratische Staat. Eine Monarchie, die, mit den Fehlern des alten Systems behaftet, wiederkehrte, vertrüge unser Volk nicht mehr; aber es vertrüge auch eine undemokratische oder nur zum Schein demokratische Republik nicht.[41]

Seipel sprach von der Notwendigkeit einer „wahren Demokratie", die etwa Johannes Messner, einer der Theoretiker einer berufsständischen Gesellschaft, später ausführlich erläuterte (S. 41–44). Diese „wahre Demokratie" bedürfe der Autorität, eines ‚starken Mannes' oder ‚Führers' mit viel Macht. Seipel meinte, damit „das parlamentarische Leben" erleichtern und den „Nationalrat vor der Gefahr oder dem Verdacht der Versumpfung" retten zu können. Die „parlamentarische Scheindemokratie" diene dagegen lediglich der „Sicherung absoluter Parteienherrschaft".[42] Mit anderen Worten: Die umständlichen und langwierigen Diskussionen im Parlament sollten reduziert werden. Seipel sah in ihnen nur eine Lähmung der politischen Handlungsfähigkeit und keineswegs ein Lebenselixier der Demokratie. Nicht nur Seipel, sondern der politische Katholizismus als Gesamtes verurteilte die bürgerlich-liberale Demokratie als „Lüge", die dem „neuen Staate zwar demokratische Namen und Formen" gebe,

> aber keine demokratische Verfassung! [...] Wir verhehlen [...] nicht, welch tiefgreifender Unterschied zwischen der organischen Staatsauffassung und der autonomistischen ist, aus der die Forderung des allgemeinen Wahlrechtes letzten Endes stammt. Wir betrachten im Gegensatz zu ihr noch immer den Staat für gesünder und besser geordnet, der nicht unmittelbar aus zusammenhanglosen Individuen, die in der Theorie alle gleich, in der Wirklichkeit aber doch recht ungleich sind, bestehen will, sondern seine Bürger auf dem Umweg über ihre Familien und Berufsstände erfaßt.[43]

Die Christlichsozialen hatten also seit der Gründung der Republik das alternative Modell eines „wahrhaft demokratischen Staates" ausgearbeitet. Ganz offen forderte Seipel bereits lange vor der Ausschaltung des Parlaments einen Staat, dem eine „organische Staatsauffassung" zugrunde liegt. Dieser könne seine Bürger:innen „über ihre Familien" und „Berufsstände" erfassen, während der „autonomistische" Staat nur aus „zusammenhanglosen Individuen" bestehe.[44] Die päpstliche Enzyklika „Quadragesimo anno" von 1931 bestätigte diesen Kurs, indem sie die Lösung aller sozialen Probleme von der Einführung einer berufsständischen Ordnung erwartete. Zugleich formulierte sie auch die Ablehnung des Sozialismus, den sie, „gleichviel ob als Lehre, als geschichtliche Erscheinung oder als Bewegung", als „mit der Lehre der katholischen Kirche immer unvereinbar" betrachtete.[45] Flankenschutz erhielt der politische Katholizismus auch vom Landbund, einer deutschnationalen und antisemitischen Bauernpartei, sowie den Heimwehren. 1931 arbeitete etwa der Sekretär des Landbundes, Rudolf Kinsky, einen ständischen Verfassungsentwurf aus,[46] und die Heimwehren hatten sich – wie bereits erwähnt – im „Korneuburger Eid" von 1930 gegen den Parteienstaat gestellt. Sie beschworen den Staat als „Verkörperung des Volksganzen" und forderten ebenfalls eine berufsständisch organisierte Gesellschaft.[47]

Die Verfassungsreform vom 7. Dezember 1929 lieferte eine Grundlage für den Umbau der Gesellschaft in Richtung der beschriebenen antiparlamentarischen Ziele. Seipel war 1930 davon überzeugt, dass es mit „der gegenwärtigen Form der parlamentarischen Demokratie nicht für immer und auch nicht mehr für lange Zeit sein Bewenden haben werde". Dem „Parlament des gleichen und allgemeinen Wahlrechtes" sollte ein „Ständerat mindestens an die Seite" gesetzt werden. Noch besser sei es allerdings, es überhaupt durch einen „Ständerat" zu ersetzen.[48] Seipel starb 1932 und konnte nicht mehr miterleben, wie sich seine Prophezeiung durch die Errichtung des sogenannten Ständestaates bewahrheitete. Allein die Sozialdemokratie war es, die die bürgerlich-liberale Demokratie verteidigte. Die Deutschnationalen sympathisierten zunehmend mit den Nationalsozialisten, die Heimwehren und der Landbund leisteten den Christlichsozialen gleichsam Flankenschutz, indem sie ebenfalls das ständestaatliche Prinzip verwirklicht sehen wollten. Der Klerus hatte ohnehin nie Zweifel daran gelassen, dass er den Parteienstaat als eine Ausgeburt der Hölle betrachtete. Die bürgerlich-liberale Demokratie galt ihm als erster Schritt hin zum Sozialismus bzw. Kommunismus.[49] Unterstützung erhielt die Regierung schließlich auch vom Ausland. Benito Mussolini erhoffte sich durch ein Bündnis mit Österreich eine Stärkung seiner Position gegenüber dem nationalsozialistischen Deutschland. Österreich wiederum sah im Bündnis, aber auch durch die Einführung eines diktatorischen Systems die Chance, mit Deutschland gleichsam auf Augenhöhe verhandeln zu können.[50] Außerdem teilte die österreichische Regierung die Meinung Mussolinis, dass sich die Nationalsozialisten, ein Haufen von „Unzufriedenen", mit der Abschaffung der bürgerlich-liberalen Demokratie gewinnen lassen würden[51] – eine Fehleinschätzung, wie sich später herausstellen sollte.

Die Mär der „Selbstausschaltung" des Parlaments, die sich auch noch in der Zweiten Republik als recht beständig erwies, kam den Christlichsozialen und dem Bundeskanzler, Engelbert Dollfuß, entgegen. Tatsächlich handelte es sich dabei freilich um einen Staatsstreich, dessen Geschichte schon oft erzählt wurde: Als es am 4. März 1933 bei einer Abstimmung im Nationalrat zu Unstimmigkeiten kam, traten alle drei Parlamentspräsidenten hintereinander zurück. Die Versammlung konnte nun nicht mehr ordnungsgemäß geschlossen werden. Es hätte nun drei Möglichkeiten gegeben, die verfahrene Situation zu regeln: Der Bundespräsident, Wilhelm Miklas, war dazu berechtigt, den Nationalrat wieder einzuberufen. Dazu wäre ein Antrag der Regierung notwendig gewesen, die diesen aber nicht stellte. Sie unterließ es auch, dem Bundespräsidenten die Auflösung des Nationalrats und Neuwahlen vorzuschlagen. Schließlich wäre die Demokratie noch zu retten gewesen, wenn der Bundespräsident die Regierung entlassen und auf diese Weise Neuwahlen ermöglicht hätte. Dollfuß drängte aber Miklas, diesen Schritt nicht zu setzen. Da keine der drei Möglichkeiten genutzt wurde, versuchten die sozialdemokratischen und deutschnationalen Abgeordneten am 15. März 1933, die unterbrochene Sitzung wieder aufzunehmen. Die Polizei hielt sie aber unter Androhung von Waffengewalt davon ab. Dollfuß wusste nun diese Auswegslosigkeit, die von seiner Regierung bewusst herbeigeführt worden war, zu nutzen: Er berief sich auf das „Kriegswirtschaftliche Ermächtigungsgesetz" aus dem Jahr 1917. In der Krisensituation des Ersten Weltkriegs hatte dieses Gesetz dazu dienen sollen, die Wirtschaft am Laufen zu halten und – im Übrigen vergeblich – die Versorgung der Bevölkerung zu garantieren. Warum es dann auch Eingang in die republikanische Verfassung von 1920 fand, lässt sich nur schwer beantworten. Da die Regierung immer wieder Verordnungen nach dem „Kriegswirtschaftlichen Ermächtigungsgesetz" erließ, sah sie darin wohl einen einfacheren Weg, bestimmte Probleme zu lösen, als durch einen gegebenenfalls mühsamen Gesetzesbeschluss im Parlament. Möglicherweise wurden damit auch Gesetzeslücken geschlossen oder auslaufende Gesetze – aus welchen Gründen auch immer – verlängert. Dem Parlament, das im Nachhinein die Verordnungen immer genehmigte, wurde aber darüber Bericht erstattet. Seit 1928 war die Berichterstattung an das Parlament allerdings nicht mehr üblich.[52] Dollfuß verfügte jedenfalls mit dem „Kriegswirtschaftlichen Ermächtigungsgesetz" über diktatorische Vollmachten, die er sofort nutzte. In der Folge ließ er die Nationalsozialistische Arbeiterpartei (NSDAP) und den mit ihr verbündeten Steirischen Heimatschutz, eine radikale Heimwehrbewegung, verbieten.[53]

Die sozialdemokratische Partei durfte zunächst weiterbestehen, die Regierung übte aber auf diese – etwa durch häufige Hausdurchsuchungen nach Waffen – starken Druck aus. Im Februar 1934 mündeten schließlich die politischen Auseinandersetzungen zwischen Sozialdemokratie und Christlichsozialen in einem Bürgerkrieg (S. 121–123). Die Sozialdemokrat:innen gingen daraus als Verlierer hervor. Gleichzeitig zeigte der Bürgerkrieg aber auch, dass die Propagandamaschine des Austrofaschismus, seine Identitätswerkstatt, nur mäßig funktionierte. Der Austrofaschismus konnte seine Gegner mit seiner – zu komplexen und zum Teil widersprüchlichen – Ideologie kaum erreichen. Infolge des Bürgerkriegs wurde die Sozialdemokratische Arbeiterpartei (SDAP) aufgelöst. Die Nationalsozialistische Arbeiterpartei (NSDAP), die Kommunistische Partei Österreichs (KPÖ) und der Republikanische Schutzbund waren ohnehin schon zuvor verboten worden. Im Untergrund agierten sie allerdings weiter. Da der Parteienstaat mit der neuen österreichischen Verfassung vom Mai 1934 als abgeschafft galt, löste sich schließlich auch die Christlichsoziale Partei (CSP) auf. Von nun an gab es nur noch die Vaterländische Front (S. 54–57), die nach der Ausschaltung des Parlaments im Mai 1933 als Einheitsbewegung gegründet worden war.

2. Deutsch, christlich, universal – die Ideologie des Austrofaschismus

Der Austrofaschismus orientierte sich in seinen inszenierten Auftritten an dem benachbarten italienischen oder auch deutschen Faschismus. Diese beiden Arten von Faschismus wirkten aber gerade in ihrer Begeisterung für technische Innovationen durchaus modern, auch wenn sie – insbesondere der Nationalsozialismus – diese Modernität paradoxerweise mit Antimodernismus vermischten. Dagegen haftete dem Austrofaschismus vor allem der ‚Mief der Jahrhunderte' an. Zwar zeigte er sich gegenüber moderner Architektur und Kunst nicht völlig unaufgeschlossen, und im Theater wurden durchaus Stücke gespielt, die auch dem bürgerlich-aufgeklärten Kulturkanon gerecht wurden. Das waren aber letztlich Masken, hinter denen der Austrofaschismus seine wahren Ambitionen verbarg.[1] Tatsächlich wurde der künstlerische Freiraum zunehmend eingeschränkt. Zwar glaubte der Austrofaschismus, mit seiner berufsständischen Ordnung etwas partiell ‚Neues' zu schaffen. Tatsächlich huldigte er aber vor allem der Vergangenheit und dem damit verbundenen Katholizismus, forcierte das Handwerk und stemmte sich geradezu gegen technische Neuerungen.

Seine Ideologie, die ihre vermeintliche Kraft aus der Vergangenheit schöpfte, lässt sich anschaulich an zwei zentralen staatlichen Symbolen zeigen: dem Kruckenkreuz und dem Doppeladler. Das Kruckenkreuz findet sich bereits auf Münzprägungen aus dem 9. Jahrhundert, zierte im Ersten Kreuzzug die Wappen von Kreuzrittern und diente später habsburgischen Herrschern als Symbol. Der doppelköpfige Adler, oftmals auch mit Heiligenschein bzw. Nimbus versehen, war seit dem 15. Jahrhundert das Wappentier des Heiligen Römischen Reiches. 1804, mit der Gründung des Kaisertums Österreich, wurde der Doppeladler auch in das österreichische Wappen übernommen. Auf einem Plakat, das zum Kauf von Losen anregen sollte, um den – nicht realisierten – Bau einer „Frontführerschule" der Vaterländischen Front (S. 96) zu finanzieren, sind diese zwei Symbole abgebildet. In ihrer Darstellung wirken sie modern, sie sind dem künstlerischen Trend der Zeit entsprechend nüchtern gestaltet und erinnern an Symbole, wie sie auch im faschistischen Italien oder Deutschland üblich waren. In ihrer Bedeutung sind sie aber völlig in der Vergangenheit verankert: im Mittelalter mit seiner Ständegesellschaft, im Heiligen Römischen Reich Deutscher Nation und in der Habsburgermonarchie. Die beiden Reiche waren dazu geeignet, dem kleine Österreich einen universalen, die nationalen Grenzen überschreitenden christlich-katholischen Anstrich zu geben. Letztlich symbolisieren das Kruckenkreuz und der doppelköpfige Adler den Antimodernismus des politischen Systems. Sie stehen für dessen Verweigerung, den Wandel zu akzeptieren, den die wirtschaftliche Entwicklung und die Industrialisierung seit dem 19. Jahrhundert bewirkten.

Abb. 2 Werbeplakat für den Verkauf von Losen, um eine „Frontführerschule", ein Denkmal für den ermordeten Engelbert Dollfuß, zu finanzieren (1935).

2.1 Katholisch-christlicher Universalismus und „wahres Deutschtum"

Mit dem Doppeladler als Staatssymbol sah sich das austrofaschistische System ideell in der Nachfolge des Heiligen Römischen Reiches Deutscher Nation und des Kaisertums Österreich. Beide Reiche hatten den Doppeladler als Zeichen der Macht in ihren Wappen geführt, beide waren von Historikern und Philosophen bereits in der demokratischen Zwischenkriegszeit dafür gerühmt worden, sich durch ihren vermeintlichen katholisch-christlichen und europäischen Universalismus auszuzeichnen. Nicht selten war die Wissenschaft dabei eher pathetischem Fabulieren als rationaler Argumentation zugetan. Da wurde lebhaft an historischen Konstruktionen gearbeitet, die dann die austrofaschistische Ideologie unterfüttern konnten.

So betrachtete etwa der Historiker Heinrich Ritter von Srbik das Heilige Römische Reich und die Habsburgermonarchie als Alternativen zum „deutschen Dualismus", zur groß- oder kleindeutschen Lösung. Aber beginnen wir mit der grundlegenden Aufgabe, die er der Geschichte auferlegt: „der Schaffung eines gemeinsamen deutschen Volksbewußtseins auf der Grundlage eines gemeinsamen Geschichtsbewußtseins". Dazu seien die „großen Ideen deutscher Vergangenheit", die nationalstaatliche, mitteleuropäische und universale Idee, im Bewusstsein der Menschen zu harmonisieren. Österreich galt ihm als Trägerin dieser „universale[n] Idee", die ihren Ursprung im „deutschen Wesen" und seiner „mitteleuropäischen und europäischen Kulturverbundenheit" habe.[2] In die gleiche Kerbe schlug auch der Literaturhistoriker Josef Nadler, der literarische Spezifika aus einer abstrusen „Stammestheorie" ableitete und daraus auch politische Schlussfolgerungen zog. Er sah bereits im Nibelungenlied und in anderen, zum Teil noch älteren mittelalterlichen Dichtungen, deren Handlungen im Donauraum angesiedelt sind, das Habsburgerreich angedeutet, „lange ehe einem Dynasten des Herzogtums zum ersten Mal der kühne Gedanke des großen Völkerbundes aufstieg, Jahrhunderte früher als er Wirklichkeit wurde".[3] Damit lieferte er eine Grundlage, auf der Österreich weit in der Vergangenheit verankert werden konnte. Es verwundert kaum, dass Srbik und Nadler gemeinsam einen Sammelband mit dem Titel „Österreich. Erbe und Sendung im deutschen Raum" herausgaben.[4] Darin wollten sie zeigen, wie sich das österreichische „Volk […] in seiner eigentümlichen Natur, in seinen wechselnden Verbindungen mit den meisten Völkern Europas und immer als Glied des deutschen Volkes durch tausend Jahre Geschichte" entwickelt habe.[5]

Srbik und Nadler scheinen auch den deutschen Philosophen Hermann Keyserling, der als Bestsellerautor der Zwischenkriegszeit nicht nur im deutschsprachigen Raum, sondern auch international bekannt war, in seinem Österreichbild beeinflusst zu haben. In seinem mehrfach aufgelegten Buch „Das Spektrum Europas" (1928) bezeichnet er ‚den' Österreicher als „Deutschlands ältesten Kulturtypus" und Österreich selbst als „das einzige Land, in dem die Tradition des Heiligen Römischen Reiches" fortlebe. Überschwänglich schreibt er von einem „österreichische[n] Geist", der sich in einer Kultur widerspiegle, die nationale Grenzen überschreite. Nicht das preußische Deutschland, sondern Österreich sei letztlich der Garant dafür, dass die Idee des Heiligen Römischen Reiches Deutscher Nation in moderner Form auf Europa übertragen würde:

> Vor allem aber lebt noch der österreichische Geist, dieser uralte und hochdifferenzierte Kulturgeist, der immer wieder beliebiges Blut assimilierte, welcher Völkerschaften verschiedenster Sprache durchdrang und dank dem jahrhundertelang die politische Wundertat vollbrachte, sie mit sanfter Hand auch äußerlich zusammenzuhalten. Dieser Geist ist der Antipode des preußischen. Seine Lebensmodalität liegt im Lassen und nicht im Tun, in der Weichheit und nicht in der Härte. […] So ist es kein Wunder, dass die Wiedereroberung Europas durch deutschen Geist im kulturpolitischen Verstand seit Versailles von Österreich ausgeht. Mag Österreich noch so schwach sein: die in ihm lebendige Idee ist noch heute die, welche einstmals das Heilige Römische Reich Deutscher Nation erschuf.[6]

Dieser christlich-katholische Universalismus, erfunden in den Denkstuben von Gelehrten, schloss zwei Aufgaben ein: Erstens sollte Österreich mit seinem „wahren", weil christlich-katholischen Deutschtum die Zersplitterung des Deutschtums aufheben. Österreich galt als Gegenpart des nationalsozialistischen Deutschlands, das das Deutschtum auf seine nationalen Grenzen verenge. Zweitens sprach der christlich-katholische Universalismus Österreich eine missionarische Führungsposition in Europa, wenn nicht gar auf der ganzen Welt zu.[7] Aus Österreich sei zwar, wie Bundeskanzler Kurt Schuschnigg meinte, „ein kleiner Staat geworden. Aber es gibt auch noch deren kleinere in Europa [...]. Unser neuer Staat wäre nicht Österreich und nicht wert zu bestehen, wenn nicht im neuen, modernen Gewand die alte Sendung sich durchzusetzen vermöchte."[8] Unter dem „modernen Gewand" verstand Schuschnigg die angestrebte ständestaatliche Ordnung des Staates, die sich von der Monarchie unterscheiden sollte, ohne aber deren „Geist" zu verneinen. „Daß der Gedanke des Reiches lebendig bleibe", schrieb die Tageszeitung „Die Stunde", „allerdings nur im Geistigen und Kulturellen", bleibe daher „Österreichs geschichtlich begründete Erbpflicht".[9] Österreichs Deutschtum, das laut Keyserling der „Härte" abgeschworen habe und die „Weichheit" kultiviere, unterscheide sich daher vom nationalsozialistischen Deutschland unter anderem durch die Akzeptanz anderer Kulturen.

Allerdings sollte die deutsche Kultur als Leitkultur anderen Kulturen den ‚richtigen' Weg weisen, sie gleichsam auf einen höheren kulturellen Stand befördern und damit sogar ein friedliches Europa schaffen. Der Literaturwissenschafter Oskar Benda sprach von einer „österreichische[n] Humanitas", die „den Begriff des Deutschtums ursprünglich und unverkenntlich" bereichere. „Österreichisch" sei „nicht nur ein geographischer Begriff, sondern in der Tat auch eine geistige Idee, die Idee eines aus ethisch geläuterter Humanität quellenden, Menschen, Stände und Völker verbindenden Humanismus".[10] Für den Schriftsteller Leopold Andrian bestand die „österreichische Sendung" zum einen darin, „die Geistigkeit der deutschen Räume zu einer [...] besonderen Kultur" zu vereinen. Zum anderen sollte Österreichs Kultur „über die anderen Völker Europas" ausstrahlen.[11] Engelbert Dollfuß sprach von einer „Mission" der „Österreicher [...], gegenüber anderen Völkern Kulturträger zu sein".[12] Auf einer Versammlung der Vereinigung christlich-deutscher Mittelschullehrer betonte 1936 der Generalsekretär der Vaterländischen Front, Walter Adam, die friedliche und völkerübergreifende Funktion Österreichs:

> Die österreichische Staatsidee [...] war und ist auf geographischen und wirtschaftlichen, kulturellen und völkischen Tatsachen begründet und wird es bleiben, soweit sich eine friedliche, organische Entwicklung unseres Kontinents absehen läßt. Sie kann und konnte durch wirtschaftliche Nöte und politische Konstellationen zeitweilig verdunkelt, aber aus der Idee einer friedlichen europäischen Gemeinschaft nicht gestrichen werden. Wir dürfen uns durch den plumpen Einwand, die Geschichte des neuen Oesterreichs beginne erst 1918, nicht beirren lassen. Geschichte und Kultur des alten Österreichs ruhten so wesentlich auf Oesterreichern deutschen Stammes oder auf solchen, die vom deutschen Element der Monarchie assimiliert worden waren, daß wir schon aus diesem Grunde mit unbestreitbarem Recht unsre Tradition über den Riß von 1918 hinweg aus fernster österreichischer Vergangenheit herleiten.[13]

In diesem Sinn präsentierte das Schulbuch „Vaterlandskunde" den „Plan des 70-Milliarden-Reiches", eine „großösterreichische Lösung" als Alternative zur klein- oder großdeutschen Lösung.[14] Dieser Plan, der leider nicht verwirklicht worden sei, habe vorgesehen, nach der Revolution von 1848 den Vielvölkerstaat Österreich-Ungarn mit Deutschland zu vereinen. Ein solches Reich, dem auch nicht-deutsche Länder angehört hätten, wäre freilich nur unter der christlich-katholischen Leitkultur möglich gewesen. Diese deutsche Kultur sei zwar den anderen Kulturen überlegen, zugleich hätte sie diesen aber – im Sinne einer christlich-katholischen Missionierung – gleichsam die Mutterbrust der kulturellen Überlegenheit dargeboten. Ein schönes oder zumindest interessantes Bild drängt sich auf: Die verschiedenen Länder und Kulturen, die in dieser „großösterreichischen Lösung" vereint sind, saugen an der Brust einer deutschen Austria, ähnlich wie die französischen Bürger – die französische Republik ist zunächst männlich – an der Brust von Marianne, der Allegorie der Republik. Den Austrofaschismus erinnerte dieses Bild aber wohl zu sehr an die Französische Revolution, um es für Propagandazwecke zu instrumentalisieren.

Der christlich-katholische Universalismus spiegelte sich auch im Alltag, etwa im wirtschaftlichen Bereich. So kann eine auf dem ersten Blick rein touristische Initiative, die „Hospitalitas Salisburgensis", bei genauerer Betrachtung durchaus in den österreichisch-deutschen Missionsgedanken eingeordnet werden. Hinter der „Hospitalitas Salisburgensis" stand laut der Zeitschrift „Österreichische Kunst" ein „Kreis feinfühliger, kulturerfüllter Menschen, die sich der Pflicht jedes Österreichers voll bewusst sind, gerade jetzt der Heimat mit den besten Kräften zu dienen". Daher wolle dieser Kreis den „Kontakt mit ‚Österreichischem Geiste', Milieu und Menschen" ermöglichen. Zu diesem Zweck bot die „Hospitalitas Salisburgensis" den Touristen eine „Reihe von Spezialveranstaltungen mit besonderer Betonung der österreichischen Note" an.[15] Diese „österreichische Note" war eine katholische und zugleich eine deutsche im österrcichischen Sinn, wie sich aus dem Protektorat über die „Hospitalitas Salisburgensis" schließen lässt. Dieses hatte nämlich der Fürsterzbischof von Salzburg, Ignatius Rieder, übernommen, der als Verfechter der gesamtdeutschen Perspektive im Sinne des christlich-katholischen Universalismus galt.[16]

Einer solchen Austria, die ihre säugende Brust anderen Ländern darbietet und sie mit der kulturellen Milch des „wahren Deutschtums" speist, lag der Zentralismus fern. Dieser wurde dem nationalsozialistischen Deutschland vorgeworfen und von den Apologeten des christlich-katholischen Universalismus abgelehnt. Der Nationalstaat galt ihnen als zu einengend und engstirnig, das Reich – das „erste Reich" nämlich und nicht das „zweite und nicht das dritte" – sollte auch „fähig sein, fremdes Volkstum zu führen".[17] Daher sollte Europa, nachdem es durch den ‚wahren' deutschen bzw. dem österreichischen Geist geläutert worden sei, aus verschiedenen eigenständigen, zugleich aber organisch zusammenwirkenden Gliedern bestehen. Dieser Geist würde, wie Walter Adam betonte, mit der Kraft eines Naturgesetzes zur Geltung kommen, sobald unser Kontinent von der nationalsozialistischen Kriegs- und Nachkriegspsychose geheilt sein wird. […] Nationen, Sprachen und Kulturen greifen so vielfältig und ohne natürliche Grenzen ineinander, daß eine reinliche Trennung zu einer wahren staatspolitischen Atomisierung des Donauraumes führen würde. In Mitteleuropa wird daher immer ein Kompromiß zwischen der Nationalstaatsidee und der übernationalen Staatsidee herrschen müssen […].[18]

Das austrofaschistische System, gedacht auch als übernationale Größe, definierte sich als ein von Gott geschaffener Organismus aus kleineren und größeren Teilen, die wiederum in einer aktiven Symbiose zueinanderstanden. Dieses föderale Prinzip galt auch innerhalb der nationalen Grenzen. Daher wurden die einzelnen Bundesländer ebenfalls als organische Teile des Ganzen betrachtet. Und so verwundert es nicht, wenn etwa einer Schriftstellerin wie Enrica Freiin von Handel-Mazzetti 1936 das „Ehrenbürgerrecht" der Stadt Linz verliehen wurde. Sie habe, so die Begründung, das Bundesland Oberösterreich als unentbehrlichen Teil Österreichs dargestellt. Sie, die auch mit dem Nationalsozialismus liebäugelte, ließ sich auf diese Weise auch vom Austrofaschismus vereinnahmen.[19] Das föderale Prinzip des Universalismus ermöglichte es, unterschiedliche Kulturen – freilich immer unter der Schirmherrschaft der deutschen Leitkultur – zu akzeptieren. So feierte zum Beispiel die Operette „Auf der grünen Wiese" des tschechischen Komponisten Jara Beneš, die im Oktober 1936 in der Wiener Volksoper uraufgeführt wurde, einen einschlagenden Erfolg. Dieser war wohl nicht zuletzt dem Umstand geschuldet, dass die Inszenierung unter österreichischer Patronanz erfolgt war. „Eine bessere Wiedergabe", lobte die Zeitschrift „Österreichische Kunst" die Aufführung, „wird Benesch nicht einmal in seiner Heimat vorfinden."[20]

Der austrofaschistische Universalismus bedeutete aber nicht nur Übernationalität und Föderalismus, sondern integrierte auch „Familie, Gemeinde und Berufsstand" als die „natürlichen gesellschaftlichen Grundgemeinschaften".[21] „Volk ist also eine innere Einheit", schreibt der Journalist Anton Böhm, der im „Bund Neuland" (S. 22) engagiert war,

> aber nicht ‚uniform', keine undifferenzierte Masse. Volk ist ein gegliedertes Ganzes; es verwirklicht sich als Einheit von Familien, Sippen, Generationen, Ständen, Stämmen, ja mitunter sogar Staatsvölkern, verwirklicht sich in einem Reichtum sozialer Gebilde, die doch alle teilhaben am gleichen Volkstum und die einheitliche Volksgemeinschaft aufbauen.[22]

Die Vielfalt in der Einheit galt bis in den kleinsten gesellschaftlichen Raum. So wurde etwa in der Wirtschaft von einem gegliederten Ganzen fantasiert. Zwar existierten Arbeitnehmer:innen und Arbeitgeber:innen, allerdings würde im Berufsstand, selbst ein Organismus im großen Organismus, der Gegensatz zwischen beide Gruppen aufgehoben (S. 41). Die Gemeinden stünden wiederum in synthetischem Verhältnis zu den Bundesländern und Nationen, und die Familie – wie etwa die päpstliche Enzyklika „Rerum novarum" aus dem Jahr 1891 betonte – galt als „Zelle"[23] der Gesellschaft.

Der hier beschriebene Universalismus, der aus heutiger Sicht zumindest Verwunderung auszulösen vermag, zeigt letztlich, wie sehr wissenschaftliche Erkenntnisse (oder Interpretationen) von der jeweiligen Gesellschaft und Kultur abhängig sind. Insbesondere Historiker:innen sind Kinder ihrer Zeit und entkommen ihrer Sozialisation nur zum Teil. Zugleich beeinflussen sie aber auch die Gesellschaft, in der sie leben, durch ihre historischen Deutungen. Srbik war etwa geprägt vom Zusammenbruch der Habsburgermonarchie, in der er noch seine Jugend verbracht hatte, und schließlich vom gesellschaftliche ‚Klima' der Zwischenkriegszeit. Wie im vorherigen Kapitel gezeigt, ließ dieses Klima auch verschiedene Formen der Deutschtümelei, des Rassismus und Antisemitismus sowie die Ablehnung der Demokratie wuchern. So war Srbik etwa Mitglied in der antisemitischen Verbindung „Bärenhöhle", in der sich christlichsoziale und deutschnationale Professoren organisierten. Ihre ideologischen Anschauungen schienen im Antisemitismus und Antisozialismus zahlreiche Überschneidungen zu finden. Sie verhinderten daher die Karrieren jüdischer und linksgerichteter Kolleg:innen, indem sie etwa Habilitationsschriften an der Universität Wien ablehnten.[24] Nach dem „Anschluss" Österreichs an das „Dritte Reich" zeigte sich Srbik anpassungsfähig und trat der Nationalsozialistischen Arbeiterpartei (NSDAP) bei.[25] Weiterhin war er vom universellen Reichsgedanken beeinflusst, der als Grundlage der austrofaschistischen Ideologie gedient hatte. Den Nationalsozialismus lehnte er deshalb aber keineswegs ab. Ähnlich wie Srbik war auch Josef Nadler, der immer wieder durch heftige antisemitische Tiraden auffiel, sehr flexibel in seiner ideologischen Orientierung. Hatte er zunächst noch dem Austrofaschismus ideologische Bausteine geliefert, trat auch er kurz nach dem „Anschluss" im Jahr 1938 der NSDAP bei.[26] Oskar Benda, dessen wissenschaftliche Arbeiten ebenfalls der Ideologie des Austrofaschismus entgegenkamen, blieb dagegen ein entschiedener Gegner des Nationalsozialismus und flüchtete 1938, infolge des „Anschlusses", aus Österreich. Nadler hatte er vorgeworfen, sich in seinen Schriften auf die Rassentheorie zu beziehen.[27] Dieser – nicht unberechtigte – Vorwurf zeigt, auf welchem ideologischen Konglomerat das geistige Klima der Zwischenkriegszeit beruhte.

Wie Benda stand auch Keyserling dem Nationalsozialismus ablehnend gegenüber, auch wenn er sich letztlich doch mit ihm arrangieren sollte.[28] Nicht zuletzt eine Weltreise in den Jahren 1911/12 hatte seine übernationalen Vorstellungen geprägt. Der Universalismus, den Srbik aus der Geschichte des Heiligen Römischen Reiches und der Habsburgermonarchie herausfilterte, kam ihm dabei entgegen. Aber auch den zu seiner Zeit grassierenden Antisemitismus wusste er in seine Überlegungen zu integrieren, wobei er hier penibel zwischen Internationalismus, den er als jüdisch brandmarkte, und „Übernationalismus" unterschied:

> Sie [die Juden, Anm. d. V.] waren von jeher Internationalisten, doch immer von der Basis extrem betonten jüdischen Volkstums her. Der jüdische Internationalismus bedeutet nicht das

gleiche wie der anderer Völker: er ist einfach Ausdruck des Interesses der parasitären Existenz daran, daß alle hemmenden Schranken im Wirtskörper fallen.[29]

„Nicht-Juden" seien dagegen ein „Wirtskörper" und müssten „sich eben zu diesem bekennen, d. h. zur Einheit von Landschaft und Volk".[30] Nicht der Internationalismus sei daher Europas Zukunft, sondern der „Übernationalismus". Die universale Idee, die im „wahren Deutschtum", im Erbe des Heiligen Römischen Reiches und der Habsburgermonarchie, zu finden sei, bot sich daher den Nationen – aus der Sicht Keyserlings und Österreichs – geradezu als ‚Vademecum' auf dem Weg zum friedlichen Miteinander an. Nicht zufällig fand das Buch „Das Spektrum Europas" von Hermann Keyserling in der österreichischen Presse positive Resonanz. Die Linzer Tages-Post sah etwa eine „Lanze […] für Österreich"[31] gebrochen, der Tiroler Anzeiger das „wahre Gesicht Österreichs"[32] portraitiert.

Nun besitzt der Begriff der Leitkultur aber den bitteren Beigeschmack von Überheblichkeit, damit verbunden auch von Unterordnung. Wenn die christlich-katholische Missionierung misslang, war nicht nur Abgrenzung, sondern auch Ausgrenzung vorprogrammiert. Die Unterdrückung anderer politischer Meinungen, etwa jener der Sozialdemokrat:innen, ist nur ein Beispiel dafür. Ein weiteres sind der Rassismus und Antisemitismus, der zwar auf eine kulturelle Ebene gehoben werden sollte, wie es unter anderem Keyserling geschickt vorzeigt. Tatsächlich vermischten sich dabei die Vorstellungen von Kultur aber immer wieder mit biologischen Merkmalen. Letztlich ließen sich der „Kulturantisemitismus" und der „Kulturrassismus" nicht klar vom biologischen Rassismus trennen. So wurde zum Beispiel die Bedeutung des böhmischen Königs Ottokar für Österreich intensiv und widersprüchlich diskutiert. Auf der einen Seite galt er durchaus als Vertreter der Idee eines Europas, das im Sinne des Universalismus die nationalen Grenzen überschreitet. Auf der anderen Seite beeinflusste aber dann doch die Biologie seine Beurteilung. „[…] Die Herrschaft Ottokars", ist im Schulbuch „Vaterlandskunde" zu lesen, „bedeutete für die Ostalpenländer eine Lockerung ihrer Verbindung mit dem Deutschen Reiche, und es bestand die Gefahr, daß der zwischen Sudeten und Adria neu entstandene Großstaat[33] mit seinem starken slawischen Einschlag den Einfluss des deutschen Volkes auf den Südosten Europas abschneiden und ihm sein bedeutendstes historisches Wirkungsgebiet rauben würde."[34] Da mochte die „Weichheit" und die damit verbundene friedliche Mission des österreichisch-deutschen Kulturgeistes noch so beschworen werden, letztlich war damit auch Repression und gleichsam geistiger bzw. christlich-katholischer Imperialismus verbunden.

2.2 „Organische Demokratie": die berufsständische Gesellschaft

Die Aufklärung galt dem Austrofaschismus geradezu als Teufel, der mit dem Weihwasser ausgetrieben werden musste. Ihr Individualismus, so tönten seine Apologeten, habe den Einzelnen isoliert und somit das „Einzelwohl" vom „Gemeinwohl" getrennt.[35] Bereits in den 1920er Jahren hatte der politische Katholizismus die vermeintlichen Problematiken einer bürgerlich-liberalen Gesellschaft aufzuzeigen versucht. Da half es auch nichts, dass die aufgeklärte Idee der „eingezäunten Freiheit"[36] das Individuum durchaus in einen sozialen Zusammenhang bettete. Die Aufklärung strebte keine „transcendentale Freyheit"[37], eine von der sozialen Verantwortung losgelöste Freiheit, an. Vielmehr sollte die Freiheit des Einzelnen nur so weit gehen, wie die Freiheit des anderen nicht eingegrenzt wird. Dem politischen Katholizismus und dem Austrofaschismus reichte dies aber keineswegs aus. Für sie stand nicht der „Einzelmensch" im Zentrum der Gesellschaft, vielmehr wurde eine organische Gemeinschaft angenommen, in der „Familien, Stämme und Stände" synthetisch miteinander verbunden seien.[38] Ein angeblich von der Natur vorgegebenes, von Gott gewolltes „Gemeinwohl" galt als Grundlage politischen Handelns. Die päpstliche Enzyklika „Quadragesimo anno" aus dem Jahr 1931, die sich insbesondere der Lösung der „sozialen Frage" widmete, stand mit diesen Überlegungen im Einklang:

> Eine rechte gesellschaftliche Ordnung verlangt [...] eine Vielheit von Gliedern des Gesellschaftskörpers, die ein starkes Band zur Einheit verbindet. Die Kraft eines solchen Einheitsbandes besitzen einmal die Güter und Dienstleistungen, deren Erzeugung bzw. Darbietung die Angehörigen des gleichen Berufsstandes, gleichviel ob Arbeitgeber oder Arbeitnehmer, obliegen, zum andernmal das Gemeinwohl, zudem sämtliche Berufsstände, jeder zu seinem Teil, mitzuwirken und beizutragen haben. Um so alle, die einzelnen und die Stände, ihren Beruf erfüllen und Hervorragendes darin zu leisten sich bemühen.[39]

Das austrofaschistische Regime berief sich immer wieder auf diese päpstliche Enzyklika und glaubte, mit Hilfe eines berufsständisch organisierten Staates das „Gemeinwohl" garantieren zu können. In dem der Zeit und dem Austrofaschismus entsprechenden Pathos meinte Bundeskanzler Engelbert Dollfuß: „Wir – ein kleines deutsches Land – haben den Ehrgeiz, das erste Land zu sein, das dem Rufe der herrlichen Enzyklika [...] wirklich im Staatsleben Folge leistet."[40] Allerdings lieferte die Enzyklika, wie Kurt Schuschnigg betonte, nicht „das Muster einer staatlichen Verfassung [...], sondern gab lediglich grundlegende Normen an für die Reform und Gesundung einer sozial gerecht gegliederten Gesellschaft".[41]

Das „Muster" bzw. das – letztlich aber recht wackelige – theoretische Fundament einer solchen berufsständischen Gesellschaft stammten insbesondere vom Theologen und Juristen Johannes Messner[42]. Er versuchte aus einer konservativ-katholischen Perspektive, die „soziale Frage", die sozialen Probleme und den Pauperismus infolge der Industrialisierung, zu lösen. Es ist zwar umstritten, wieweit er letztlich tatsächlich beim Aufbau des austrofaschistischen Systems mitgewirkt hat. Mit der Verfassung vom Mai 1934 scheint er nicht zufrieden gewesen zu sein, und auch die politische Realität wich von seinen Überlegungen stark ab.[43] Ohne Zweifel lieferte er aber wichtige theoretische Grundlagen, auf die sich der Austrofaschismus berufen konnte.[44] Ein weiterer Theoretiker der berufsständischen Gesellschaft war der Nationalökonomen und Philosoph Othmar Spann. Spann kannte Dollfuß noch von seiner Studentenzeit, als beide in der deutschnationalen und antisemitischen Studentenverbindung „Deutsche Gemeinschaft" organisiert waren. Die Überlegungen von Messner und Spann divergierten allerdings, nicht zuletzt auch, weil Spanns Konzept des „wahren Staates" nicht religiös untermauert war. Vor allem in den Fußnoten findet sich bei Messner immer wieder Kritik an Spann.

Beide waren aber davon getrieben, die Tradition der Aufklärung außer Kraft zu setzen, und verurteilten daher den „Gesellschaftsvertrag", wie ihn John Locke und Jean-Jacques Rousseau grundgelegt haben. Dieser vereine die Individuen über einen gemeinsamen Willen, über eine Vereinbarung, und sei somit lediglich auf soziale Nützlichkeit ausgerichtet. Allein die Individuen bzw. die Mehrheit von Individuen, unter anderem auch politische Parteien, würden daher bestimmen, wie die Gesellschaft gestaltet sein solle. Für Messner war die Gesellschaft aber „eine überindividuelle Wirklichkeit", deren „Sein […] ursprünglicher Art" und in einem „Naturgesetz" begründet sei.[45] Der Mensch sei demnach an eine „Weltordnung gebunden", die von einer „höheren Macht" abhängen würde und daher „zur Einhaltung ihrer Gesetze verpflichtet".[46] Bei Spann fehlt zwar diese religiöse Grundlegung, er behauptet aber eine Unterordnung des Einzelnen unter eine „(ursprüngliche) gesellschaftliche Sittlichkeit", die „aus dem inneren Gebote und Gesetze des Geistigen" komme.[47] Woher das „Geistige" stammen soll, bleibt allerdings unklar. Gemeinsam ist Messner und Spann die Behauptung, dass gleichsam ein ‚Ganzes' existiere, aus dem sich der Einzelne ableite und nach dessen Gesetzen er handeln müsse. Der Zweck dieser Gesetze sei es laut Messner, dem bereits erwähnten „Gemeinwohl", das sich „im Wohle aller Glieder der Gesellschaft" definiere, zum Durchbruch zu verhelfen.[48] Im Zusammenhang mit der Gliederung der Gesellschaft verwendet Spann den Neologismus „Gezweiung". Mit diesem beschreibt er eine Einheit, die nicht aus „zwei gesonderten Einzelnen" bestehe. Vielmehr bildeten „zwei Einzelne eine Ganzheit".[49]

Mit den „Gliedern der Gesellschaft" waren nicht nur die Individuen gemeint. Vielmehr erwachse „die größere Gesellschaft", wie Messner schreibt, „aus den auf mittelbaren Lebenszwecken beruhenden kleinen gesellschaftlichen Verbänden".[50] Dazu gehörten die Familien und die Gemeinden ebenso wie die sogenannten Stände, die „ihren besonderen Lebensinhalt und ihren besonderen Zweck" hätten. In diesem Zusammenhang formuliert Messner das „Prinzip der *Subsidiarität*", wonach „der Staat […] nur dort zuständig" sei, „wo die Einzelmenschen und die untergeordneten Gemeinschaften" ihre „naturgegebenen Aufgaben" nicht oder nur unzureichend erfüllen könnten.[51] Zugleich müssten die Stände im Ganzen, in der Gesellschaft, gleichsam verkörpert sein. Das „Gesamtwohl" wäre dann das Substrat aus dem Wohl der einzelnen gesellschaftlichen Glieder. Spann sieht die Stände zwar nicht wie Messner in „naturgegebenen Aufgaben" begründet, sondern leitete sie aus „Werten" ab. Wie Messners

„naturgegebene Aufgaben" scheinen aber auch die „Werte" grundsätzlich zu bestehen. Bezogen auf die vom Austrofaschismus angestrebte Aufhebung der Gegensätze zwischen Arbeitnehmer:innen und Arbeitergeber:innen wäre beispielsweise „Arbeit" ein solcher Wert. Dieser Wert würde eine „Wertschichtung" aufweisen, die unterschiedliche Formen der Arbeit beschreibt: Arbeit, um die Grundbedürfnisse zu befriedigen, Kunsthandwerke, schöpferische geistige Tätigkeiten sowie schließlich wirtschaftliche und politische Führung.[52]

Trotz des Prinzips der größtmöglichen Eigenverantwortung und Selbstbestimmung der Stände betonen sowohl Messner als auch Spann die Notwendigkeit einer übergeordneten Autorität. Diese habe die Aufgabe, die Gesellschaft im Sinne des „Gemeinwohls" oder – um den Begriff von Spann zu verwenden – des „Sittlichen" zu gestalten. Einerseits habe die Autorität die Aufgabe, den Einzelnen und die Stände von der Verantwortung für das Ganze zu überzeugen. Andererseits müsse sie die Stände aber auch „mit starker Hand […] unter das Gemeinwohl beugen und ihre Bestrebungen den Forderungen des Ganzen" einordnen.[53] Spann postuliert daher die „Herrschaft der Besten", also jener, die das „Geistliche" geradezu verkörperten und deshalb geeignet seien, den Rahmen zu schaffen, der das „Sittliche" ermögliche. Ein „Ständestaat" müsse „in einem immer wachsenden Maße autoritativ sein". Zugleich bedürfe es auch der „Anteilnahme am Höheren" und der „Treue" diesem „Höheren" gegenüber.[54]

Damit lieferten Messner und Spann dem Austrofaschismus letztlich eine Begründung dafür, die bürgerlich-liberalen Demokratie abzuschaffen. „Die Herrschaft geht grundsätzlich in der Richtung von oben hinunter", schreibt Spann, „nicht wie das individualistische Naturrecht will, von unten hinauf. Es gilt nicht die ‚Souveränität des Volkes', sondern die Gültigkeit des ‚höchsten Wertes' […]."[55] Dennoch konnte die Vorstellung der Volkssouveränität nicht ausgeblendet werden, auch wenn Messner und Spann den „Gesellschaftsvertrag" als Irrtum brandmarkten und das „Volk" in Verbänden, in Familien, Gemeinden, Ländern und vor allem in Ständen, dachten. Die Aufklärung hatte offenbar ihre Spuren auch in den alternativen Überlegungen zum bürgerlich-liberalen Gesellschaftsmodell hinterlassen. Weiterhin wurde von Demokratie gesprochen, das Verhältnis zwischen Individuum und Gesellschaft jedoch – heute würden Politiker:innen vielleicht von „illiberaler Demokratie" sprechen – anders definiert:

Bleibt in der echten Demokratie das Gemeinwohl unbedingte Norm für die Staatsführung („autoritäre Demokratie"), so ist in der formalen Demokratie die Regierung ganz an einen Mehrheitswillen gebunden, der nur zu leicht von Zufälligkeiten und Parteiegoismen bestimmt wird; und ist in der echten Demokratie das Gewicht der Stimmen des einzelnen nach seiner Verantwortung abgestuft und den naturgemäßen Gliedgemeinschaften möglichst viel zur Regelung in eigener Verantwortung überlassen („organische Demokratie"), so gelten in der formalen Demokratie alle Stimmen gleich und alles bleibt der Entscheidung durch die Stimmenmehrheit der Gesamtbürgerschaft ausgeliefert. Tatsächlich erweist sich die formale Demokratie als Scheindemokratie, da in ihr bald an die Stelle des gleichen Rechtes aller die

Herrschaft der Parteien tritt, die dann ohne Rücksicht auf das Allgemeinwohl, aber auch ohne Rücksicht auf ihre Wähler nur ihr eigenes Machtinteresse verfolgen.[56]

Nach der Umgestaltung des politischen Systems in Österreich zeigte sich die Idee einer Gesellschaft auf berufsständischer Basis aber offenbar weniger durchdacht als angenommen. Ihre Verwirklichung kam nicht über Ansätze hinaus (S. 58–59). Messner selbst bezeichnete 1936 die berufsständische Ordnung als „völliges Neuland, da es kein Beispiel für sie in der Geschichte gibt. Fertige Baupläne und einfache Handregeln, mit denen ein nicht unbeträchtliches Schrifttum gleich aufwarten zu können glaubte, sind daher verfrüht".[57] Dollfuß widersprach allerdings dieser Meinung, wenn er den Blick in die Vergangenheit richtete und das „Mittelalter" vereinfacht als Modell für das „neue Österreich" beschwor, „jene Zeit, in der das Volk berufsständisch organisiert und gegliedert" gewesen sei, „in der der Arbeiter gegen seinen Herrn nicht aufstand und organisiert war, jene Zeit, wo Wirtschaft und Leben auf der Zusammenfassung aller gegründet war, die in einem Berufe ihr Brot erhalten haben".[58] Von Modernität, von einem neuen Gesellschaftssystem, wie sich Messner und Spann die berufsständische Ordnung vorstellten, fand sich hier kaum eine Spur. Auch wenn sich Messner für die Zukunft ein ausgereifteres berufsständisches Konzept erwartete, letztlich war es zu widersprüchlich und realitätsfern, um auch tatsächlich zu funktionieren. Der Gegensatz zwischen größtmöglicher Eigenverantwortung der Stände und staatlicher Autorität, aber auch die eher unklaren Vorstellungen von „Naturgesetz" oder „Werten" konnten kaum als Basis für eine funktionierende ständische Gesellschaftsordnung dienen. Diese blieb eine christlich-katholische Illusion oder Utopie, die getragen war von der Opposition zu bürgerlich-liberalen, sozialistischen bzw. marxistischen und auch nationalsozialistischen Vorstellungen von Gesellschaft. Letztere war allerdings bei genauerer Betrachtung gar nicht so weit von den gesellschaftlichen Vorstellungen der Austrofaschisten entfernt (S. 52–54). Da half es auch nicht, dass Dollfuß die komplexen Überlegungen Messners und Spanns in seiner bekannten Trabrennplatzrede von 1933 simplifizierte und die Berufsstände mit einem Bauernhaus verglich, „wo der Bauer mit seinen Knechten nach gemeinsamer Arbeit abends am gleichen Tisch, aus der gleichen Schüssel seine Suppe ißt".[59]

2.3 Geschlechtliche Rollenbilder

Wie bereits erwähnt, beruhte der christlich-katholische Universalismus auf der Annahme einer „Einheit von Familien, Sippen, Generationen, Ständen, Stämmen, ja mitunter sogar Staatsvölkern".[60] Die Gesellschaft könne nur bestehen, wenn alle diese Teile harmonisch zusammenwirkten, also zu einer Synthese zusammengeführt würden. Die „Familie" setze wiederum voraus, dass Mann und Frau unterschiedliche Aufgaben wahrzunehmen haben. Von Natur aus, letztlich gottgewollt, würde also dem Mann die Rolle des Ernährers zufallen, die Frau hätte dagegen vor allem die Führung des Haushalts und die Kindererziehung sowie karitative Aufgaben zu übernehmen. Daher sollte die „christliche Frau" laut Mina Wolfring, die 1934 das Mutterschutzwerk der Vaterländischen Front gründete (S. 55), „im Volksganzen die Stellung einnehmen, die sie vermöge ihrer natürlichen Sendung als gute Hausmutter im Rahmen der Einzelfamilie errungen hat". Sie sprach von „echt fraulicher Sitte", von „liebender Opferbereitschaft", die „ihre ganze Umgebung" erwärme, vom „Trost für alle Hilfesuchenden in ihrer weichen mütterlichen Selbstlosigkeit".[61] Begründet wurde diese Rolle mit dem weiblichen Charakter, der sich weniger durch rationales Verständnis, sondern durch Sinnlichkeit auszeichne. Ignaz Seipel, einer der führenden Christlichsozialen und Wegbereiter des Austrofaschismus, war zwar etwas gnädiger. Bereits 1917 meinte er, dass die „Erfahrungen der letzten Jahre" gezeigt hätten, dass „das Gemüt" offenbar nicht „den kühl abwägenden Verstand überwiege". Ganz überzeugt war er aber dann doch nicht davon. Prompt relativierte er: „Man kann freilich sagen, da handle es sich um verschwindende Ausnahmen und die Beobachtungsfrist sei noch zu kurz."[62] Fanny Starhemberg, Leiterin des Frauenreferats der Vaterländischen Front, betrachtete die Frau gar als „lebendige Verkörperung von Haus und Familie".[63]

Offensichtlich war es dem Austrofaschismus kein Problem, dass damit weitgehend den bürgerlichen Rollenbildern entsprochen wurde.[64] Diese hatten sich infolge der Aufklärung seit dem 18. Jahrhundert herausgebildet und unterstellten ebenfalls eine geschlechtliche Rollenaufteilung, die von Natur aus gegeben sei. Der Aufklärer Johann Heinrich Campe hatte etwa 1789 die „menschliche Gesellschaft, auch die kleinste, die aus Mann und Weib und Kindern besteht", als einen „Körper" aus „Haupt und Glieder" beschrieben. „Gott selbst hat gewollt und die ganze Verfassung der menschlichen Gesellschaft auf Erden, soweit wir sie kennen, ist danach zugeschnitten, dass nicht das Weib, sondern der Mann das Haupt sein sollte."[65] Und Rousseau meinte: „Könnte ich jene wertvolle Hälfte der Republik vergessen, die das Glück der anderen Hälfte ausmacht und deren Sanftheit und Weisheit den Frieden und die guten Sitten in ihr aufrechterhalten?"[66] Die Aufklärung, auch wenn sie sich gegen die Kirche stellte, war nicht frei von religiösen Einflüssen. Gott, so die Annahme, habe die Ordnung des gesellschaftlichen Zusammenlebens in der Natur verankert, dann sei er gleichsam in den Ruhestand getreten. Der Mensch müsse nun diese Ordnung in der Natur suchen. Erst allmählich sollten die Gleichheit und Gleichberechtigung der Individuen auch für Frauen gelten, wenn auch die Vorstellungen unterschiedlicher geschlechtlicher Mentalitäten weiterhin bestanden.

Mit Hilfe der Idee des Universalismus, der die Vielfalt in der Einheit bzw. die Ungleichheit in der Gleichheit vorsah, fiel es dem Austrofaschismus letztlich nicht allzu schwer, das Rad der Zeit zurückzudrehen und Frauen wieder in den privaten Bereich zurückzudrängen. „Die Zersetzung unseres Volkes und unserer Gesellschaft ging von ihrer gemeinsamen Keimzelle, von der Familie aus", meinte Rudolf Freis, Direktor der Bundeslehrerbildungsanstalt in Graz. „Hier muss daher die erste Arbeit beginnen: die

Abb. 3 Die Frau als „lebendige Verkörperung von Haus und Familie": Kochunterricht in einer Wiener Internatsschule für Hausgehilfinnen (1937).

zerstörte Familie wieder im christlichen Geist aufzubauen und der Frau und Mutter jene achtunggebietende Stellung wiederzugeben, die ihr nach göttlichen und natürlichen Gesetzen zukommt."[67] Bei dieser Aufbauarbeit galt dem Austrofaschismus die bäuerliche Gesellschaft als „Ursprung und Wiege des Volkstums". Somit sei sie auch der geeignete Raum, in dem die Frau ihre natürlichen Eigenschaften entfalten könne. Zwar mochte sie dabei manche Opfer bringen, als „Königin in ihrem Reich" würde sie aber letztlich doch die Erfüllung finden:[68] in der Mutterschaft, die den Fortbestand der Gesellschaft garantieren würde, sowie der Hausarbeit, mit der die Familie als die kleinste Einheit im gesellschaftlichen Organismus erst funktionieren könne.[69]

Allerdings handelte es sich dabei um eine elitäre Verklärung der bäuerlichen Lebensform. Die Entbehrungen und die Armut, die das ländliche Leben kennzeichneten, wurden – wie etwa in der Heimatliteratur (S. 66–67) – als ursprüngliche Lebensform romantisiert. Fanny Starhemberg, die adeliger Herkunft war und das Frauenreferat in der Vaterländischen Front leitete, bezeichnete die Landbevölkerung geradezu gönnerhaft als „lebensgebildet", während die Stadtmenschen „schulgebildet" seien. Ein „Unterschied […] zwischen dem ‚ungebildeten' (besser gesagt ungelernten) Volk und den gebildeten anderen Kreisen" sei zwar zu machen, eine „Ueberhebung der gebildeten

Stände" sei aber unangebracht. „Es ist nicht richtig, daß die Bauersfrau unzugänglich ist", meinte sie, „man muß erst ihr Vertrauen gewinnen […]." Eine Adelige buhlte also um die „Bauersfrau" und versuchte sich in Empathie: „[…] man muss in ihrer Sprache zu ihr reden, man muss sich in ihre Verhältnisse und in ihre Denkungsart einfühlen und ihrer Eigenart Verständnis entgegenbringen, dann ist sie für alle vernünftigen Anregungen zu haben."[70] Nicht zufällig scheint sich die Vorstellung eines wilden Tieres aufzudrängen, dessen Vertrauen erst behutsam gewonnen werden müsse. Es galt folglich, die „Bauersfrau" gleichsam intellektuell zu ‚zähmen'. Erst dann könne sie den christlich-katholischen Universalismus leben, der die bäuerliche Familie als kleinste Einheit eines gesellschaftlichen Ganzen betrachtete.

Die unterschiedlichen Rollen, die Mann und Frau angeblich zu erfüllen hatten, ließen sich mit dem Konzept der bürgerlich-liberalen Demokratie nicht vereinbaren. Bereits seit den Anfängen der Ersten Republik beklagten die Christlichsozialen bzw. der politische Katholizismus, dass sich die Gesellschaft nicht aus der Summe gleicher Individuen, sondern durch Ungleichheit definiere, durch die verschiedenen Aufgaben, die Gott den Menschen zugeteilt habe. Die Idee der allgemeinen Gleichheit, wie sie die Aufklärung forderte, habe letztlich nur die „Atomisierung der Gesellschaft" zur Folge.[71] Sie würde nicht zur Herrschaft des Volkes führen, sondern nur die Herrschaft von Parteien ermöglichen. Als Alternative galt ihnen, wie bereits besprochen, die „organische Demokratie" (S. 40–44). Als Teil dieser „organischen Demokratie" schlug Ignaz Seipel, einer der führenden Politiker der Christlichsozialen, eine „Frauenkurie" vor. Diese sollte die Vielfalt in der Einheit, etwa Familie und Berufsstände, ergänzen. Von einer ‚Männerkurie' war freilich nicht die Rede. Ganz im Gegenteil zeige sich die „Ritterlichkeit der Männer" darin, den „Frauen das Hinabsteigen auf den politischen Kampfplatz [zu] ersparen, wie umgekehrt ja auch die Frauen den Männern die häuslichen Sorgen abnehmen".[72]

Im Austrofaschismus trieb diese vermeintliche „Ritterlichkeit" Frauen aus dem Berufsleben zurück an den Herd. Zwar galt die Gleichberechtigung der Frauen scheinbar auf dem Papier. Auch in Schulbüchern wurde sie hervorgehoben: „Unser Vaterland kennt keine Vorrechte des Geschlechts. Männer und Frauen haben dieselben staatsbürgerlichen Rechte und Pflichten. Welcher Unterschied im heutigen Staat gegenüber jenen Zeiten, in denen die rechtliche Stellung der Frauen nur wenig besser war als die der Sklaven!"[73] Die Realität sah allerdings anders aus. Die verfassungsrechtlichen Bestimmungen zur Gleichheit des Geschlechts waren perfide formuliert. Da besaßen Frauen zwar „die gleichen Rechte und Pflichten wie die Männer", allerdings nur, „soweit nicht durch Gesetz anderes bestimmt".[74]

Eine solche gesetzliche Einschränkung stellt die sogenannte Doppelverdienerverordnung dar, die bereits am 15. Dezember 1933 erlassen worden war. Schließlich bestätigte die Maiverfassung diese Verordnung, die auf dem Notverordnungsrecht nach dem Kriegswirtschaftlichen Ermächtigungsgesetz von 1917 basierte. War der Ehemann beim Bund oder anderen öffentlichen Institutionen angestellt, mussten Frauen als Bundesbedienstete – wie es im Gesetz hieß – „ausgeschieden" werden. Auch eine Anstellung beim

Bund war freilich nicht mehr möglich. Eine Lebensgemeinschaft ohne Eheschließung galt zudem als Dienstvergehen. Ein „Ruhegenuss", nach zehnjähriger Beschäftigung sogar ein fortlaufender, war vorgesehen.[75] Junge Frauen wurden also in die Pension geschickt, um sich ihren angeblich natürlichen oder gottgegebenen Aufgaben zu widmen. Ihr Glück orientierte sich am Ehemann und an der Familie, war bestimmt durch die Ehe sowie ihre Rolle als Mutter und Hausfrau.

Die sozialdemokratische „Arbeiter-Zeitung" sprach von einem „Zölibat der weiblichen Bundesangestellten" und einem „arbeitsrechtlichen Ausnahmezustand", der nicht zum „Abbau der würgenden Arbeitslosigkeit" beitragen könne.[76] Ihr Kommentar dazu war aber ansonsten eher zurückhaltend. Allerdings erschien die Zeitung „Unter verschärfter Vorlagepflicht", wie auf dem Titelblatt sogar angemerkt wurde. Unter anderen Umständen wäre die Kritik wohl heftiger ausgefallen. Selbst bei den katholischen Frauenverbänden weckte die „Doppelverdienerverordnung" Bedenken. Der Grund dafür war aber nicht der Verlust der weiblichen Autonomie, sondern die Angst vor negativen Folgen für die Familien und bei der Erziehung zur Mutter. So sei das Haushaltspersonal nicht selten Teil der Familie, weshalb seine Entlassung dem familiären Zusammenleben schaden könne. Hinter dieser Überlegung stand aber vermutlich auch die Befürchtung, notwendige Arbeitskräfte im Haushalt zu verlieren. Zudem sollte bei der Entlassung von Lehrerinnen berücksichtigt werden, dass „die Mentalität der verheirateten Frau und Mutter" einen positiven Einfluss auf die Erziehung der Schülerinnen habe. Schließlich wurde auch darauf hingewiesen, dass Familien oftmals erwerbslose Angehörige mitversorgen würden und bei Entlassungen somit die Gefahr der sozialen Not bestehe. Die katholischen Frauenverbände baten daher, sie „vor der Erlassung von Verordnungen, die zu tiefst wichtige Frauen- und Familienfragen berühren, […] zur Beratung heranzuziehen".[77]

Hinter diesen – zwischen den Zeilen durchaus als nachdrückliche Forderung zu lesenden – Bedenken stand die schwelende Unzufriedenheit der katholischen Frauenbewegung mit der austrofaschistischen Frauenpolitik. Grundsätzlich bekannten sich die katholischen Frauenverbände zwar „zu dem Grundsatze, daß verheiratete Frauen, die ausreichend wirtschaftlich versorgt sind, aus dem öffentlichen Dienst abgebaut werden sollen".[78] Die Rolle der Frau sollte zudem auf bestimmte „weibliche" Tätigkeiten beschränkt sein. Dazu zählte die Arbeit als Erzieherin, Haushaltsgehilfin sowie Schneiderin bzw. Modistin. Es schien nun aber so, als ob sich der Staat zu einem reinen „Männerstaat"[79] wandelte. Frauen sollten nicht einmal mehr in ihren vermeintlich ‚angestammten' Bereichen politisch tätig sein. Eine Hauswirtschaftskammer, die schon in der Ersten Republik von konservativer Seite gefordert worden war, blieb auch im „Ständestaat" unerfüllt. Dabei hätte sie dem Konzept einer nach Berufsständen geordneten Gesellschaft genau entsprochen.[80]

Die katholische Frauenbewegung war somit von zwei Seite bedroht: Einerseits schien eine konservative Gesellschaft, in der Frauen nicht vollständig aus der Politik und dem Erwerbsleben ausgeschlossen werden, nicht realisierbar. Andererseits wurden die traditionellen Geschlechterrollen, insbesondere von „linker" Seite, in Frage gestellt. Die Kirche und der Austrofaschismus machten dafür – wohl nicht zu Unrecht – die Moderne verantwortlich. Das Schreckgespenst der selbstbestimmten, emanzipierten Frau ging um, die vielleicht auch noch in wechselnden Beziehungen lebte. Die Forderung des Schwangerschaftsabbruchs, der im Paragraph 144 des österreichischen Strafgesetzes verankert war, galt ohnehin als des Teufels, ebenso die Sterilisation von Männern.[81] Eine Krise der Ehe wurde befürchtet, sexuelle Freizügigkeiten beklagt, unter denen gleichgeschlechtliche Beziehungen den Gipfel der Sittenlosigkeit darstellten. Queerness war im katholischen Denken ohnehin undenkbar und galt als wider die Natur.

Schon ein harmloser Spielfilm wie „Seine Tochter ist der Peter" (Österreich 1936, Regie: Heinz Helbig) versetzte das Unterrichtsministerium in Panik. Neben sexueller Freizügigkeit und einer Scheidung, die das konservative Familienideal in Frage stellte, kritisierte es auch die unklaren geschlechtlichen Zuschreibungen. „Peter" ist nämlich ein Mädchen, das sich wie ein „Knabe" verhält. Es liebt Ritterspiele und kleidet sich in Lederhosen.[82] Ein Aufklärungsfilm wie „Mysterium des Geschlechts" (Österreich 1933, Regie: Lothar Golte und Carl Kurzmayer), der Queerness und Geschlechtsumwandlungen thematisiert und vor unsachgemäßer Abtreibungen warnt, war erst recht undenkbar und wurde daher auch verboten.[83] Der kurz zuvor erschienene Spielfilm „Extase/Ekstase" (Tschechoslowakisch Republik/Österreich 1933, Regie: Gustav Machatý) war noch in der Übergangszeit zwischen Republik und Austrofaschismus in die Kinos gekommen. Die Naturmetaphern, die in diesem Film für sexuelle Freizügigkeit stehen, insbesondere aber die Nacktszenen, mit denen die Schauspielerin Hedy Lamarr berühmt wurde, führten zu einem Eklat. Dennoch konnte der Film weiter aufgeführt werden und wurde sogar zu einem Kassenschlager.[84] In den folgenden Jahren sollte der Austrofaschismus das Korsett der Sittlichkeit aber immer enger ziehen.

2.4   Ideologie in der Praxis

Am 1. Mai 1934 wurde, wie bereits erwähnt, die Verfassung des „neuen Österreichs" verkündet. Das Datum war selbstverständlich nicht zufällig gewählt, der wichtigste Feiertag der Sozialdemokratie wurde okkupiert und symbolisch umgedeutet. Wie Bundeskanzler Dollfuß betonte, sei der Erste Mai „zum Kampftag des proletarischen Klassenkampfes erniedrigt worden" und müsse „wieder in Wahrheit Tag der Arbeit werden". Er sei „Träger und das Symbol der erwachenden und erwachten Natur, gleichzeitig aber auch der Tag der Jugend" und verkünde „den Beginn des der Mutter Gottes geweihten Monates Mai".[85] In der neuen Verfassung erhielt das „österreichische Volk" nun im „Namen Gottes, des Allmächtigen, von dem alles Recht ausgeht", einen „christlichen, deutschen Bundesstaat auf ständischer Grundlage" gleichsam gnädig geschenkt.[86] In diesen Formulierungen ist die austrofaschistische Ideologie komprimiert enthalten: das göttliche „Gemeinwohl", der christlich-katholische Universalismus mit seiner deutschen

Abb. 4 Plakat für den Film „Mysterium des Geschlechts" (Österreich 1933, Regie: Lothar Golte und Carl Kurzmayer), in dem Queerness und Geschlechtsumwandlungen thematisiert werden. Kurz nach dem Erscheinen wurde der Film verboten.

Leitkultur, die Stände als Teil des gesellschaftlichen Organismus, damit verbunden die Ablehnung der Aufklärung. Der 1. Mai galt nun als neuer österreichischer Staatsfeiertag. Als Symbol für die neue Rechtsordnung, für das „neue Österreich", wurde über dem Eingang des Justizpalasts der austrofaschistische Doppeladler angebracht (der sich im Übrigen auch heute noch dort befindet).

2.4.1   Die „plebiszitäre Demokratie"

Die Verfassung war zweifelsohne autoritär. Allerdings sah der Austrofaschismus darin keinen Bruch mit der Demokratie, sondern eine Alternative zur bürgerlich-liberalen Demokratie. „Die neue österreichische Verfassung", meinte Bundeskanzler Kurt Schuschnigg,

> hat somit keineswegs den gesunderen demokratischen Gedanken verleugnet oder auszumerzen versucht. Vielmehr ging ihr Bestreben dahin, ihn auf eine neue Ebene zu heben und abseits vom reinen Formalismus zur Auswirkung zu bringen. Das gesunde Mitbestimmungsrecht des Volkes halte ich für eine unerläßliche Voraussetzung in Österreich.[87]

Die Bezeichnung „Bundesstaat Österreich" ersetzte zwar jenen der „Republik Österreich". Dennoch findet sich sozusagen im Kleingedruckten der Hinweis, dass die „neue Staatsform […] die einer Republik geblieben" sei. „Der neue Bundesstaat Österreich", heißt es in der Verfassung, „ist jedoch weder unter die Type der parlamentarischen Republik noch auch unter jene der sog. gewaltentrennenden Republik einzureihen."[88] Zwar besaßen die Organe dieser neuen „Republik" nur wenige Möglichkeiten mitzubestimmen. Die Bundesregierung hatte laut Verfassung das Initiativrecht bei Gesetzesentwürfen. Außerdem räumte das „Bundesverfassungsgesetz über außerordentliche Maßnahmen im Bereich der Verfassung" vom 30. April 1934 der Regierung das Recht ein, Gesetze auch ohne Einbindung der in der Verfassung vorgesehenen Organe zu erlassen.[89] Die Berufung auf die Republik zeigt allerdings, dass die Volkssouveränität auch weiterhin eine gewisse Bedeutung besaß. Der Weg zurück in die Zeit vor der Französische Revolution, in eine Gesellschaft, die allein auf Gottes Gnaden beruhte, war offenbar versperrt. Dollfuß betonte daher auch in einer Radiorede am 1. Mai 1934 den angeblichen „Volkswillen", auf dem das „neue Österreich" beruhe. „Für die Sanktion des Verfassungswerkes", d. h. der neuen Verfassung, sei maßgebend, „daß die überwiegende Mehrheit des österreichischen Volkes durch große vaterländische Kundgebungen sich für das neue Österreich ausgesprochen hat."[90] Diese „überwiegende Mehrheit" war zwar nicht messbar, sondern beruhte auf einer nur gefühlten Mehrheit. Ohne „Volk" war aber auch im Austrofaschismus keine Politik mehr zu machen.

Das klingt nur vordergründig paradox. Betrachten wir das politische System des Austrofaschismus genauer, erweist es sich nämlich als eine Variante der sogenannten plebiszitären Demokratie oder plebiszitären Republik. Diese geht auf Vorstellungen zurück, die zunächst im 19. Jahrhundert von der extremen Rechten in Frankreich propagiert wurden. So meinte etwa der rechtsextreme Schriftsteller Paul Déroulède, dass es „eine Sache" sei, „die Republik dem Joch der Parlamentarier entreißen zu wollen, eine andere […], sie stürzen zu wollen. Das eine ist sogar das absolute Gegenteil des anderen."[91] Er forderte daher eine „plebiszitäre Republik", in der das „Volk" direkt regieren könne.[92] Diese „plebiszitäre Republik" oder plebiszitäre Demokratie darf dabei nicht mit den direktdemokratischen Mitteln der bürgerlich-liberalen Demokratie oder mit radikaldemokratischen Ideen[93] verwechselt werden. Vielmehr handelt es sich dabei um ein komplexes Konstrukt, das die Grenzen rationalen Verstehens überschreitet und in die Metaphysik gleitet. Autokratie, die weitgehend unkontrollierte Herrschaft einer Person oder Gruppe, sowie Volkssouveränität werden dabei zu synthetisieren versucht. Demnach stehe der „Führer" nicht über dem „Volk", sondern verkörpere es. Er wisse daher auch über dessen Bedürfnisse und Wünsche genau Bescheid. Zugleich wisse er, wer zum „Volk" gehört und wer nicht. Ein Parlament, eine Volksvertretung, erübrigt sich damit letztlich.[94]

Die plebiszitäre Demokratie überschreitet hier die Grenzen des rational Erklärbaren: Hat gar Gott dem „Führer" eingeflüstert, welche Bedürfnisse und Wünsche das „Volk" hat? Oder weiß er darüber Bescheid, weil er – wie auch das „Volk" – in der Erde der Ahnen verwurzelt ist? Kommt er wie das Volk aus der Erde und ist daher eins mit ihm? Die „Blut und Boden"-Ideologie des Nationalsozialismus oder die „Erdverbundenheit" des „österreichischen Menschen", die der Austrofaschismus immer wieder hervorhebt (S. 65), lassen sich auf diese Fragen zurückführen. Der Schriftsteller und Journalist Maurice Barrès hatte bereits Ende des 19. Jahrhunderts von einem angeblich vererbten und kollektiven Unbewussten gesprochen. Erfahrungen und Traditionen, so meinte er, würden kollektiv über das Nervensystem vererbt.[95] Setzen wir diese abstrusen Gedankengänge fort, wäre der „Führer" dann eine außergewöhnliche Persönlichkeit, die gleichsam durch „Schicksal" den Willen des Volkes vollstreckt. Dabei bleibt er den „allgemeinen Ordnungsgesetzen der Gesellschaft", dem „Gemeinwohl", unterstellt, wie dies wohl Johannes Messner, einer der Vordenker einer ständischen Gesellschaft, ausgedrückt hätte.[96]

Die Idee einer plebiszitären Demokratie liegt den meisten politischen Systemen zugrunde, die als autoritär oder faschistisch bezeichnet werden. Nicht nur der Nationalsozialismus – „Ein Volk, ein Reich, ein Führer" – bezieht sich darauf. Auch der Austrofaschismus beruht auf der Idee der plebiszitären Demokratie. Er verortete zwar das Individuum zunächst in der Familie sowie in Gemeinden, Ländern und Berufsständen. Diese seien aber dann doch Teile eines organischen Ganzen, des „Volkes", dem auch der „Führer" entstamme und mit dem er eine Einheit bilde. „Die Autorität soll nicht blindlings von oben her kommen", meinte Bundeskanzler Kurt Schuschnigg, „sondern im Volke verwurzelt sein, so wie auch die vollendete Autorität Mussolinis von der überwältigenden Mehrheit des italienischen Volkes getragen wird."[97] Das „Volk" sollte „in ihrem Führer den rein ideellen Willen verkörpert sehen, nicht sich selbst, sondern der Gemeinschaft zu dienen".[98] Engelbert Dollfuß wurde immer wieder als ‚Erlöser' gepriesen, der die österreichische Bevölkerung, von der Ersten Republik geradezu „verängstigt […], vereinsamt und vergrämt, müde und betäubt",[99] den Weg in eine bessere Zukunft weise. „Da kamst du!", lobpreist ihn die Zeitung „Tiroler Anzeiger" kurz nach seiner Ermordung.

> Klein und unansehnlich von Gestalt, rießengroß im Glauben und in der Tat! Und Deine junge Kraft erdverbunden und unverbraucht aus dem Boden Deiner Bauernheimat emporgeblüht, legte frohgemut die Hand an den Pflug. […] Du sätest von neuem hinein die köstlichen Keime der Zuversicht und des Glaubens, der heißen Liebe zur alten österreichischen Heimat. Die neue Saat wuchs zusehends heran, dir zur unendlichen Freude, für uns ein unerwartetes Glück. Wir konnten es kaum fassen: all unsere Verzagtheit und lähmende Müdigkeit schwand [sic!] dahin. Wie Märzenschnee in der siegenden Frühlingssonne, seitdem du, Sproß deutscher Bauern, Bauherr des neuen Oesterreich warst![100]

Diese vor Pathos strotzende, schwülstige Huldigung erinnert an Kaiser Joseph II. Während die Achse seiner Kutsche repariert wurde, soll er sich angeblich die Zeit vertrieben haben, indem er ein Feld pflügte. Auch er pflanzte gewissermaßen „Keime der Zuversicht", diente dem „Volk", was die kaiserliche Propaganda sofort auszuschlachten wusste. Eine Vielzahl an Abbildungen wurde verbreitet, ein Denkmal an der Stelle errichtet, an der er angeblich zum Pflug gegriffen hatte. Seine Reformen wurden zwar im Austrofaschismus nicht selten als „Kulturbolschewismus" bezeichnet. Dieser habe zum Liberalismus übergeleitet, der letztlich zum Untergang der „Großmacht Österreich" geführt habe.[101] Eine andere Betrachtungsweise sah seine Herrschaft aber auch als Beitrag zur innerkirchlichen Reform. Demnach habe er gleichsam der Kirche den Popanz oder den Teufel ausgetrieben. Daher sei Josephs Kirchenreform bei „allen cäsaropapistischen Allüren" letztlich eine „rettende Tat" gewesen.[102] Er habe eben gedient, der Kirche, dem Katholizismus und dem österreichischen Volk. Offenbar vermischte sich in Österreich die plebiszitäre Demokratie mit der josephinischen Idee, dass der Herrscher Diener des Volkes sei: „Führertum ist in erster Linie etwas Verpflichtendes, und Führer sein heißt in erster Linie und im höchsten Ausmaß des Begriffes dienen."[103] Daher sprach Dollfuß in seiner berühmten Trabrennplatzrede von 1933 (S. 87) der Autorität die „Willkür" ab. Vielmehr sei sie „geordnete Macht", sie bedeute „Führung durch verantwortungsbewußte, selbstlose, opferbereite Männer".[104] Dollfuß entsprach damit im Großen und Ganzen den theoretisch-metaphysischen Überlegungen von Johannes Messner, auch wenn er diese vereinfachte. Messner unterschied nämlich zwischen „Autorität und Führertum". Die Autorität würde im „Gemeinwohl" wurzeln, das Gott gegeben und daher allgemeingültig sei (S. 43, 53–54, 65). Sie müsse die „Glieder der Gesellschaft" – Familie, Gemeinden, Länder und Berufsstände – dazu verpflichten, im Sinne des Gemeinwohls zu handeln. In der Praxis bedürfe es dazu eines „Führertums", die „Kraft einer Persönlichkeit", die dem Gemeinwohl seine Geltung verschaffe.[105] Dieser Führer komme aber, ganz im Sinne der plebiszitären Demokratie, aus dem Volk, sei ein Teil von ihm.

In dieser Hinsicht unterschied sich der Austrofaschismus vom Nationalsozialismus und dem italienischen Faschismus nur in Nuancen bzw. keineswegs grundlegend: Bei den letzteren sollte der Einzelne unmittelbar in einem organischen Ganzen aufgehen, die austrofaschistische Ideologie schaltete Familie, Gemeinde, Länder und Berufsstände dazwischen. Der katholisch-christliche Universalismus variierte die plebiszitäre Demokratie lediglich. Das dezentrale Prinzip, das gegen den Nationalsozialismus in den Ring geworfen wurde, definierte lediglich eine andere Form der plebiszitären Demokratie. Anstelle der nationalsozialistischen Parole „Ein Volk, ein Reich, ein Führer" trat ‚Ein Volk, ein Reich, die Berufsstände, ein Führer'.[106] Die Vorstellung der Gesellschaft als organisches Ganze war aber sowohl dem Austrofaschismus als auch dem Nationalsozialismus gemeinsam.

2.4.2 „Bewegung" statt Parteien: die Vaterländische Front

Um die Gesellschaft nach dem beschriebenen Autoritätsprinzip zu gestalten, musste der Parteienstaat beseitigt werden. Es bedurfte, wie etwa im nationalsozialistischen Deutschland oder im faschistischen Italien, einer „Bewegung". Diese sollte in Österreich alle Teile der Gesellschaft – Familie, Gemeinden, Länder und Berufsstände – miteinander zu einem organischen Ganzen verbinden. Ihr sollten alle „Staatsangehörigen, die auf dem Boden eines selbständigen, christlichen, deutschen, berufsständisch gegliederten Bundesstaates Österreich stehen", angehören.[107] Ein eigenes Programm existierte nicht, weil sie sich als „Bewegung" von Parteien abzugrenzen versuchte. Politische Programme wurde mit Parteien in Verbindung gebracht. Lediglich die (trivialisierten) ideologischen Grundsätze, die Dollfuß 1933 in seiner „Trabrennplatzrede" (S. 87) formuliert hatte, galten als Richtlinien. Die Mitgliedschaft war nicht verpflichtend, gerade im öffentlichen Dienst – etwa bei Lehrpersonen – wurde aber nachdrücklich ein Beitritt ‚empfohlen'. Eine Weigerung kam in der Praxis einem Berufsverbot gleich. Da die Vaterländische Front auch Bewerbungen in der Privatwirtschaft sowie in staatsnahen Unternehmen und Ministerien unterstützte, zudem bei Ansuchen um Wohnungen intervenierte, traten viele wohl auch aus opportunistischen Gründen und weniger aus Überzeugung bei. Letztlich konnte sich der Austrofaschismus mit der Vaterländischen Front aber eine beachtliche Massenbasis schaffen. Zwischen 1936 und 1938 stieg die Anzahl der Mitglieder von 2,1 auf 3,3 Millionen. Die Hälfte der Österreicher:innen war also in der Vaterländischen Front organisiert. Als Symbol der Bewegung galt das Kruckenkreuz, das an den Ersten Kreuzzug erinnerte (S. 33). Mit seiner christlichen Bedeutung wurde es bewusst dem Hakenkreuz der Nationalsozialisten entgegengesetzt. Der „Frontführer" lenkte die Geschicke der Vaterländischen Front, zugleich war er aber Teil dieses organischen Ganzen. Zwischen ihm und den verschiedenen Teilorganisationen der Vaterländischen Front sollte ein synthetisches Verhältnis bestehen. Die plebiszitäre Demokratie spiegelt sich hier im Kleinen.

Zu den Teilorganisationen gehörten zum einen – ganz im Sinne des föderalistischen Prinzips – die Landes-, Bezirks- und Ortsleitungen, zum anderen das Mutterschutzwerk und das Frauenreferat, das Österreichische Jungvolk, das Kinderferienwerk, das Kulturreferat, das später vom Front-Werk „Neues Leben" abgelöst wurde, und das Traditionsreferat, schließlich auch der militärische Zweig der Vaterländischen Front. Ebenso wurde eine Turn- und Sportfront gegründet, die sowohl zivilen als auch militärischen Zwecken diente: einerseits dem Erhalt eines gesunden „Volkskörpers", andererseits der vormilitärischen Ausbildung.[108] Das Traditionsreferat, das für die Pflege der monarchistischen Tradition zuständig sein sollte, scheiterte zwar. Das lag vor allem an der unklaren Stellung der Legitimisten und Monarchisten in der Vaterländischen Front. Wie bereits erwähnt, stand eine Restauration der Habsburgermonarchie nicht auf der politischen Agenda (S. 18).[109] Die anderen Teilorganisationen entwickelten aber eine durchaus rege Tätigkeit.

Als Beispiel seien hier das Mutterschutzwerks und das Frauenreferat erwähnt. Deren Gründung beruhte auf der Annahme, dass das „Volk" ohne Mutter unweigerlich dem Niedergang geweiht sei (S. 44–46). Im Mutterschutzwerk wurden daher junge Frauen auf die Geburt vorbereitet. Sie lernten, ihrer Rolle als Mutter nach den christlich-katholischen Vorstellungen auszurichten. Mütterrunden dienten der Bestätigung, ob das eigene Verhalten mit den sittlichen Erwartungen der anderen übereinstimmte. Schließlich engagierte sich das Mutterwerk auch im karitativen Bereich. Es organisierte etwa Kinderkrippen oder versorgte ärmere Familien mit Mittagstisch-Aktionen. Das Frauenreferat, das von Fanny Starhemberg geleitet wurde, diente dagegen der Propaganda. Mitglieder für die Vaterländische Front sollten gewonnen, Frauen von ihrer angeblich gottgegebenen Rolle als Mutter überzeugt werden. Zugleich war das Frauenreferat als Beratungsorgan bei bestimmten Gesetzesentwürfen vorgesehen. Ignaz Seipels Vorschlag, für Wahlen eine „Frauenkurie" einzuführen (S. 47), hatte bereits in dieselbe Kerbe geschlagen: Frauen sollten nur in jenen Lebens- und Arbeitsbereichen mitentscheiden können, die ihnen angeblich die Natur zugeteilt hatte.

Neben diesen spezifisch für Frauen vorgesehenen Organisationen widmete sich das „Österreichische Jungvolk", das 1936 von Guido Zernatto ins Leben gerufen wurde, der außerschulischen Erziehung. Als Vorbild dienten die „Balilla", die Jugendorganisation der italienischen Faschisten, und die Hitlerjugend. Die Jugendverbände der Heimwehr und der Ostmärkischen Sturmscharen wurden aufgelöst,[110] an ihr Stelle trat das „Österreichische Jungvolk". Die Vaterländische Front versuchte damit, auch die Jugenderziehung unter eine einheitliche Kontrolle zu bringen. Ganz gelang dies allerdings nicht, weil die katholischen Jugendverbände und auch das evangelische Jungwerk weiterhin eigenständig bleiben durften. Allerdings waren diese mit dem „Österreichischen Jungvolk" stark verschränkt.[111] Im Jänner 1938 wurden im Übrigen jüdische

Abb. 5 Werbeplakat für den Eintritt in die Vaterländische Front – Engelbert Dollfuß als „Führer", der das „Volk" verkörpert (1933).

Jugendliche aus dem „Österreichischen Jungvolk" ausgeschlossen (S. 128). Daher wurde eine eigene jüdische Jungendorganisation gegründet, die aber Teil der Vaterländischen Front war und somit unter politischer Kontrolle stand.[112]

Ziel des „Österreichischen Jungvolks" war die „vaterländische" und „sittlich-religiöse" Erziehung sowie die „körperliche Ertüchtigung". Militärischer Drill war dabei selbstverständlich. Gerne sprachen die Austrofaschisten zwar vom Frieden. In einer Gesellschaft aber, die getränkt war von Kriegsverklärung, Vaterlandstreue und Heldenverehrung (S. 73–79), galten die Soldaten des Ersten Weltkriegs als Vorbilder. Ihre ‚Heldentaten' sollte der Jugend bewusst machen, „daß das Vaterland ganze Menschen braucht, um eine glückliche Zukunft zu erreichen".[113] Krieg war in den Köpfen der Menschen präsent, über Verweichlichung wurde beständig geklagt. Das „lebendige Zeichen des neuen Österreichs", meinte etwa Bundeskanzler Kurt Schuschnigg, „des wiedererwachten Vaterlandes ist, daß die alten Soldaten, die Soldatengeneration von einst, […] den Soldaten von heute, den berufsmäßigen und den freiwilligen, die Hände reichen und so das Schicksal des Landes bestimmen".[114] Auch die Toten reichten die Hände jenen, die in der militärischen Formation der Vaterländischen Front organisiert waren: zunächst in der „Wehrfront", die als Dach für die verschiedenen Wehrverbände diente, dann in der „Frontmiliz", die 1937 in das Militär eingegliedert wurde. Im gleichen Jahr wurde das „Sturmkorps" als kämpferische Elite der Vaterländischen Front gegründet.

Abb. 6 Das Österreichische Jungvolk – Jugenderziehung unter staatlicher Kontrolle.

Eine besondere Bedeutung bei der ‚Identitätsarbeit' kam schließlich dem Kulturreferat zu. Es gliederte sich in sieben Arbeitskreise, die sich der Bildenden Kunst, der Literatur, dem Film, der Musik, dem Theater und der Volkserziehung widmeten. Das Kulturreferat ging schließlich im Frontwerk „Neues Leben" auf, das die beiden Schriftsteller Rudolf Henz und Guido Zernatto 1936 gründeten. Wieder dienten das faschistische Italien und das nationalsozialistische Deutschland als Vorbilder: die Massenorganisationen „Opera Nazionale Dopolavoro" und „Kraft durch Freude". Das Ziel dieser Organisationen war es, die gesamte Freizeit – „Erholung, Unterhaltung und Bildung"[115] – zu kontrollieren und damit die Bevölkerung ideologisch zu beeinflussen. Um einen möglichst breiten Kreis der Bevölkerung zu erreichen, war die Teilnahme an den Veranstaltungen des „Neuen Lebens" nicht an die Mitgliedschaft in der Vaterländischen Front gebunden. Reisen wurden organisiert, Bahnkarten verbilligt angeboten, Ausstellungen kuratiert, die Brauchtumspflege vorangetrieben und eine Länderbühne ins Leben gerufen, die durch ganz Österreich tourte (S. 100).

2.4.3 Stückwerk: die „organische Demokratie"[116]

Die plebiszitäre Demokratie sollte in Österreich als „organische Demokratie" (S. 40–44) realisiert werden. Die Maiverfassung von 1934 hatte dazu die Grundlagen geliefert. In der politischen Realität bedeutete dies zunächst eine Neuordnung der Gesetzgebung und zudem die Schaffung von Berufsständen.

In der Gesetzgebung wurden vorberatende und beschließende gesetzgebende Organe eingerichtet. Vorberatende Organe waren der Staatsrat, der Länderrat, der Bundeskulturrat und der Bundeswirtschaftsrat. Der Bundeskanzler schlug die Mitglieder des

Bundeskulturrats, des Bundeswirtschaftsrats und des Staatsrats vor, der Bundespräsident ernannte sie. Die gleichzeitige Mitgliedschaft in der Vaterländischen Front war selbstverständlich erwünscht, deren Führung musste jedoch zustimmen. In den Bundeswirtschaftsrat sollten schließlich die Berufsstände ihre Vertreter entsenden. Der Länderrat wurde mit je zwei Mitgliedern aus den Ländern bestückt. Die Aufgabe der vorberatenden Organe erschöpfte sich in der Erstellung von Gutachten über Gesetzesvorlagen, die von der Regierung eingebracht wurden.

Beschließende gesetzgebende Organe waren der Bundestag und die Bundesversammlung. Der Bundestag sollte über die Gesetze entscheiden, die – wie die Verfassung explizit vorschrieb – die Regierung auf Initiativantrag einzubringen hatte. Die Bundesversammlung sollte wiederum einen Dreiervorschlag für die Wahl des Bundespräsidenten erstellen, dessen Eid entgegennehmen und über eine etwaige Kriegserklärung abstimmen. Die Mitglieder des Bundestags setzten sich aus einem Teil der vorberatenden Organe zusammen. In der Bundesversammlung waren die Mitglieder aller beratenden Organe vertreten.

Auf Länderebene war eine ähnliche Konstruktion vorgesehen. Dort brachte der Landeshauptmann die Gesetzesvorlage im Landtag ein. Dieser musste die Vorlage diskutieren und konnte sie zurückweisen. Über eine neuerlich eingereichte, überarbeitete Vorlage konnte der Landtag dann abstimmen. Auch eine Ablehnung war möglich. Allerdings bedurfte jedes Landesgesetz der Zustimmung des Bundeskanzlers, womit die autonome Handlungsfähigkeit der Länder letztlich weitgehend eingeschränkt war. Wien hatte schließlich als bundesunmittelbare Stadt eine Sonderstellung. Der Bürgermeister sollte aus einem Dreiervorschlag der Wiener Bürgerschaft, des früheren Gemeinderats, vom Bundespräsidenten ernannt werden. Auch hier hatte wieder der Bundeskanzler das Einspruchsrecht. Die Mitglieder der Bürgerschaft wurden vom Bürgermeister bestimmt. Wie auf Landesebene der Landeshauptmann besaß der Bürgermeister das alleinige Recht der Gesetzesinitiative. Das letzte Wort hatte allerdings wieder der Bundeskanzler.

Die Neuregelung der Gesetzgebung war die eine Sache, nun mussten aber auch die Berufsstände eingerichtet werden. Diese sollten gleichsam den Kern der neuen Gesellschaft, des „neuen Österreich", bilden. Zwischen Arbeitnehmer:innen und Arbeitgeber:innen, so die Idee des Austrofaschismus, sollte nicht der Klassenkampf stehen, sondern die Gemeinsamkeit, die sich über den jeweiligen Beruf definierte. „Das wichtigste ist", schrieb der „Tiroler Anzeiger" im September 1933,

> daß durch die ständische Neuordnung zwei Hauptfehler des gegenwärtigen Zustandes beseitigt werden: die klassenkämpferische Einstellung eines großen Teiles der Bevölkerung und die Ueberlastung des Staates mit Aufgaben, die von den Gliedern der Gesellschaft, nämlich von den Ständen, erfüllt werden können.[117]

Drei Etappen waren zur Schaffung einer geeigneten Struktur vorgesehen, auf der die berufsständische Gesellschaft aufbauen konnte: Erstens war ein einheitlicher Gewerkschaftsbund zu gründen, zweitens waren die Arbeitgeber:innen in verschiedenen Bünden zu organisieren und drittens die Arbeitgeber:innen und Arbeiternehmer:innen in gemeinsamen Berufsständen zu vereinen. Die erste Etappe wurde am 2. März 1934 mit der Gründung einer Einheitsgewerkschaft abgeschlossen. Auch die zweite Etappe, die Einrichtung von Unternehmerbünden, gelang zum Teil. In den Jahren 1934/35 wurden der Bund der österreichischen Industriellen, der Bund der Gewerbetreibenden, der Bund der Geld-, Kredit- und Versicherungsnehmer sowie der Handels- und Verkehrsverbund gegründet. Ein Zusammenschluss der Freien Berufe wurde allerdings durch deren gegensätzlichen Interessen verhindert. Die jeweils zuständigen Minister hatten das Aufsichts- und Kontrollrecht über die ihnen zugeordneten Bünde. Sie ernannten auch die Funktionäre und konnten Beschlüsse aufheben. Die dritte Etappe kam aber über Ansätze nicht hinaus. Nur zwei Berufsstände wurden eingerichtet: der Berufsstand der öffentlich Bediensteten und der Berufsstand für Land- und Forstwirtschaft.[118]

Von einem „Ständestaat" kann also keine Rede sein, auch wenn Clemens Holzmeister von der Regierung beauftragt wurde, eigene Symbole für die Berufsstände zu gestalten (S. 95). Die Aufzüge der Berufsstände bei Festveranstaltungen entsprachen eher Faschingsumzügen. Sie stellten Wunschbilder dar, entsprangen der Fantasie der Veranstalter, ohne allerdings eine institutionelle Verankerung zu haben. Überhaupt widersprach der staatliche Versuch, die Berufsstände zu realisieren, dem eigentlichen Konzept einer berufsständischen Gesellschaft. Dieses sah nämlich – wie etwa auch in der päpstlichen Enzyklika „Quadragesimo anno" formuliert – ein Subsidiaritätsprinzip vor. Demnach sollten Berufsstände freiwillige und eigenständige Verbände sein, die zugleich synthetisch mit dem gesamtgesellschaftlichen Organismus in Verbindung stünden. Die Regierung griff aber bereits bei der Konzeption federführend ein. Der Austrofaschismus konterkarierte damit seine eigenen ideologischen Grundsätze, verband Autorität nicht mit dem „Volk", sondern regierte letztlich nur von oben herab. Selbst die gesetzgebenden Organe, die durch die Verfassung vorgesehen waren, wurden umgangen. Obwohl die Regierung das Initialrecht bei der Gesetzgebung hatte, verabschiedete sie die Gesetze weiterhin auf Basis des Ermächtigungsgesetzes vom 30. April 1934.

Die „organische Demokratie" blieb somit in ihren Anfängen stecken bzw. lediglich *work in progress*. Oder besser: Sie scheint gar nicht realisierbar gewesen zu sein, weil sie viel zu abstrakt, widersprüchlich und letztlich auch metaphysisch definiert wurde. Dollfuß mochte noch so freundlich lächeln, das „Volk" verkörperte er nicht.

3. Vergangenheit in der Gegenwart – österreichische Identitätsbausteine

Die austrofaschistische Ideologie sollte selbstverständlich nicht nur auf dem Papier bestehen oder in (pseudo-)wissenschaftlichen Kreisen zwischen – aus heutiger Sicht zum Teil eher fragwürdigen – Intellektuellen diskutiert werden. Daher war es notwendig, die zentralen Aspekte der Ideologie in ein spezifisches Identitätsangebot einzubinden: den christlich-katholischen Universalismus, die deutsche Kultur als ‚Leitkultur' und das vermeintliche Friedensprojekt, die Definition des Katholizismus primär als Wertesystem und nicht als Religion, das „Gemeinwohl" und die „organische Demokratie". In einer Identitätswerkstatt, in der viele ‚Handwerker:innen' – Universitätsprofessoren, Lehrer:innen, Journalist:innen, Künstler:innen und Schriftsteller:innen sowie Politiker (und wenige Politikerinnen) – arbeiteten, wurden dafür Identitätsbausteine konstruiert, die eine spezifische österreichische Identität begründen sollten. Zu diesen Identitätsbausteinen gehörten der habsburgische Mythos, der Katholizismus und der Barock, der föderale Gedanke, die Vorstellung Österreichs als deutsches „Bollwerk"[1] sowie die Beschwörung des Ersten Weltkriegs, der vor allem der Jugend ungebrochene Vaterlandstreue und aufopferndes Heldentum lehren sollte. Um mit diesem ‚Identitätsbausatz' stabile Identitäten zu konstruieren, war aber der dazugehörige Bauplan – wie im Kapitel V noch erläutert wird – zu kompliziert. Da mochten die Austrofaschisten in ihrer Identitätswerkstatt noch so fleißig arbeiten und die Fassaden ihres ideologischen Gebäudes polieren.

3.1 Der habsburgische Mythos

Der Austrofaschismus instrumentalisierte die Vergangenheit und stellte sich somit vor allem in die Nachfolge der Habsburgermonarchie. Bundeskanzler Engelbert Dollfuß beschwor etwa ein fiktives, angeblich bis zu Maria Theresia reichendes „Mittelalter"[2], um das „neue Österreich" in einer breiten Öffentlichkeit zu verankern. Seine Reden trieften dabei vor Pathos, etwa wenn er „das jahrhundertelange Zusammenleben mit anderen Nationen" rühmte, das „den Österreicher weicher, duldsamer, verständnisvoller für fremde Kulturen gemacht" habe.[3] Für seinen Nachfolger, Kurt Schuschnigg, war die Sendung Österreichs, seine Mission, „nicht von heute und von gestern", sondern „Jahrhunderte" zurückreichend.[4] Er pflegte zudem gute Beziehungen zu Otto von Habsburg, dem Thronfolger, dem sein großes Reich verloren gegangen war. Bald ging aber das Gerücht um, dass die Wiedereinführung der Monarchie möglicherweise ein letzter Trumpf Österreichs in der Auseinandersetzung mit dem Deutschen Reich sei.[5]

Tatsächlich hatten die austrofaschistische Regierung, die Vaterländische Front sowie die Vertreter des Regimes auf regionaler und lokaler Ebene ein sehr gutes Verhältnis zu den Monarchisten und Legitimisten (S. 17–18). Diese wurden unter anderem in Vaterländische Feiern eingebunden, etwa im Mai 1936 im Bezirk Scheibbs. Eine Gruppe Kaisertreuer leistete dort – wie die Wochenzeitung „Erlaftal-Bote" schreibt – „Pionierarbeit zu Gunsten der verbannten kaiserlichen Familie". Zunächst als rückständig „verlächelt", seien sie nun aber auf einer Vaterländischen Feier mit einer „Dankschreiben-Ueberreichung" in Oberndorf a. d. Melk belohnt worden. In einer Rede durften sie auch „S.M. [Seiner Majestät, Anm. d. V.] Kaiser Otto" hochjubeln: „Mit einem dreifachen Hoch auf die Regierung Schuschnigg-Starhemberg, auf den hohen kaiserlichen Vertreter, auf den jungen künftigen Herrn, S. M. Kaiser Otto […]."[6] Otto von Habsburg war auf solchen Feiern selbstverständlich nicht anwesend, sondern entsandte nur einen Vertreter. Dennoch war für die Legitimisten eine Zukunft ohne Kaiser nicht denkbar, und der Austrofaschismus ließ ihnen die Hoffnung auf die Wiedererrichtung der Monarchie. Ortsgruppen wie etwa die „Ottonia", eine „österreichische Jugend- und Volksbewegung" in Baden, wurden geduldet.[7] Bereits 1936 besaß „Seine Majestät" in rund 1500 Gemeinden die Ehrenbürgerschaft, der Name Otto von Habsburgs schmückte Straßenschilder und auch das Patronat über Gemeinden wurde von ihm übernommen.[8] Im Jahr 1936 existierten in Österreich rund 1.250 solcher Gemeinden, die er wohl nie besucht hatte, die sich dann aber als „Kaisergemeinden" rühmen durften. Schließlich verliehen auch verschiedenste Vereine dem „Kaiser" das Ehrenprotektorat.[9]

Der Kaiserkult blühte und ließ sich mit dem austrofaschistischen Universalismus hervorragend verbinden. Konnte doch der Thronfolger als Bindeglied zwischen dem „neuen Österreich" und dem übernationalen Habsburgerreich dienen, das noch dazu über seine Herrscher eng an das Heilige Römische Reich Deutscher Nation gebunden war. Die Wiedererrichtung der Monarchie bildete zwar für den Austrofaschismus keine wirkliche Option. Nicht zufällig glaubten die Theoretiker der berufsständischen Gesellschaft, etwas durchaus Neues geschaffen zu haben. Allerdings, so wurde häufig betont, sei das „neue Österreich" vom „Geist" des Heiligen Römischen Reiches und der Habsburgermonarchie, von der übernationalen und friedensstiftenden Sendung (S. 35–37), durchseelt.

Der Blick in die Vergangenheit reichte aber sogar weiter als in die Habsburgermonarchie zurück.[10] Gewöhnlich bedarf der Prozess des „nation building" der Konstruktion historischer Kontinuitätslinien, die zumeist tief in die Nebel der Vergangenheit reichen. Dies trifft auch auf das kleine Österreich zu, das sich noch dazu gegenüber dem nationalsozialistischen Deutschland behaupten musste. So wurden Österreich und seine Kultur bereits in der Antike, in der römischen Provinz Noricum, verortet. Der Journalist und Schriftsteller Otto Maria Carpeaux, der unter dem Pseudonym Otto Maria Fidelis schrieb, sah in Noricum eine „germanisch-romanische Synthese […], die als österreichisch bezeichnet werden darf", und eine Vorwegnahme „der österreichischen Idee".[11] Ebenso schrieb der Schriftsteller Joseph August Lux von einem „kelto-romanisch[en]

Kulturerbe", das eine Grundlage für die völkerübergreifende Mission, die das „neue Österreich" auszeichne, gebildet haben soll.[12] Die römischen Villen in Noricum verglich er sogar mit der Architektur von Otto Wagner, den er ebenso als spezifisch österreichisch vereinnahmte. Ein weiterer Meilenstein hin zur Eigenständigkeit Österreichs und zur Ausbildung des österreichischen Charakters sei die um 800 von Karl dem Großen gegründete Awarenmark gewesen. Dies galt auch für die Ostmark, die Otto I. im Zuge seiner Reichskonsolidierung in der Mitte des 10. Jahrhunderts schuf. Als letztere 976 an die Babenberger überging, sei das österreichische Wesen schließlich weiter aufgeblüht.[13] Selbst das Nibelungenlied, dessen Entstehung um 1200 im Gebiet zwischen Passau und Wien vermutet wird, musste als Beweis für die besondere Stellung Österreichs herhalten. Als Verfasser des Epos identifizierte der Theologe und Historiker Hugo Hantsch den Kürenberger, der vermutlich aus dem ober- oder niederösterreichischen Raum stammte. In diesem Dichter sah Hantsch geradezu die Verkörperung des österreichischen Menschen, weil er, „wie so viele Österreicher, bescheiden hinter sein Werk zurückgetreten" sei.[14] Ein spezifischer Menschentypus, den der Austrofaschismus als österreichisches Alleinstellungsmerkmal propagierte, wurde hier auf das Mittelalter projiziert: der in sich ruhende und sich bescheidende Mensch. Tatsächlich ist aber die Autorschaft des Nibelungenliedes, wie auch bei anderen mittelalterlichen Dichtungen, bis heute ungeklärt. Der Grund dafür ist weniger die Bescheidenheit eines Autors als vielmehr ein Überlieferungsproblem. Die Quellen, die mögliche Hinweise auf den Verfasser geben, sind nämlich spärlich.

Ihre vollständige Ausformung sollte die österreichische Kultur aber, so die austrofaschistische Interpretation der Vergangenheit, erst mit dem „Aufstieg des Hauses Habsburg zur Weltmacht" erhalten.[15] Dafür sei nicht zuletzt ausschlaggebend gewesen, dass die Habsburgerherrscher lange Zeit auch Kaiser des Heiligen Römischen Reiches Deutscher Nation waren. Auf dem Feld der Geschichte konnte damit auch gegen den Nationalsozialismus gekämpft werden, zumal immer „das ‚Haus Österreich', nie das ‚Haus Deutschland' oder ‚Germanien'" um das Wohl des Heiligen Römischen Reiches sorgte und niemals nur „deutscher Nation" gewesen sei.[16] „Ein Jahrtausend lang", betonte etwa Bundeskanzler Dollfuß, „wurde auf österreichischem Boden europäische Geschichte entschieden, über 600 Jahre lang haben in Wien deutsche Kaiser regiert und von hier aus gestaltend in das Weltgeschehen eingegriffen."[17] Wegen seiner Idee der Universalmonarchie, der Herrschaft über die ganze Welt, ließ sich vor allem Karl V. aus dem Herrscherreigen hervorheben. Er habe den Universalismus erst in seiner Reinform begründet, sich als Beschützer des Abendlandes hervorgetan und – paradoxerweise trotz seiner zahlreichen Kriege – als europäischer Friedenswahrer erwiesen. Maria Theresia glänzte wiederum als Bewahrerin der österreichischen Eigenständigkeit, die von feindlichen Mächten bedroht war. Die Analogie zu den nationalsozialistischen Begehrlichkeiten bot sich geradezu an: Auch in der Zeit Maria Theresias sei die österreichische Identität, das österreichische Wesen, gefährdet gewesen. Maria Theresia galt den Austrofaschisten als Verkörperung dieses Wesens. Ihr wurden Warmherzigkeit,

Schlichtheit und Weltoffenheit attestiert, womit sie sich angeblich als schillernde Vertreterin des austrofaschistischen Universalismus erwies.[18] Der „Begriff Österreich" sei „etwas Besonderes", meinte Vizekanzler Fürst Starhemberg auf einer Vaterländischen Kundgebung im Dezember 1934,

> nicht ein geographischer Begriff, nicht ein rein staatsrechtlicher Begriff, sondern etwas, das sich längst verkörpert hat im Rahmen der alten deutschen Ostmark, im Weltreich der Habsburger, seit 1918 aber im heutigen Österreich, und das, so der Herrgott will, sich wieder einmal verkörpern wird in einem Weltreich, das die Macht hat, die Welt nach neuen Gedanken zu gestalten und aufzubauen.[19]

Es erscheint geradezu absurd, wenn nicht gar größenwahnsinnig: Das kleine Österreich, hervorgegangen aus den Trümmern des Ersten Weltkriegs und von gravierenden wirtschaftlichen Problemen geplagt, beanspruchte, eine neue, eine friedliche Weltordnung zu schaffen. Und diese Weltordnung sollte vom „Geist" der Geschichte, insbesondere der Habsburgermonarchie und des Heiligen Römischen Reiches Deutscher Nation, erfüllt sein. Zwar war Österreich „heute klein und arm geworden", es sei aber eine „Großmacht des Geistes"[20] und – wie Bundeskanzler Schuschnigg 1935 meinte – damit Garant […] für den Bestand des europäischen Friedens".[21] Dabei berief sich Schuschnigg auf ein angebliches Zitat von Franz Grillparzer: „Österreich verkünden, heißt Dienst an der Menschheit."[22]

Das waren große Worte, die mit der Realität nicht so recht übereinstimmen wollten. Der „blutige Februar", der Bürgerkrieg vom Februar 1934 (S. 122–123), in dem die Regierung unbarmherzig gegen die Sozialdemokrat:innen vorgegangen war, lag zum Zeitpunkt dieser Rede noch nicht lange zurück. Den Frieden, den die Austrofaschisten beschworen, vergönnten sie nicht den Gegnern des Regimes. Diese mussten vielmehr bekämpft werden, angeblich schweren Herzens, wie Schuschnigg betonte: „Aber Österreich hat seine schwere Pflicht getan, nicht nur vom Standpunkt des eigenen Landes aus gesehen; das gesamte deutsche Volk und seine Kultur wurden vor schwerstem, vielleicht nicht wieder gutzumachendem Schaden bewahrt […]."[23] Von der deutsche ‚Leitkultur' war hier wieder die Rede, von der christlich-katholischen Mission, die infolge des Sieges im Februar 1934 „Ruinen im Herzen Europas" vermeiden und den Frieden erhalten könne. Die Ruinen fanden sich aber in Wien und in vielen österreichischen Industrieorten, also doch im „Herzen Europas", wie Schuschnigg einige Monate später Österreich vor dem Völkerbund bezeichnete.[24] Der europäische Frieden, den das austrofaschistische Österreich meinte, offenbarte sich als ein Feigenblatt, das den christlich-katholischen Imperialismus nur dürftig verdeckte. Im Jänner 1935 meinte Bundeskanzler Schuschnigg, dass es „ein[en] Kompromiß über den Gedanken Österreichs" nicht geben könne.[25] Vizekanzler Starhemberg hatte dies kurz zuvor noch martialischer ausgedrückt: „Wir streben keinen Kompromissfrieden an, wir wollen den Siegfrieden, wir wollen nicht Kompromisse schließen, wir wollen den hundertprozentigen Sieg."[26] Eine Ideologie, die im Katholizismus wurzelte und sich auf eine unumstößliche göttliche Wahrheit berief, ließ auch nichts anderes erwarten. Der Universalismus und das österreichisch-europäische Friedensprojekt, begründet in Habsburgs Glanz und Gloria, klang letztlich zu schön, um wahr zu sein.

3.2 Katholizismus und Barock

Der Katholizismus in Österreich, ein weiterer austrofaschistischer Identitätsbaustein, definierte sich durch die Abgrenzung von einem „reichsdeutschen Katholizismus". Während dieser ständig durch den Protestantismus bedroht und in einem andauernden Kampfmodus sei, habe sich der österreichische Katholizismus harmonisch entwickelt, sei daher friedlich und auch „imperial". „Sein Geist und seine Erscheinung", schreibt der konservative Journalist Anton Böhm, „ist [sic!] die einer herrschenden Macht, nicht die einer kämpfenden Schlachtreihe."[27] Begründet wurde der „imperiale" und zugleich friedliche Charakter des österreichischen Katholizismus reichlich kurios. So habe die Kirche in Österreich ihre Spaltung überwunden, indem sie die abtrünnigen Protestant:innen nicht unterdrückt und vertrieben, sondern von der ‚wahren' Religion überzeugt hätte. Nicht der geringste Verdacht von Gewalt sollte die österreichische Gegenreformation belasten. In der Realität war die Kirche freilich durchaus repressiv und gewalttätig gegen die Protestant:innen vorgegangen. Andere als Böhm mochten auch manchmal in Verbalinjurien abgleiten, wenn von der Gegenreformation die Rede war. So behauptete etwa Franz Zenker, Studienrat und Lehrer in Graz, dass Martin Luther lediglich Häretiker gewesen sei. Von einer Reformation könne gar nicht gesprochen werden, weshalb auch keine Gegenreformation existiere – diese wurde von Zenker einfach aus der Geschichte getilgt.

Davon aber einmal abgesehen: Beides, die vermeintliche Nicht-Existenz der Gegenreformation oder die Behauptung, die Gegenreformation sei gewaltfrei verlaufen, erlaubte es, den Katholizismus, der sich im Habsburgerreich im „Rhythmus ruhiger Bewegung"[28] entwickelt habe, den Schein der Harmonie zu verleihen. Diese Harmonie wiederum bringe den „christlichen Optimismus" und die „innere Ruhe" der österreichischen Bevölkerung, die vom Katholizismus durchdrungen sei, hervor.[29] „Der Katholizismus", meinte Bundeskanzler Schuschnigg, „ist in unserem Lande erdverwurzelt."[30] Daher könne Österreich, wie Vizekanzler Starhemberg ergänzte, „nur auf dem Boden der christlichen Weltanschauung aufgebaut werden […]. Wir stehen als Österreicher auf dem Standpunkt, daß unser Vaterland ohne den Rückhalt der katholischen Weltanschauung, die ein Stück Österreichertum geworden ist, niemals wirklich Österreich sein kann."[31]

Dieser spezifische und erdverbundene Katholizismus spiegelte sich, so lautete zumindest die austrofaschistische Schreibweise, im österreichischen Barock. Der Philosoph

Dietrich von Hildebrand sah in Österreichs barocken Prachtbauten, den Kirchen und Plätzen sowie in den Stiften, den „universale[n], von einer milden, friedlichen Pracht durchsetzte[n], von katholischer Luft erfüllte[n] österreichische[n] Genius in einzigartiger Weise" ausgedrückt.[32] Von Hildebrand, der das Wochenblatt „Der christliche Ständestaat" redigierte und den Nationalismus verabscheute, betonte aber gleichzeitig den universalen Charakter des österreichischen Barocks. Dieser habe nämlich das Italienische des Barocks in sich einfließen lassen, somit also – ganz im Sinne des habsburgischen Mythos und Universalismus – nationale Grenzen überschritten. Auch Alfred Böhm wies auf das übernationale „Wesen" des österreichischen Barocks hin, der sich aber dennoch – dank der „vornehmlich [...] österreichische[n] Leistung" – „zu einem deutschen Stil" und zu einem „deutschen Kulturgut" entwickeln habe können. Österreich, „das klassische deutsche Barockland"[33], sei durch seinen Universalismus „im wahrsten Sinne des Wortes Europa" geworden.[34]

So wie der Katholizismus angeblich das Wesen der österreichischen Bevölkerung bestimmte, war der Barock „identisch mit dem Geist des Volkshaften"[35]. Der „österreichische Mensch", seine Wesensart, komme im Barock – in der Kunst, aber auch im Lebensstil – besonders gut zum Durchbruch. Josef Leb, Leiter der katholischen Verlagsanstalt „Tyrolia" und engagiertes Mitglied des katholischen Bildungsvereins „Volkslesehalle", begründete etwa die „Lebensfroheit des Österreichers" mit seinem ihm eigenen „Kunstsinn". Damit lasse sich auch seine „besondere Vorliebe für den Barock, diese kunstvolle Verbindung zwischen Himmel und Erde", erklären.[36] Anton Böhm glaubte wiederum, die „natürliche künstlerische Begabung des Österreichers", aber auch „sein naives Vergnügen an Prunk und Glanz" im Barock erkennen zu können.[37] Es überrascht nicht, dass Bundeskanzler Dollfuß für Österreich das Bild einer „Vermählung" von „wirklich echtem, kerngesundem Volkstum" mit dem Christentum bemühte, woraus eine „Hochblüte der Kultur in Oesterreichs Landen" entstanden sei.[38] Mit dem Katholizismus und dem Barock waren die angeblich österreichischen Wesenszüge grundgelegt: tiefgläubig, durch den weltbejahenden Barock aber im Leben verankert, lebensfroh und gleichzeitig in sich ruhend, daher auch harmonisch, selbstverständlich friedliebend und schließlich universal, aber dennoch deutsch.

3.3 Landschaft und Ursprünglichkeit

Der österreichische Menschentyp, den die austrofaschistische Identitätswerkstatt konstruierte, war zudem durch die spezifische österreichische Landschaft geprägt. Zum einen konnte diese mit der Erdverbundenheit des Katholizismus und des Barocks in Verbindung gebracht werden. Zum anderen spiegelte sie den austrofaschistischen Universalismus en miniature. In beiden Fällen war die österreichische Landschaft ein Gegenpol zu den Auswüchsen der Moderne, zum Individualismus und der sündhaften Stadt, die noch dazu – durch Mobilität und Migration – ständig in Bewegung und von

Lärm durchdrungen war. Sie entferne den Menschen von der Heimat und von Gott. Als Ausgeburt sowohl des Kapitalismus als auch des Marxismus galt sie als Ursache für alles Übel der Zeit: die wirtschaftliche Krise, die Arbeitslosigkeit, die Klassengegensätze, den vermeintlichen Verfall der Sitten, die sexuelle Freizügigkeit und die Zerstörung der gottgewollten Geschlechterrollen. Der „österreichische Bauerndichter" Guido Zernatto, wie ihn das „Neue Wiener Journal" bezeichnete,[39] veröffentliche etwa 1934 den Roman „Sinnlose Stadt" und sang darin ein Loblied auf die Einfachheit der bäuerlichen Bevölkerung. „Man darf keine Städte bauen", meint darin der Protagonist.

> Die Städte sind die Festungen der Menschen, die sie gegen die Natur gebaut haben. […] In den Städten sind die Straßen gepflastert und asphaltiert, und nirgends trittst du auf Erde. […] Die Samen und der Blütenstaub, die der Wind aus den Feldern und aus den Wäldern herbringt, verderben auf den rußigen Dächern.[40]

In der Stadt könne kein Leben entstehen, es könne dort nichts wachsen, ganz im Gegenteil: Der Mensch vertrockne, nicht zuletzt, weil er seine angebliche Verbindung zur Erde verloren habe. Zernatto, der Prototyp des austrofaschistischen Schriftstellers, war auch führender Funktionär in der Heimwehr, Mitglied des Bundeskulturamtes und Staatssekretär unter Bundeskanzler Kurt Schuschnigg. Wie er dienten auch viele andere Künstler:innen und Schriftsteller:innen, vor allem mit ihrem künstlerischen Schaffen, dem System. Der Roman „Sinnlose Stadt" steht etwa in der Tradition von Karl Heinrich Waggerl, der im Roman „Brot" (1931) ebenfalls die ländliche Heimat der dekadenten Stadt entgegensetzt. Noch vor Waggerl hatte Marie Grengg in ihrem Roman „Die Flucht zum grünen Herrgott" (1930) die Rückkehr auf das reine, unverdorbene Land propagiert. Diese Autor:innen gaben die Themen vor, die dann im Austrofaschismus dankbar aufgegriffen wurden.[41] Im Gegensatz zu Zernatto aber, der nach dem „Anschluss" über Ungarn und Frankreich in die Vereinigten Staaten flüchten musste, sympathisierten Grengg und Waggerl mit dem Nationalsozialismus. Die so beschworene Verwurzelung im Boden entsprach sowohl der Ideologie des Austrofaschismus als auch der nationalsozialistischen „Blut und Boden"-Ideologie. Trotz oder gerade wegen dieser ideologischen Gemengelage geriet der Austrofaschismus im Konkurrenzkampf der Identitäten zunehmend in die Defensive. Der Nationalsozialismus ‚verkaufte' sich besser, galt sogar als modern, obwohl auch er die Vergangenheit instrumentalisierte (S. 148).

Dennoch hielt Österreich in seiner Beschwörung der Landschaft und Ursprünglichkeit unbeirrbar Kurs, ohne sich darüber bewusst zu sein, dass es dabei dem Nationalsozialismus den Boden bereitete. Die Volkskultur – die bäuerliche Kunst und das traditionelle Handwerk, die Volksmusik und die Trachten – wurde gefördert, das Land in seiner vermeintlichen Natürlichkeit gerühmt. So sei etwa die Gmundner Keramik unter einem neuen Direktor, dem Keramikkünstler Rudolf Knörrlein, neu aufgeblüht, nachdem versucht worden war, sie zu industrialisieren: „Es ist eine alte schöne Tradition […], volkstümliche Gefäßformen für schlichte Service zu verwenden, auch in Farbe und Glasur der Bauerntradition nahe zu bleiben und doch alles zu veredeln."[42] Auch die Keramik in Scheibbs, die im „Dornröschenschlaf" gelegen sei, erlebte eine Wiederauferstehung. Sie wurde als wahre „Volkskeramik" gefeiert, weil sie auch weniger Begüterte erwerben konnten.[43] Die Volkskultur galt als Teil der ‚wahren' deutschen Gemeinschaft, von „Familie, Gemeinde und Berufsstand".[44] So versinnbildliche etwa die Tracht die „Gemeinde, deren blutwarmes Zellenleben kein Staatengebilde entbehren kann". Zugleich sei sie Symbol für das „Wehrkleid jenes Standes, dem wir unser tägliches Brot, also die Grundlage unseres Seins", verdankten.[45] Im städtischen Gewand sei der Bauer, die ländliche Bevölkerung, seiner Herkunft und letztlich seines Sinnes beraubt. Wieder flammt hier der Gegensatz zwischen Stadt und Land auf, zwischen Heimat und Entfremdung. Trachten- und Gesangsvereine, Musikkapellen und Schützenvereine „mit ihren heute manchmal schon grotesk anmutenden Gewändern und Gewehren" wurden gegründet.[46] Und sie schienen nicht zu Unrecht grotesk, weil sie eben ihre Funktion verloren hatten. Wandelt sich doch die Welt ständig, der Austrofaschismus wollte dies aber nicht akzeptieren. „Wir fühlen", war etwa in der „Reichspost" zu lesen, „wieder festen Boden unter den Füßen, seit Volk und Staat zu dem Geist der Ahnen zurückgefunden haben […]."[47]

Um den Wandel aufzuhalten, griff der Austrofaschismus paradoxerweise auf das bürgerlich-aufgeklärte Zeitalter zurück, das er so heftig kritisierte. Das Bürgertum war bereits im 19. Jahrhundert auf das Land, in die Sommerfrische, entflohen, um zumindest vorübergehend den hektischen industrialisierten Zentren zu entgehen. Es war getrieben vom Wunsch, die Ursprünglichkeit, wie immer diese auch aussehen mochte, wiederzuentdecken. In diesem Zusammenhang erweist sich die Volkskultur nicht selten als gar nicht so alt und authentisch, wie sie oft dargestellt wurde bzw. noch immer wird. So sind etwa die Trachten eine Erfindung des 19. Jahrhunderts, des Bürgertums, das Versatzstücke einheimischer Kleidungsgewohnheiten übernahm und sie an Modetrends anpasste. Die Einheimischen übernahmen diese geschönten Trachten, weil sie damit selbst aufgewertet wurden. Zudem konnten sie sich in Zeiten des Wandels an einer fiktiven, unbeweglich erscheinenden Tradition festhalten.[48]

Die Funktion dieser Hinwendung zur Volkskultur, des Folklorismus, im Austrofaschismus ähnelte jener der Sommerfrische: In Zeiten des Wandels sollte Bewegungslosigkeit und damit ein Gefühl von Sicherheit vermittelt werden. Der Austrofaschismus verankerte den Folklorismus allerdings in einer Österreich-Ideologie, mit der er die Abschaffung der bürgerlich-liberalen Demokratie begründen konnte. Er konstruierte dafür ein „Volksgut", das „sich schön und rein in Österreichs Donauland und Alpenland erhalten" habe.[49] Mit der „Erfindung der Tradition", der Beschwörung eines gesellschaftlichen Status quo, fand eine geradezu überhebliche Vereinnahmung der Landbewohner sowie der Landschaft statt. So meinte etwa der „Blaue Adler", ein dem Regime nahestehender Verein zur Bekämpfung der Arbeitslosigkeit, mit der „Aktion Künstler aufs

Land" der „Heimatpflege" zu dienen. Allerdings trug er mit dieser Aktion, die 1934 anlief, elitäre und ideologische Vorstellungen von Volkskultur in die Regionen. Und als ob das nicht genug wäre, verband er mit ihr auch noch die Hoffnung auf touristischen Aufschwung und Arbeitsplätze. Alles auf einmal sollte erreicht werden: die Wiederbelebung von Traditionen, die aber vor allem Konstruktionen waren, und ein Wirtschaftsaufschwung. Die Hoffnungen blieben aber unerfüllt. Kirchen, Schlösser und Amtsgebäude wurden vor allem mit volkstümlichen, ideologisch unterfütterten Fresken ausgeschmückt, die „das ganze Ortsbild […] freundlicher und schöner" wirken lassen sollten.[50] So wie die Verschönerungsvereine im 19. Jahrhundert die Natur zu ‚verschönern' beabsichtigten, sollten nun die Künstler die Landschaft und Ursprünglichkeit zur wahren „Väterüberlieferung"[51] gestalten.

Der Maler E. Tony Angerer habe zum Beispiel, so meinte zumindest der Schriftsteller Franz Karl Ginzkey, zur „Auferstehung der einzelnen Trachten eines Landes", nämlich von Salzburg, beigetragen. Sein Werk, das einer „Kulturaufgabe" glich, würde „den tieferen Sinn der Tracht überhaupt […] erschöpfen, ihre Sendung, ihre Vielfalt, ihre Daseinsfreude".[52] Ginzkey selbst war Autor zahlreicher Romane, Novellen und Erzählungen. Unter anderem verfasste er auch das bekannte, heute wegen Rassismus kritisierte Kinderbuch „Hatschi Bratschis Luftballon" (1904) sowie den Text der niederösterreichischen Landeshymne (1955). Während des Austrofaschismus war er Mitglied des Staatsrats (S. 57–58), näherte sich aber – wie etwa Grengg und Waggerl – zunehmend dem Nationalsozialismus an.[53] Dennoch genoss er in der Zweiten Republik als Vertreter altösterreichischer Literatur großes Ansehen. In den letzten Jahren ist er aber wegen seiner nationalsozialistischen Vergangenheit zunehmend in Kritik geraten. So forderten etwa mehrere Autor:innen, die niederösterreichische Landeshymne durch eine neue zu ersetzen. Eine Historiker:innenkommission wurde gegründet, die aber kein antisemitisches und rassistisches Gedankengut im Text erkennen konnte. Niederösterreich ließ sich seine Hymne nicht nehmen. Gerade in Zeiten der Globalisierung, des rasanten gesellschaftlichen Wandels, scheint sie für die Landesidentität essentiell zu sein.

Das Modrige, das die austrofaschistische Pflege der Volkskultur umgab, wurde allerdings auch manchmal ausgelüftet. So zeigt ein Titelbild der Zeitschrift „Moderne Welt" aus dem Jahr 1934 das Bild eines Trachtenpärchens, das Angerers Darstellungen geradezu diametral gegenübersteht. Es handelt sich dabei um ein Werk von Carry Hauser, das in der Maltechnik reduziert wirkt und an die Neue Sachlichkeit erinnert. Das Pathos, das in den 1930er Jahren die Heimatromane und die bildende Kunst dominierte, fehlt weitgehend. Der abgebildete Mann legt allerdings den Arm um die Frau, scheint sie – ganz den traditionellen Geschlechterrollen entsprechend – zu beschützen. Im Hintergrund sind Bauernhäuser, Almen und Berge zu sehen, die ebenso in einem reduzierten, einfachen Malstil gehalten sind. Durch die Trachten wirkt das Paar eingebettet in die Landschaft, es ist gleichsam Teil von ihr. Hauser gelingt es, die austrofaschistische

Abb. 7 Tiroler Trachtenpärchen (Carry Hauser, 1934, Titelbild der Zeitschrift „Moderne Welt"). Tradition und Moderne vereinen sich. Der Maler Carry Hauser, der von der Neuen Sachlichkeit beeinflusst war, transferiert die ansonsten recht modrige Beschwörung der „Erdverbundenheit" in moderne Formen.

Ideologie mit moderner, einer „konkret-realistisch[en]"[54] Maltechnik zu synthetisieren und der Rückwärtsgewandtheit einen modernen Zug zu gegeben.

Zunächst vom Expressionismus beeinflusst, hatte Hauser als Bühnenbildner Stücke von Franz Theodor Csokor szenisch ausgestattet, etwa dessen Stück „Gesellschaft der Menschenrechte" (1929).[55] Darin geht es um eine Gruppe von Revolutionären mit Georg Büchner an der Spitze, die in den 1830er Jahren an der herrschenden Klasse und am kapitalistischen System scheitert. Es scheint recht seltsam: Der gleiche Künstler, der das Bühnenbild für dieses Stück gestaltete, schafft nun ein Kunstwerk, das den Austrofaschismus unterstützt. Es ist nicht das einzige. Er, der überzeugte Katholik, malt auch zahlreiche Madonnen mit Jesuskind, die bekannteste davon ist die sogenannte Wiener Madonna (1933). Damit kommt er dem Austrofaschismus mit seiner christlich-katholischen Orientierung entgegen. Das Gemälde wird sogar als Kunstdruck, erstellt von der österreichischen Staatsdruckerei, verbreitet. „Das reine Antlitz der Madonna", schreibt die Zeitschrift „Moderne Welt", „hat österreichisches Gepräge und der heimatliche Hintergrund des Gemäldes zeigt Wiens Wahrzeichen, den alten, ehrwürdigen Stephansdom. Die Geschlossenheit der Form und die zarte Farbengebung hat hier ein Werk heimatlicher Kunst erstehen lassen, das verdient, in die weitesten Schichten des Volkes zu gelangen."[56] In der Vaterländischen Front übernimmt Hauser die Funktion des Bundestreuhänders für Bildende Kunst, eine Stelle in der Kulturorganisation „Neues Leben". Er soll die Österreicher:innen für Kunst interessieren, aber auch den Kunstschaffenden das „Volk" näherbringen. Dazu gestaltet er Bühnenbilder für die

Abb. 8 Titelbild der Zeitschrift „Moderne Welt" (Bruno Frost, 1937). Das Bild zeigt den – vom Künstler wohl nicht intendierten – Widerspruch, den die austrofaschistische Hinwendung zum Volkstümlichen beinhaltet: Die moderne junge Frau wirkt nicht „erdverbunden", die Tracht scheint lediglich als Modeaccessoire zu dienen.

Länderbühne der Vaterländischen Front, die durch Österreich tourt und volkstümliche Stücke, unter anderem Johann Nestroy, spielt.[57] Beim Urania-Festzug am 12. Mai 1937, der sich der „Volksliedpflege" widmet, ist er für die künstlerische Gestaltung verantwortlich.[58] Sein Engagement in der Vaterländischen Front wird er später mit seiner Ablehnung von Chauvinismus und Nationalismus sowie der Gefahr, die Österreich von den Nationalsozialisten drohte, begründen.[59] Der christlich-katholische Universalismus scheint ihn überzeugt oder besser, verführt zu haben.

1937, drei Jahre nach dem Erscheinen von Carry Hausers Trachtenpärchen, findet sich auf dem Cover der „Modernen Welt" neuerlich die Tracht als Sujet. Eine junge Dame trägt ein Dirndlkleid und ist vor einer Bildergalerie positioniert, die regional unterschiedliche Trachten zeigt. Im Gegensatz zu Hausers Coverbild, das die Ideologie des Austrofaschismus gelungen verarbeitet, bleibt die Tracht hier nur modische Staffage. Die unterschiedlichen Trachten im Hintergrund weisen aber auf die Vielfalt in der Einheit hin, die der Austrofaschismus als besonderes Merkmal des Deutschtums, folglich auch der deutsch-österreichischen Landschaft propagierte, kurzum: auf den Universalismus en miniature. Dieser verstand die „deutsche Gemeinschaft" als einen Organismus aus Familie, Gemeinden, Ländern und Verbänden wie den Berufsständen. Dem Föderalismus kam somit eine zentrale Bedeutung als Identitätsbaustein zu. „Das echte deutsche Wesen", ist etwa in den „Richtlinien zur Führerausbildung" der Vaterländischen Front zu lesen, sei „stets genossenschaftlich, föderalistisch gewesen."

Österreich habe sich, wie auch andere deutsche „Völker", eigenständig entwickelt und dabei sogar eine ganz besondere Stellung erhalten:

> Innerhalb der einzelnen Nationen sind jene Stämme die kulturell lebendigsten, welche am meisten in kultureller Beziehung zu anderen hochstehenden Nationen stehen. […] Da nun kein deutscher Stamm so innigen Anschluß an andere Nationen hatte, wie der österreichische, konnte sich in Österreich eine besonders hohe und eigenartige deutsche Kultur entwickeln (Baukunst, Musik usw.).[60]

Konsequenterweise musste diese besondere Entwicklung – im Sinne des organischen Zusammenwirkens aller Teile des Ganzen – auch auf die einzelnen Bundesländer zutreffen. „Wir verstehen unter dem gesunden Volkstum", meinte Engelbert Dollfuß, „die Erhaltung der Eigenart der einzelnen Volksstämme. So sehr wir alle Deutsche sind, so sehr ist schon der Tiroler ein anderer Mensch als der Vorarlberger, der Kärntner ein anderer als der Salzburger."[61] Daher wurden die angeblich volkstümlichen Eigenheiten der Regionen gepflegt bzw. auch erfunden.

Das 25-jährige Gründungsfest des „1. Österreichischen Reichsverbandes für alpine, Volks- und Gebirgstrachten-Erhaltungs-Vereine" im August 1933 huldigte etwa der regionalen und lokalen Vielfalt. Den Teilnehmer:innen an der Festveranstaltung, die in der Stadt Salzburg stattfand, musste sich geradezu die „Ueberzeugung" aufdrängen, „daß der österreichische Stamm ein großes und reiches Volksleben hervorgebracht hat, aus dem wir heute noch wertvolle Kräfte zum Aufbau des Volkes schöpfen können".[62] So galten die Dialekte als Besonderheit, als „üppig blühender Zweig am fruchtbaren Baume echtesten Volkstums, der in der heimatlichen Erde verwurzelt ist".[63] Dichter oder solche, die noch welche werden wollten, versuchten sich in Dialektgedichten oder integrierten dialektale Redewendungen in ihre Prosatexte. So lobte etwa der Kunst- und Literaturhistoriker Johann Ranftl „die plastische, mit Archaismus und Dialekt durchsetze Sprache" des Romans „Die Waxenbergerin" (1934) von Enrica von Handel-Mazzetti.[64] Und auch die Wissenschaft widmete sich dem Volkstum, den Volksliedern, dem Brauchtum und den Dialekten. Dabei wurden sowohl die Unterschiede als auch die „Volks- und Stammesverwandtschaften" erforscht, die sich auch in „äußeren Erscheinungen" und im „Charakter" spiegeln würden.[65] Bereits 1930 hatte Prälat Ignaz Seipel, von 1921 bis 1930 Parteiobmann der Christlichsozialen Partei, an der Verfassung der Ersten Republik beklagt, dass sie den deutschen Föderalismus zu wenig berücksichtige:

> Man hätte […] erwarten sollen, daß die neue demokratische Verfassung des freien Staates Deutschösterreich etwa mit den Worten beginnt: Wir, die Deutschen Niederösterreichs, Oberösterreichs, Steiermarks, Kärntens, Salzburgs, Tirols, Vorarlbergs, Deutschböhmens und des Sudetenlandes, willens, einen neuen Staat Deutschösterreich aufzurichten, geben uns folgende Verfassung.[66]

Den Austrofaschisten galt Seipel, der bereits 1932 starb, als Gründungsvater ihres Regimes – nicht zu Unrecht, weil er schon sehr früh einen Ständestaat gefordert hatte (S. 28–29). Der „christlich, deutsche Bundesstaat auf ständischer Grundlage" erfüllte seine föderalen Wünsche post mortem im Verfassungstext. In der Realität besaßen die Länder und Gemeinden allerdings nur wenige Rechte (S. 58).

3.4 Vaterlandstreue, Heldentum und Heimatliebe

Heldentum, Tapferkeit, Uniformen und Krieg: Bereits die Gesellschaft der demokratischen Zwischenkriegszeit war von militärischen Fantasien geprägt gewesen. Die für das Vaterland Gefallenen wurden geehrt und der jungen Generation als Vorbilder präsentiert. Deutschnationale und Christlichsoziale, Heimwehren und Frontkämpfer, Ostmärkische Sturmscharen – sie alle bereiteten sich vor, das deutsche Vaterland, ob nun deutschnational oder österreichisch verstanden, bis in den Tod zu verteidigen. Zugleich verbreitete sich aber, insbesondere in sozialdemokratischen Kreisen, das Schlagwort „Nie wieder Krieg!". Auf der Wiener Internationalen Frauenkonferenz von 1931 rief es etwa die Sozialdemokratin und Frauenrechtlerin Adelheid Popp in die Menge. „Sie rief es als Mutter, die zu Müttern sprach", schreibt die Arbeiter-Zeitung, „zu denen, die gestern ihre Söhne nicht haben schützen können und entschlossen sind, sie morgen zu schützen."[67] Der junge Bruno Kreisky, damals bei der Sozialistischen Arbeiterjugend, hielt Vorträge über das Thema.[68] Sozialdemokratische Gedenkveranstaltungen feierten die Gefallenen des Ersten Weltkriegs nicht als Helden. Vielmehr boten sie Gelegenheit, vor Chauvinismus und weiteren Kriegen zu warnen.[69] Bereits 1925 hatte das „Rote Wien" am Zentralfriedhof ein Kriegerdenkmal errichten lassen, das bewusst pazifistisch gestaltet war.

Als der Austrofaschismus an die Macht kam, trat er diesem sozialdemokratischen Pazifismus eisern entgegen. Kurt Schuschnigg, bereits Bundeskanzler, sprach von der „Gemeinschaft der alten und jungen Soldaten", auf denen „buchstäblich das neue Österreich aufgebaut" sei. Er hielt die „Verfemung des Soldatentums und jeglicher Wehrhaftigkeit" für eine „Todsünde wider den Geist".[70] Der Heimwehrführer Ernst Rüdiger von Starhemberg, von 1934 bis 1936 auch Vizekanzler und Bundesführer der Vaterländischen Front, sah im „wahren Soldatentum" keineswegs „rohes Landsknechtstum […], sondern Kämpfer um eine Idee".[71] Die austrofaschistische Identitätswerkstatt arbeitete fleißig und schuf mit der Vaterlandstreue, dem Heldentum und der Heimatliebe weitere Bausteine, um das „neue Österreich" aufzubauen. Laut Schuschnigg sollte die „Wehrhaftigkeit" nicht nur dem „physischen Interesse des jungen Volkes" dienen. Vielmehr gelte es, den „Gedanken der Gemeinschaft" und des „Friedens" zu fördern. „Denn Frieden haben auf Dauer nur die, die man sich nicht anzugreifen traut, weil man weiß, daß sie sich wehren."[72] Abschreckungstaktik mochte zwar eine Möglichkeit der Verteidigungspolitik sein, dennoch zeigte sich ein Widerspruch: Zum einen predigten

Abb. 9 „Nie wieder Krieg!" – Ausgabe der sozialdemokratischen Zeitschrift „Die Frau" (41/4, 1934).

die Austrofaschisten immer wieder den Frieden, gleichzeitig feuerten sie das ohnehin martialische Klima der Zwischenkriegszeit mit ihren militärischen Fantasien noch zusätzlich an. „Versöhnung" bedeutete für sie die Unterordnung unter die eine, die austrofaschistische ‚Wahrheit'. Einen „Kompromiß über den Gedanken Österreich", betonte Schuschnigg, „gibt es nicht."[73]

Dieser „Gedanke Österreich" sollte der Bevölkerung, insbesondere der Jugend, „eingeimpft"[74] werden. Wenn die Austrofaschisten davon sprachen, die Menschen überzeugen zu müssen, war nichts anderes als Manipulation gemeint. „Die Jugend", betonte etwa Starhemberg, „muß, wenn sie aufgerufen wird, fanatisch für diese vaterländische Idee eintreten."[75] So mutierte der Turnunterricht zur vormilitärischen Ausbildung (S. 84–85), am neuen Staatsfeiertag, dem 1. Mai, sowie am „Tag der Jugend" am 27. Mai wurde der Gefallenen des Ersten Weltkriegs gedacht. Die Jugend sollte sich bewusst darüber sein, „daß das Vaterland ganze Menschen braucht, um eine glückliche Zukunft zu erreichen".[76] Am Vortag von Allerheiligen pilgerten die Schüler:innen zu Kriegerfriedhöfen, um der „stumme[n], aber so beredte[n] Mahnung all der Toten- und Gedenksteine im Stadt und Land" zu lauschen.[77] Aus ihren Gräbern säuselten die Toten angeblich von der „Ehrung der Gefallenen", der „Anerkennung für die lebenden Kämpfer" und der „Pflichterfüllung und Treue als Mahnung an die Jugend".[78] Eine geradezu gruselige Vorstellung, die einer Horrorgeschichte um nichts nachstand: Wie

Abb. 10 Heldenehrung – Bundeskanzler Kurt Schuschnigg bei einer Ansprache beim Kriegerdenkmal im Brucker Lager, einer militärischen Ausbildungsstätte, anlässlich seines 70-jährigen Bestehens (1936).

Wiedergänger erhoben sich die gefallenen Soldaten, zeugten von ihren „Blutopfern", mit denen sie angeblich „die Heimat […] vor feindlicher Verwüstung" gerettet hätten.[79] Es sei daran erinnert, dass Österreich-Ungarn mit der Kriegserklärung gegen Serbien den Flächenbrand des Ersten Weltkriegs ausgelöst hatte. Was blieb, war ein verwüstetes Europa. Aber Geschichte kann selektiv sein, und die Austrofaschisten warnten bei diesen Heldenehrungen nicht vor Krieg, sondern stimmten die junge Generation letztlich auf einen solchen ein.

Im Schulbuch „Vaterlandskunde" wird der Erste Weltkrieg als „letzte[r] heldenmütige[r] Kampf der Monarchie" bezeichnet. Der „österreichisch-ungarischen Wehrmacht" ist ein eigenes Unterkapitel gewidmet, und die Kampfhandlungen und Kriegsschauplätze werden detailliert beschrieben.[80] Schließlich erfolgt eine Heldenehrung für die gefallenen Soldaten:

> Allein die Hunderttausende, die für ihr Vaterland den Tod erlitten haben, sind […] nicht umsonst gefallen. Von den stillen Heldenfriedhöfen in den Bergen Tirols, an der zerklüfteten Hängen des Karstes, in Serbien und in den weiten Steppen Russlands strahlt ein Glanz, der die dunklen Schatten lichtet, die sich in diesen letzten Tagen auf den Ehrenschild des Staates gesenkt hatten. Die Toten des Weltkrieges haben den Wunsch Kaiser Franz Josephs erfüllt, daß die Monarchie, wenn ihr Ende kommen müsse, in Ehren untergehen solle. Und ihnen danken wir es, wenn unsere Jugend reinen und stolzen Herzens auf die Schicksale, auf Glück

und Ende des mächtigen Staates blicken darf, der ihren Vorfahren einst Vaterland gewesen ist.[81]

Auf eine grammatikalische Feinheit im Text sei verwiesen: Die Soldaten „erlitten" nicht den Tod, sondern „haben" ihn „erlitten". Die Verwendung des Perfekts, das die Wirksamkeit eines Ereignisses bis in die Gegenwart ausdrückt, scheint hier bewusst gewählt worden zu sein, um die Bedeutung des Heldentodes für die Gegenwart und hier insbesondere für die Jugend hervorzuheben. Dieser Heldentod wurde mit Kriegerdenkmälern, die weit über das Land verstreut waren, gefeiert. Als ein solches 1934 in Eisenstadt errichtet wurde, forderte Kardinal Innitzer die Anwesenden auf, etwas vom „Heldenmut" der gefallenen Soldaten „in unser Herz aufnehmen zu wollen. Unser oberster Führer, Bundeskanzler Dr. Dollfuß, hat uns den Weg gezeigt. Er ist mit seiner ganzen Kraft bestrebt, das Vaterland emporzuführen."[82] Dollfuß hatte im Ersten Weltkrieg bei den „Kaiserschützen" gedient, war mehrmals mit Tapferkeitsmedaillen ausgezeichnet worden und trug bei Reden oftmals auch seine Uniform. Er, der tapfer für das Vaterland gekämpft hatte, zeigte nun auch den Weg ins „neue Österreich" – ein ‚wahrer Held', der nach seiner Ermordung gar wie ein ‚Heiliger' gefeiert werden sollte (S. 94, 96–97).

Wien erhielt sein Heldendenkmal am 9. September 1934. Das Äußere Burgtor war dazu weitgehend umgestaltet worden. Es erinnerte nicht nur an den „Großen Krieg", wie der Erste Weltkrieg auch genannt wurde, sondern an alle Kriege der Habsburgermonarchie. Zur Einweihungsfeier waren auch Vertreter der Habsburger eingeladen, die mit „Kaiserliche Hoheit" angesprochen wurden. Dem Denkmal, das der Architekt Rudolf Wondracek entworfen hatte, haftet bis heute etwas Beklemmendes an. Die nach oben hin offene „Ruhmeshalle", die über einen Meter hohen Soldatenköpfe, die soldatische Tugenden symbolisieren sollen, sowie die Figur des „Toten Kriegers" in der Krypta sind schaurige Zeichen des Kriegs, den der Austrofaschismus in ein geradezu mythologisches Licht rückte und verherrlichte. Für die Soldatenköpfe und den „Toten Krieger" zeichnete im Übrigen der Bildhauer Wilhelm Frass verantwortlich, der – wie erst später bekannt wurde – bereits 1933 den illegalen Nationalsozialisten beigetreten war.[83]

Im Juni 1933 hatte das Heer wieder die Uniformen der Monarchie eingeführt. Anlässlich einer großen österreichischen „Regimentsgedenkfeier" rückte das Bundesheer, wie die „Reichspost" schreibt, „in altösterreichischem Soldatenkleide" aus. Die „Verbundenheit der jungen mit der alten Armee" sollte „auch äußerlich wieder zum Ausdruck" gebracht werden.[84] In diesem Zusammenhang fehlte es übrigens nicht an Kuriositäten: Das Landesverteidigungsministerium hatte bei künstlerischen Werken, die die k. u. k. Armee thematisierten, ein Einspruchsrecht. Tatsächlich wurde dieses auch wahrgenommen. So stellte das Ministerium etwa 1933 ein „Ueberhandnehmen altösterreichischer Uniformen" in Theateraufführungen, insbesondere in Operetten und Singspielen, fest. In Zukunft sollten auf dem Theater nur noch „nach eingehender

Abb. 11 Vorbilder für die junge Generation? – „Die Namenlosen 1914" (Albin Egger-Lienz, 1916). Der Austrofaschismus bediente sich der Kunst von Egger-Lienz und sah in ihr die angeblich „heroische Natur" im Menschen und „Heldentum" ausgedrückt.

Prüfung" Uniformen zugelassen werden.[85] Der „Geist der Zeit", schrieb die Arbeiter-Zeitung, sei „von den Marischka-Bühnen zu anderen Institutionen des österreichischen Menschen übersiedelt". Nun dürften „österreichische Erzherzöge nur noch in der Politik auftreten. Und wer ein Aufgebot von altösterreichischen Uniformen sehen will, soll künftig nicht das Theater an der Wien, sondern die Kundgebungen der Vaterländischen Front besuchen."[86] Vor allem das Singspiel „O du mein Österreich" hatte die Befürchtung des Ministeriums geweckt, das Militär würde durch das Theater ins Lächerliche gezogen. Hubert Marischka, der ältere Bruder des späteren Regisseurs der berühmten Sissi-Trilogie, hatte dieses Monarchie-Spektakel gemeinsam mit Karl Farkas inszeniert. Stücke, die habsburgische Berühmtheiten ins Zentrum rückten, erfreuten sich beim Publikum überhaupt großer Beliebtheit. Dem austrofaschistischen Regime mit seiner Habsburgernostalgie kam das zwar durchaus zugute, es zeigte aber nicht unbedingt Humor: Todernst sah sie die Traditionen und das Militär, das sich ja auf die altösterreichische Armee versteift hatte, verunglimpft. Und so verwundert es auch nicht, dass das Militär 1935 die alten kaiserlichen Feldzeichen aus dem Ersten Weltkrieg wieder einführte.[87] Die militärischen Truppen wurden zudem nach habsburgischen Herrschern und heldenhaften Soldaten benannt. Dabei bediente man sich nicht nur des Erste Weltkrieges, sondern aller möglichen Schlachten der „ruhmbedeckten Armee, die unter dem Doppeladler in ganz Europa nicht nur gekämpft und geblutet, sondern auch Kulturtaten [wie etwa die Verbreitung und Verteidigung der deutschen Leitkultur, Anm. d. V.] vollbracht hat wie kein Heer aller übrigen Staaten auch nur annähernd".[88]

Als besonders erinnerungswürdig galten die Türkenkriege, in denen die Soldaten der Habsburgermonarchie ein „Bollwerk" gegen die Feinde des Abendlandes errichtet hätten. Im Mittelpunkt stand dabei die zweite Wiener Türkenbelagerung von 1683. Mit dieser ließ sich der Topos von der ständigen Bedrohung des Abendlandes recht anschaulich illustrieren. Awaren, Magyaren und Türken seien aber von Österreich abgewehrt worden, ebenso wie die „Einbrüche des internationalen und nationalen Bolschewismus".[89] Mit dem nationalen Bolschewismus waren die Nationalsozialisten gemeint, mit dem internationalen die Sozialisten und Kommunisten. Österreich würde in Wien, wie schon vor einem Vierteljahrtausend „gegen den siegreich vorstürmenden Halbmond", ein „Kreuz […] gegen den Sowjetstern aufrichten".[90] Und so bewahrte es Europa angeblich auch am 12. Februar 1934, als sich die Sozialdemokratie gegen die austrofaschistische Repression wehrte, vor dem „rote[n] Bolschewismus". Wieder habe der „Doppeladler als altes ruhmreiches Wappenzeichen seine stolzen Schwingen nach Ätherhöhen" ausbreiten können.[91]

Europa, so die austrofaschistische Vorstellung, sei in der Vergangenheit aber nicht nur vom Osten aus bedroht gewesen, sondern auch im Inneren. Die Türkenkriege wurden daher mit den Franzosenkriegen gleichgesetzt. 1933, noch vor der Ausschaltung der Demokratie, stellte etwa der Schriftsteller Joseph August Lux empört fest, dass die Rolle Österreichs bei der Niederschlagung der napoleonischen Truppen im Geschichtsunterricht bislang keine Rolle gespielt habe.[92] Der Austrofaschismus, den Lux unterstützte, sollte hier Abhilfe schaffen. Am 1. Mai 1934, als die Verfassung verkündet und im Wiener Praterstadion ein historisches Spektakel inszeniert wurde (S. 90–93), nahmen die Franzosenkriege eine prominente Stelle ein. Das Jahr 1809 wurde dabei in den Mittelpunkt gerückt: die Schlacht bei Aspern, bei der die Franzosen ihre erste Niederlage erlitten, und der „opfervolle Kampf" der Tiroler um ihre „Freiheit". 1936 wurden daher Truppen des Bundesheeres unter anderem nach Erzherzog Carl, der bei Aspern dem Heer vorstand, und Andreas Hofer umbenannt.[93] Im Schulbuch „Vaterlandskunde" wird das Jahr 1809 als wichtiger Moment für die österreichische Identitätsbildung dargestellt. Wieder habe sich Österreich allein bewähren müssen, weil „Rußland im engen Bunde mit Frankreich" war, „England […] nur zögernd Hilfsgelder" gewährte und auch Preußen nicht am Krieg teilnahm. „So mußte Österreich den Kampf allein führen, aber im Inneren erwuchs ihm der mächtigste Helfer, die begeisterte Teilnahme des Volkes."[94]

Der Krieg erreichte selbst den Alltag: Als das Café Beethoven, ein „Intellektuellen-Café" in der Umgebung der Wiener Universität und des Wiener Landesgerichts, 1936 renoviert wurde, wurde auch der „interessante[n] lokale[n] Historie" gedacht. Ein Tempera-Fries zeigte Bürger, Studenten und Künstler in der „Landwehr", einem dem Militär beigeordneten Verband. Unter dem Doppeladler des Heiligen Römischen Reiches marschieren sie im Ersten Koalitionskrieg gegen französische Truppen auf. Der junge Ludwig van Beethoven soll damals, im Jahr 1797, die Musikkapelle der damaligen Bürgerwehr zu Joseph Haydns Volkshymne dirigiert und die patriotische Stimmung der Bevölkerung gestärkt haben.[95] Freilich weicht meist die Wahrheit von der Legende ab: Beethoven war anfangs ein Verehrer Napoleons gewesen, von dem er sich erhoffte, die aristokratische Herrschaft in Europa abzuschaffen. Erst als sich Napoleon 1804 zum

Abb. 12 Erinnerung an die ‚französische Gefahr' und die österreichischen ‚Helden' in den Franzosenkriegen: ein von Erich Meixner geschaffener Fries im Wiener Café Beethoven (1936).

Kaiser krönen ließ, veränderte er seine Einstellung. Da saßen sie nun aber, die Gäste des Café Beethoven, genossen Kaffee und Kipferl unter einem Fries, das durchaus dazu geeignet schien, die Vaterlandstreue, die Heldenverehrung und die Heimatliebe zumindest bei manchen zu wecken. Ein seltsamer Widerspruch: Über den Köpfen der angeblich barocken, daher gemütlichen, lebensfrohen und friedliebenden Österreicher:innen marschiert die Wiener Bevölkerung in den Krieg.

4. Der Versuch, das Bewusstsein zu beherrschen – Instrumentarien der Manipulation

Um das „neue Österreich" in den Köpfen der österreichischen Bevölkerung zu verankern, zog das austrofaschistische Regime alle Register der Manipulation. Seine Vertreter schwelgten in Pathos und arbeiteten mit Übertreibungen, um Emotionen wie das Gefühl von Sicherheit oder auch Angst zu erzeugen. Komplexe Sachverhalte wurden durch Schwarzweißbilder und bildliche Sprache vereinfacht. Ein Wir-Gefühl sollte geschaffen werden, indem andere ausgegrenzt wurden. Als Gegner galten etwa der Liberalismus und der Bolschewismus, aber auch der Nationalsozialismus. Wenn die Hand „zur Versöhnung" ausgestreckt wurde, dann war dies eine scheinheilige Umschreibung für die Forderung, sich dem politischen System zu unterwerfen. Wenn vom Frieden gesprochen wurde, galt dieser nicht für die Gegner des Systems. Trotz Repressionen erhoffte sich das Regime aber, mit der Bevölkerung eins zu sein. Es verglich den Staat mit einem Organismus, in dem die einzelnen Glieder sich gegenseitig stützen. Bundeskanzler Schuschnigg beanspruchte für das austrofaschistische Regime, „eine Regierung des ganzen Volkes sein [zu] wollen, eine Regierung der Arbeiter, Bauern und Bürger. Wir wollen und werden unser Volk davon überzeugen, daß wir alle eine untrennbare Schicksalsgemeinschaft bilden, daß der eine Stand nicht atmen kann, wenn der andere erstickt."[1] Um diese Schicksalsgemeinschaft zu errichten, um die Bevölkerung im Sinne der austrofaschistischen Ideologie zu indoktrinieren, wurden Publikationen mit Zitaten von Dollfuß, Schuschnigg und anderen Funktionären des Regimes verbreitet.[2] Das Bildungswesen, Festveranstaltungen sowie Kunst und Literatur standen im Dienst des Austrofaschismus. Staatspreise für Literatur, Musik und bildende Kunst wurden geschaffen, um ideologiekonforme Werke auszuzeichnen. Walter Adam, Bundeskommissär im Heimatdienst, einer für Agitation zuständigen Institution im Vorfeld der Vaterländischen Front, verachtete zwar den Begriff der „Propaganda". Diese sei nicht auf „Überzeugung, sondern auf reine Massenwirkung" ausgerichtet.[3] Adam spielte hier auf den Nationalsozialismus an, auf das „Ministerium für Volksaufklärung und Propaganda". Wortklaubereien änderten aber nichts daran: Die „Überzeugungsarbeit" des Austrofaschismus war auf nichts anderes ausgerichtet, als der österreichischen Bevölkerung eine einzige, die angeblich gottgewollte Wahrheit einzutrichtern. Ähnlich wie der italienische Faschismus und der Nationalsozialismus strebte auch der Austrofaschismus einen „Erziehungsstaat" an. Auch wenn das letztlich nicht gelang, sollte jeder gesellschaftliche Bereich, von der Arbeit bis zur Freizeit, ideologisch durchdrungen sein.

4.1 Schule und Universität

Zur „Überzeugungsarbeit", wie der Austrofaschismus seine ideologischen Manipulationsversuche umschrieb, diente zunächst das Bildungswesen, insbesondere die Schule. „Der Weg zum Staat beginnt bei der Schule", meinte Bundeskanzler Schuschnigg 1935 auf einer Vaterländischen Kundgebung in der Stadt Salzburg.[4] Selbstverständlich sollten Rechnen, Schreiben und Lesen gelehrt werden. Noch wichtiger war es aber, die „Liebe für das Vaterland" und den „Opfergeist" zu wecken. „Einordnung und Unterordnung" seien daher „das Wesentliche […] im Aufbau dieser Zeit."[5] Diese „österreichisch-vaterländischen Erziehung" war schließlich mit einer „sittlich-religiösen" zu verbinden, mit der „Erziehung zum echten Christentum in Gesinnung und Tat", die letztlich erst „die Bildung des deutschen Menschen vollendet".[6]

Nach der Ausschaltung des Parlaments, insbesondere aber nach dem Bürgerkrieg vom Februar 1934 nahm die Regierung zunehmend Einfluss auf das Schulwesen. Es ging nun Schlag auf Schlag: Im April 1933 wurde der sogenannte Glöckel-Erlass, schon lange ein Dorn in den Augen der Kirche und der Christlichsozialen, aufgehoben. Zu Beginn der Ersten Republik hatte der Sozialdemokrat Otto Glöckel, 1919/20 Unterstaatssekretär für Unterricht, den Religionsunterricht zur Privatsache erklärt. Nun sollte der Religionsunterricht wieder den „Zweck der betreffenden Schule" bilden.[7] Er war regelmäßig und verbindlich zu besuchen, das tägliche Schulgebet wurde eingeführt und der gemeinsame Besuch des Gottesdienstes vorgeschrieben.[8] Symbolisch spiegelt sich die enge Verknüpfung von Kirche und Staat auch in den Gottesdiensten zu Beginn und am Ende jedes Schuljahres, bei denen als Abschluss die österreichische Bundeshymne – die Haydnmelodie mit dem Text von Kernstock (S. 16) – zu singen war. Gesetzesnovellen und neue Lehrpläne entsprachen dem Geist der neuen Erziehungsdoktrin. Der Hauptschule wurde die Aufgabe übertragen, „eine Jugend heranzuziehen, die religiös-sittlich, vaterländisch, sozial und volkstreu fühlt, denkt und handelt".[9] Der Mittelschullehrplan von 1935 hatte ähnliche Ziele. So sollte eine „Vaterlandskunde" die „Grundlagen des neuen Österreichs" und den Aufbau des neuen politischen Systems vermitteln sowie „zur Hingabe an ein christliches, deutsches, freies Österreich" erziehen.[10] Der „junge Mensch" dürfe „nicht sich selbst" und auch „nicht den Schlagworten überlassen werden, die ihn umschwirren, er braucht die führende Hand, das festigende Wort des besonnenen Erziehers".[11] Die Phrasen, die verwendet wurden, ähnelten einander, wiederholten sich und variierten ein und dieselben Inhalte.

Wer die neue Schulpolitik in Frage stellte, galt als ‚Vaterlandsverräter'. „Ein Zwang für Lehrpersonen, der Vaterländischen Front beizutreten", meinte Kurt Schuschnigg als Justizminister, „besteht selbstverständlich nicht und wird nicht ausgeübt."[12] Dennoch wurde Lehrer:innen die Mitgliedschaft zumindest nahegelegt, womit sie laut eines Erlasses vom Jänner 1934 unter Beweis stellten, dass ihnen „die vaterländische Erziehung eine Herzenssache" sei.[13] Kritik an der „vaterländischen Bewegung und Erziehung" wurde „nicht geduldet".[14] Nach dem Februar 1934 konnten Lehrer:innen, die sich zur

Sozialdemokratie bekannt hatten, ohne Angabe von Gründen entlassen werden. Allein in Wien waren von rund 500 Direktoren über hundert von Entlassungen betroffen. Zudem ermöglichte eine Verordnung des Unterrichtsministeriums vom März 1934, jede definitiv angestellte Lehrperson in den Ruhestand zu versetzen.[15] Ähnliches galt im Übrigen auch für die Universitäten (S. 125).

Dennoch wurde die Schule als „unpolitisch" verstanden, zumal der Begriff der „Politik" mit Parteiensystem und politischen Konflikten bzw. politischen Diskurs in Verbindung gebracht wurde, kurzum: mit bürgerlich-liberaler Demokratie. Kurt Schuschnigg definierte Politik in erster Linie als das Aufeinanderprallen unterschiedlicher politischer Meinungen: „Niemals soll die Schule eine Stätte der Polemik sein. Ich wünsche absolut nicht, daß in die Schule politische Auseinandersetzung hineingetragen wird."[16] Die Ideologie des Austrofaschismus galt dagegen als unwidersprochene Selbstverständlichkeit, als die einzige gesellschaftliche ‚Wahrheit'. Daher galten Trauergottesdienste nach dem Bürgerkrieg von 1934, die in Schulen im Gedenken an die Gefallenen der Exekutive abgehalten wurden,[17] keineswegs als politisches Statement. War doch im Februar letztlich Teufelswerk besiegt worden. „Die Schaffung innerer Beziehungen der Jugend zu Religion und Vaterland und damit auch zum Volkstum ist niemals Politik im landläufigen Sinne des Wortes", betonte der Unterrichtsminister Anton Rintelen in einem Erlass vom Jänner 1934,

> sondern selbstverständliche Grundvoraussetzung jeder Erziehungsarbeit, für die der Staat – als Träger dieser Ideen – verantwortlich ist. Staatsbürgerliche Erziehung in diesem Sinne zu pflegen, bedeutet demnach, die Jugenderziehung vor allem von religiösen und vaterländischen Gesichtspunkten aus zu leiten.[18]

Der Geschichts- und Literaturunterricht eignete sich besonders, um die Schüler:innen „zur gewissenhaften Pflichterfüllung im Dienste der Volksgemeinschaft, des Vaterlandes, ja der ganzen Menschheit [zu] erziehen" und „mit jener Liebe zu erfüllen, ohne die nun einmal die Überwindung eines engherzigen Egoismus unmöglich ist".[19] Allerdings war der Fokus des Unterrichts bislang auf dem Deutschen Reich gelegen. Der konservative Schriftsteller Joseph August Lux beklagt in einer Broschüre, die er 1933 publizierte, den seit Ende des 19. Jahrhunderts herrschenden „antiösterreichische[n] Geist" in den österreichischen Geschichts- und Lesebüchern. Dieser habe es „fertiggebracht […], der österreichischen Jugend den Begriff von Glauben und Heimat zu entfremden". Ein viel zu bedeutungsvolles Bild des Deutschen Reiches existiere in der öffentlichen Meinung. Österreich sei dadurch „im Herzen der neuen Generation ausgelöscht" und „die Verdienste Österreichs als einstige deutsche Vormacht" in den Hintergrund gedrängt. Lux, der sogar von „Vaterlandsverrat" spricht, beschwor „die Helden des Glaubens und die Helden des Vaterlandes" als „die höchsten Vorbilder".[20] Tatsächlich legten die Lesebücher seit 1933 vermehrt Wert auf österreichische Heimatliteratur, die den

Blick auf die schöne Landschaft, erdverbundene Menschen und auf die Volkskultur richtete. Zugleich wurde die Anzahl der Deutschstunden reduziert, um Deutschland nicht eine gar zu große Bedeutung einzuräumen. In Zukunft sollte vermehrt auf die Literaturauswahl geachtet werden, wobei der Heimatbezug als maßgebliches Kriterium diente.[21]

Selbstverständlich rückte Österreich auch im Geschichtsunterricht in den Mittelpunkt. Zentral war dabei die Niederschlagung der Zweiten Türkenbelagerung von 1683. Diese galt als „Wendepunkt nicht nur der Entwicklungsgeschichte Österreich-Ungarns, sondern des Abendlandes überhaupt, das nun endgültig von der Gefahr einer Überflutung durch die Türken befreit war".[22] Prinz Eugen wurde als Held gefeiert und Österreich zum christlich-deutschen Bollwerk stilisiert. Im Jahr 1933, anlässlich der 250-Jahr-Feier der „Türkenbefreiung", ordnete das Unterrichtsministerium vaterländische Schulfeiern an.[23] Außerdem legte es Wert darauf, dass die Schüler:innen die „Prinz Eugen-Ausstellung" im Schloss Belvedere besuchten.[24]

Neben den Türkenkriegen eignete sich auch der Erste Weltkrieg für die „vaterländische Erziehung". Zwar hatte die Monarchie den Krieg verloren, dieser sei aber ihr „letzte[r] heldenmütige[r] Kampf" gewesen.[25] Die Soldaten, die das Vaterland tapfer verteidigt hätten, galten als Vorbilder. Seit 1934 fand im Turnunterricht der Hauptschulen und Mittelschulen bzw. Gymnasien eine vormilitärische Ausbildung statt.[26] Während die Schüler gedrillt und auf Orientierungsmärschen im Lesen von Landkarten geübt wurden, sollten „volkstümliche Kleinkinderspiele" im Turnunterricht die Mädchen auf die Rolle der Mutter vorbereiten.[27] Schließlich wurden für die beiden letzten Klassen der Mittelschule sogar Schießübungen für die Schüler eingeführt. Seit 1935 waren außerdem Wanderungen und Lehrgänge zu Heldendenkmälern und Soldatenfriedhöfen vorgeschrieben.[28] Diese sollten „eine eindringliche Mahnung an die Schüler" sein, „sich der Blutopfer der Helden wert und würdig zu zeigen".[29] Am „Tag der Jugend", der am 27. Mai gefeiert wurde, fanden „Heldengedenken" statt. Dabei wurde an die Kämpfe gegen die Türken und gegen Napoleon sowie an die Helden des Ersten Weltkriegs erinnert.

So intensiv die Schulen auch bemüht waren, die Schüler:innen vom „neuen Österreich" zu überzeugen, die Identitätsbildung blieb ihr nicht allein überlassen. Die austrofaschistische Identitätswerkstatt verfügte über mehrere Ateliers, in denen fleißig an Manipulationstechniken gefeilt wurde. „Eine notwendige Ergänzung", hatte Justizminister Schuschnigg im Jänner 1934 betont, „besteht darin, daß der Staat sich auch für den Bereich außerhalb der Schule die erforderliche Einflußnahme auf die heranwachsende Jugend sichere […]."[30] Im August 1934 wurde daher in der Vaterländischen Front das „Österreichische Jungvolk" gegründet, das in der außerschulischen Jugendarbeit das Monopol besitzen sollte (S. 55–56). Als Vorbild des Österreichischen Jungvolks dienten die Jugendorganisationen des italienischen und deutschen Faschismus, die Balilla und die Hitlerjugend. Die katholischen Jugendorganisationen durften allerdings weiterbestehen, worin sich die enge Beziehung zwischen Kirche und austrofaschistischem Staat

Abb. 13 Disziplin, Gehorsam und Heldentum als Tugenden: Abschlussfeier des Lehrereinführungskurses für den vormilitärischen Unterricht an Schulen (Bundeserziehungsanstalt in Breitensee, Niederösterreich, 1930er Jahre).

zeigt. „Selbstverständlich", hatte Schuschnigg schon vor der Gründung des Jungvolks gemeint, „bleibt für das große und ausschlaggebende Gebiet der religiös-sittlichen Erziehung die Kompetenz der Kirche gewahrt."[31] In der Praxis waren die Organisationen aber ohnehin personell stark miteinander verflochten. Die Etablierung des Jungvolks ging allerdings nur langsam voran. Zwar zählte das Österreichische Jungvolk im Jahr 1934 über rund 18.000 Ortsgruppen und 120.000 Mitglieder.[32] Verglichen mit den katholischen Jugendverbänden, die 1938 über 300.000 Mitglieder verfügten,[33] war das aber ein eher bescheidener Erfolg.

In einem weiteren Schritt waren nicht nur die Schüler:innen, die „neue Generation", „vaterländisch" und „sittlich-religiös" zu formen. Das gesamte Bildungswesen sollte von der austrofaschistischen Ideologie durchdrungen werden. Und so dienten nun auch die Universitäten als Identitätswerkstätten. Das Lehrpersonal war zu diesem Zweck mit „vaterlandstreuen" Akademikern zu besetzen.[34] Darüber hinaus sollten die Universitäten – wie ein Gesetz zur „Hochschulerziehung" aus dem Jahr 1935 vorsah – auch für die „staatsbürgerliche Erziehung" verantwortlich sein. So wurde das Auditorium Maximum der Universität Wien 1936 auch deshalb neu errichtet, weil ein angemessener Rahmen

Abb. 14 Soldaten des Ersten Weltkriegs als Vorbild für die Jugend? Kriegsversehrte bei einer Gedenkfeier der Vaterländischen Frontkämpferbewegung auf der Wiener Ringstraße (1935, Photographie von Wilhelm Willinger).

für weltanschauliche Pflichtvorlesungen und „volkstümliche Universitätsvorträge" geschaffen werden sollte.[35] Die Universität scheute keine Kosten und stattete den Neubau mit einer modernen Ton- und Projektionsanlage sowie einer großen Kinoleinwand aus. An den Seiten der Vortragstribüne prangten der Doppeladler mit Heiligenschein und ein großes Kruzifix. Die Einweihung, die Kardinal-Erzbischof Theodor Innitzer vornahm, wurde über Radio übertragen.[36]

Allein „weltanschauliche Vorlesungen" reichten aber zur „vaterländischen Erziehung" nicht aus. In der hauseigenen Schießstätte im Keller der Universität wurden Schießübungen abgehalten. Und auch die geschlechterspezifische Ausbildung durfte nicht vernachlässigt werden, weshalb Studentinnen in Spielen für Kleinkinder geschult wurden. Zudem sah das Hochschulerziehungsgesetz von 1935 Hochschulwochen vor, die der „vaterländischen Erziehung" dienten. Dort wurden die Studierenden in das österreichische Brauchtum eingeführt, vor allem standen aber körperliche Ertüchtigung und militärische Disziplinierung auf dem Programm. Offiziere des Bundesheeres unterstützten dabei die Lehrer. Vom geselligen Studentenleben konnte nur geträumt werden: Um sechs Uhr früh war Tagwache und um zehn Uhr abends „Zapfenstreich".

Eine halbe Stunde später herrschte „Sprechverbot". Die Helden von morgen durften keinerlei liederlichen Sitten nachgehen, „vaterländische Erziehung" bedeutete zugleich „christlich-sittliche Erziehung". Die ersten dieser Hochschulwochen fanden 1936 in Schloss Rotholz bei Jenbach und in Stift Ossiach in Kärnten statt. Mitorganisiert wurden sie vom Philosophen Simon Moser, der an der Universität Innsbruck weltanschauliche Vorlesungen hielt. Später sollte er das Europäische Forum Alpbach mitbegründen und dieses auch von 1945 bis 1978 leiten. 1937 kam mit Kreuzberg am Weißensee in Kärnten noch ein dritter Standort für die Hochschulwochen dazu.[37]

4.2 Festliche Inszenierungen

11. September 1933, Wiener Trabrennplatz: Dollfuß, gekleidet in die Uniform der Kaiserschützen, hält eine Rede vor der Vaterländischen Front. Nicht genug, dass ein Kruckenkreuz das Rednerpult schmückt, auch das Podest, mit dem Dollfuß erhöht wird, ist umhüllt von einer Kruckenkreuzfahne. Erstmals wird es als Symbol der Vaterländischen Front öffentlich gezeigt. Aus Platzgründen sind nur paramilitärische Organisationen anwesend, unter anderem die Ostmärkischen Sturmscharen, die Heimwehr und die Frontkämpfer, ebenso die Tiroler Schützen. Auf den Tribünen tummeln sich aber die Schaulustigen, die noch Zuschauerplätze ergattert haben. In seiner Rede blickt Dollfuß „500 Jahre", ein „halbes Jahrtausend", zurück in die Vergangenheit und verurteilt die „Fehler der letzten 150 Jahre".[38] Er spielt damit auf die Französische Revolution von 1789 an, die das Übel der Moderne, die bürgerlich-liberale Demokratie, erst ermöglicht habe. Zugleich bedient er sich aber einer modernen Errungenschaft, um überhaupt gehört zu werden: eines Mikrophones. Die Zukunft des „neuen Hauses", das gebaut werden soll, liegt dennoch in der Vergangenheit. „Gott will es", ruft Dollfuß den Versammelten pathetisch zu. Seine Stimme klingt dabei wohl etwas blechern, denn die Übertragungstechnik steckt noch in den Kinderschuhen. Dennoch soll die Inszenierung perfekt sein: Von ganz Österreich kommen Teilnehmer:innen mit Bussen, vaterländische Abzeichen, Dollfuß-Bilder und programmatische Broschüren werden verkauft. Auch Fackeln können für einen rund vierstündigen Fackelzug, der im Anschluss an die Veranstaltung stattfinden soll, käuflich erworben werden. An den Rändern der Straßen, die vom Trabrennplatz bis zum Burgtor führen, haben sich bereits Zuschauer mit Papierfähnchen und kleinen Wimpeln versammelt. Musikkapellen, unter anderem die Deutschmeister, spielen auf, vor dem Äußeren Burgtor ist „ein Originalzelt aus der Kriegsbeute der Türkenbefreiung aufgestellt […] und vier Scheinwerfer" beleuchten „die ein Vierteljahrtausend alte Trophäe".[39] Gezählt wird in Jahrtausenden, das klingt eindrucksvoller, als wenn man von 250 Jahren spricht. Und dennoch ist der Fackelzug nicht nur zu Fuß oder auf Pferden unterwegs. Auch eine Radfahrstaffel – das Fahrrad wurde in den 150 Jahren der Verderbnis erfunden – sowie mehrere hunderte Automobile und Motorräder des Vaterländischen Fahrkorps begleiten den Aufmarsch.

Abb. 15 Bundeskanzler Engelbert Dollfuß bei seiner „Trabrennplatzrede" am 11. September 1933, in der er das Programm des austrofaschistischen Regimes verkündet: Ablehnung des Parteienstaates und des Parlamentarismus sowie die Errichtung eines „Ständestaates".

Die austrofaschistischen Festveranstaltungen ähnelten sich in der Dramaturgie und Choreographie. Sie waren stark ritualisiert und schlossen – ganz im Sinne der militärischen Heldenverehrung (S. 73–79) – militärische Zeremonien mit ein. Wie auch der Nationalsozialismus und der italienische Faschismus bediente sich der Austrofaschismus bei seinen Festveranstaltungen massenästhetischer Inszenierungen. Pathetische Reden auf Bühnen, die mit den Symbolen des Regimes geschmückt waren, geordnete Aufmärsche und die Aufstellung in Reih und Glied waren Konstanten in den vielen Feierlichkeiten. Durch Jubel, Akklamationen und das Schwenken von Fähnchen sollte auch das Publikum miteinbezogen werden. Im Gegensatz zum Nationalsozialismus waren die Tribünen aber nicht selten mit Bändern, Girlanden und Blumen geschmückt. Darin spiegelte sich vermutlich der Katholizismus, auf den sich der Austrofaschismus berief, die Ausgestaltung der Altäre und der Schmuck bei kirchlichen Zeremonien. So band der Austrofaschismus auch Messfeiern und andere katholische Kulthandlungen in seine Festveranstaltungen ein.

Damit knüpfte er an die barocke Repräsentationskultur an und inszenierte Mysterienspiele, die aber moderne Vorstellungen von Theater übernahmen. Bühne und Zuschauerraum sollten miteinander verschmelzen, um die „Wirklichkeit zu formen"[40], um also die Ideologie des Austrofaschismus in den Lebenswelten zu verankern. Zugleich ermöglichten die Mysterienspiele auch eine Rückbindung an den Barock und die habsburgische Vergangenheit.[41] Nicht zufällig fand die oben erwähnte Trabrennplatzrede von Dollfuß und der anschließende Fackelzug während des Allgemeinen Deutschen Katholikentags statt, den die Kirche vom 7. bis 12. September 1933 in Wien organisierte. Katholikentage wurden in Österreich seit 1877 in mehr oder weniger regelmäßigen Abständen veranstaltet. Im 19. Jahrhundert waren sie ein politisches Instrumentarium im Kulturkampf zwischen Liberalismus und Katholizismus, in der Zwischenkriegszeit dienten sie der Rekatholisierung einer Gesellschaft, die laut Meinung der Kirche von Marxismus und Bolschewismus, gleichsam vom Teufel, heimgesucht worden war. „Tschidarata, bum, bum, bum", schrieb die humoristisch-satirische Monatszeitschrift „Die Leuchtrakete" anlässlich des Wiener Katholikentages von 1923, „Schäflein schaut euch ja nicht um, / Kommt geschwind zur großen Herde, / Daß es endlich finster werde, / Für die Roten sei ein Schlag, / unser Katholikentag!"[42] Für die „Reichspost", das inoffizielle Sprachrohr der Christlichsozialen Partei, war dagegen der Katholikentag gleichsam ein Lichtschimmer am Horizont: „Die ‚Zivilisation' ist bankrott. Die Rückkehr zu den ewigen Wahrheiten des Christentums ist im Gang. Je weitere Kreise diese nimmt und je praktischer sie sich auswirkt, desto eher wird der Ausweg aus dem Irrgarten der Gegenwart gefunden werden."[43]

Als der Katholikentag im September 1933 neuerlich in Wien ausgerichtet wurde, schien bereits der Ausgang aus dem Irrgarten gefunden: Die bürgerlich-liberale Demokratie war durch die „organische Demokratie" des Austrofaschismus abgelöst worden, auch wenn die in der Enzyklika „Quadragesimo anno" geforderte berufsständische Ordnung letztlich doch nicht verwirklicht werden sollte (S. 41, 58–59). Die katholische „Salzburger Chronik" berichtete von „dichten Menschenmassen", in denen „fast alle Sprachen der Welt" zu hören gewesen seien.[44] Der Universalismus des Austrofaschismus schien Realität zu sein, Österreich brachte die Völker offenbar friedlich zusammen. „Hier ist mehr als Ostmark", jubelte der Erzbischof von Wien, Kardinal Theodor Innitzer, dem anlässlich des Katholikentages sogar eine Mehlspeise, die zuckersüße Kardinalschnitte gewidmet wurde. Für ihn, der 1929/30 kurz das Amt des Sozialministers übernommen hatte, schien sich die Rettung des christlichen Abendlandes abzuzeichnen:

> Hier ruht des alten Heiligen Römischen Reiches heilige Kaiserkrone und erst wenn – das ist nicht die Sache der Politik, das ist Sache des Geistes und des Glaubens, darum darf ich es sagen – dieses katholische Wien seinen ganzen Sinn kennt und wenn seine Stellung als innerste Herzkammer des Reiches im ganzen deutschen Volk wieder anerkannt wird, erst dann wird dieses deutsche Volk seine Sendung erfüllen können, erst dann das christliche Abendland aus seiner lebendigen Mitte neues Leben, neue Kraft, neue Größe gewinnen.[45]

Der Katholikentag von 1933 hatte mehrere Jubiläen zu feiern: Erinnert wurde an die Vertreibung der Türken vor 250 Jahre, einem Vierteljahrtausend, um mit den Worten der Austrofaschistischen zu sprechen. Österreich konnte dabei als „deutsches Bollwerk" zur Rettung Europas inszeniert werden. Es ließ sich aber auch die österreichische Kultur feiern, weil der Stephansdom vor einem halben Jahrtausend vollendet worden war. Außerdem hatten sich vor 80 Jahren, im September 1853, die „Vertreter aller deutschen Stämme"[46] zum ersten Mal zu einem Katholikentag zusammengefunden. Schließlich wurde auch der Erlösung durch Christus gedacht, der im Jahr 33 dem Tod am Kreuz erlitten habe soll. Pius XI. hatte daher im April ein außerordentliches Heiliges Jahr ausgerufen, um die Wiederkehr des Jahres der Erlösung der Menschheit zu feiern. Den Gläubigen gewährte der Papst in den Heiligen Jahren einen vollständigen Ablass ihrer Sünden. Einen besseren Zeitpunkt konnte es für den Austrofaschismus wahrlich nicht geben, um seinen Sieg über die bürgerlich-liberale Demokratie zu feiern und das „neue Österreich" zu verkünden.[47] Wenn schon nicht die Welt, dann sollte es zumindest Europa erlösen. Daher traten die Christlichsoziale Partei sowie die Vaterländische Front auf dem Katholikentag auch öffentlich in Erscheinung. Im offiziellen Festführer finden sich eine Werbeeinschaltung der Vaterländische Front, in der das Vaterland und die Treue zur Heimat hervorgehoben wird, sowie Grußworte führender Funktionäre der Christlichsozialen Partei.[48] Der Germanist Josef Nadler, einer der Ideologen des Austrofaschismus (S. 35, 39), betonte in einem Beitrag die deutsche und zugleich europäische Sendung, die Österreich und seine Bevölkerung besitze.[49] Unter anderem waren Engelbert Dollfuß und Bundespräsident Miklas im Ehrenkomitee des Katholikentags vertreten, nahmen an kirchlichen Prozessionen teil und hielten Ansprachen.

Der Schriftsteller Rudolf Henz, der das Kulturreferat der Vaterländischen Front leitete, bereicherte den Katholikentag zudem mit einem ‚modernen' Mysterienspiel: „St. Michael, führe uns an". Achttausend Jugendliche aus verschiedenen Jugendorganisationen wirkten als Darsteller:innen mit. Wie bei austrofaschistischen Massenfestspielen üblich, sollte das Spiel die Mitwirkenden und Zuschauer:innen miteinander verschmelzen. Dabei wurde eine gottgewollte, hierarchische Gesellschaftsordnung beschworen: an ihrer Spitze ein Führer, eine Autorität, die aber in direkter Verbindung zum „Volk" steht. Dramaturgisch wurde diese Verbindung mit Hilfe einer ständigen Wechselrede zwischen Michael und einem Chor ausgedrückt. Gleichzeitig arbeitete Henz mit einem Gut-Böse-Schema, das der christlichen Tradition entsprach. Die Gläubigen stellten das Gute dar, das dem Bösen, den politischen Gegnern, gegenüberstand. Es scheint nicht zufällig, dass Henz den Erzengel Michael, den Bezwinger des Satans, in den Mittelpunkt seines Mysterienspiels gestellt hat.[50]

Henz diente gewissermaßen als Dramaturg des austrofaschistischen Regimes. Er zeichnete auch für das ‚Drehbuch' einer „Kinderhuldigung" bzw. eines „Weihefestspiels für Kinder" am 1. Mai 1934 verantwortlich. Die „Verkündigung der neuen Verfassung" sollte im Wiener Praterstadion gefeiert und die junge Generation vom „neuen Österreich" überzeugt werden. „Vaterländische" Erziehung erfolgte auch außerhalb der Schule, mehr noch: Gerade dort sollte durch eine Art Massenhypnose das Gefühl erzeugt werden, Teil des gesellschaftlichen Ganzen zu sein. Das Individuum, so hoffte zumindest das Regime, trat gegenüber dem ‚organischen' Ganzen zurück. Starhemberg meinte, der Jugend müssten „die Ideen des neuen Österreichs eingeimpft"[51] werden. Ob dies gelang, bleibt dahingestellt. Schüler:innen aus Wien und Umgebung wurden zur Teilnahme verpflichtet, bei vielen war die Begeisterung wohl enden wollend.

Ein Spektakel war die Veranstaltung im Wiener Praterstadion aber allemal: Mit Hilfe verschiedener Spielszenen verankerte Henz das „neue Österreich" in der Vergangenheit, ein Chronist leitete durch die Veranstaltung. Er las dabei in einem „Buch der Geschichte", berichtete in jeder Szene von bedeutenden historischen Ereignissen und leitete zur nächsten Szene über. Zunächst wurde der mittelalterlichen Landnahme und der ständischen Gesellschaft gehuldigt, in der jeder Mensch eine angeblich von Gott gewollte Stellung innehatte. Begleitet von Fanfarenmusik, marschierten Markgrafen, Herzöge sowie Ritter und Herolde auf. Dem Zug folgten schließlich auch Bürger und Bauern. Weiter ging es mit der Darstellung Österreichs als Kulturgroßmacht. Perücken tragende Schauspieler:innen tanzten etwa ein Menuett aus Mozarts „Don Giovanni" und ließen damit das barocke Zeitalter hochleben. Aber nicht nur die höfische Kultur, sondern auch das Bäuerlich-Volkstümliche, die vermeintliche „Erdverbundenheit" des Barocks (S. 65), wurde gefeiert. Unter dem Klang einer volkstümlichen Weise betrat eine Trachtengruppe die Szene und tanzte. Neben Volksmusik und Mozart wurden auch Joseph Haydn, Franz Schubert und Johann Strauß für die österreichische Identitätsstiftung instrumentalisiert. In weite weiße Gewänder gekleidet, bewegten sich etwa Tänzerinnen fröhlich und doch anmutig zu einem Wiener Walzer, ein Sänger intonierte Schuberts „Lindenbaum". Abgerundet wurde der historische Aufzug mit szenischen Appellen an die Vaterlandstreue. Prinz Eugen und Feldmarschall Radetzky traten als Helden auf, der Radetzkymarsch wurde gespielt und als Soldaten verkleidete Laienschauspieler erinnerten an die napoleonischen Kriege. Da durften dann freilich auch Andreas Hofer und die Tiroler Schützen nicht fehlen, die als Vorbild für die Verteidiger Österreichs von morgen dienen sollten. Indem der Kampf gegen die napoleonische Herrschaft hervorgehoben wurde, erfolgte eine bewusste Abgrenzung von der Aufklärung und der bürgerlich-liberalen Demokratie. Wurde doch die napoleonische Herrschaft – zumindest für die Zeit vor dem Kaisertum – durchaus als Fortsetzung der Errungenschaften der Französischen Revolution von 1789 verstanden. Schließlich trat noch eine Kompanie des Bundesheers auf, die an den Ersten Weltkrieg erinnerte und sich auf ihre militärischen Vorfahren verpflichtete.[52]

Stellvertretend für die anwesenden Kinder und Jugendlichen, sprachen ein Knabe und ein Mädchen zur versammelten Menge. „Wir Wiener Buben lieben unsere Heimat", verkündete der Knabe leidenschaftlich, „wir sind stolz, Österreicher zu sein. Wir wollen lernen und uns rüsten, dass wir tüchtig werden wie unsere Väter und würdig, richtige Wiener zu sein. Tapfer, treu und arbeitsam."[53] Schließlich betrat Bundeskanzler Engelbert Dollfuß die Rednertribüne und beschwor ein „neu-österreichische[s] Haus", ein Gemeinschaftsgefühl, in dem Klassenunterschiede und Parteiengegensätze keine Rolle mehr spielen sollen:

Abb. 16 Weihefestspiel für die Jugend im Praterstadion am 1. Mai 1934. Die Propaganda zeigt jubelnde Jugendliche, tatsächlich wurden die Schüler:innen zur Teilnahme verpflichtet. Die Begeisterung hielt sich daher in Grenzen.

> Liebe Buben und Mädel! […] Ihr seid Österreicher. Ihr müsst fest zusammenhalten, ob eure Eltern diesem oder jenem Stande angehören. Denn das soll ja der Sinn des neuen Oesterreichs sein, daß wir endlich alle lernen, über die Gegensätze des Geschlechts, des Alters, des Berufes, des Besitzes oder der Bildung hinweg einander einig zusammenzustehen. […] Vielleicht habt Ihr in der Schule schon das schöne Dichterwort gehört: Ans Vaterland, ans teure, schließ dich an, das halte fest mit deinem ganzen Herzen, hier sind die Wurzeln deiner Kraft. […] Wenn ihr wieder nach Hause kommt, dann grüßt eure Eltern und sagt ihnen, wie schön es heute war. Sagt ihnen, dass ihr dabei gewesen seid, als das Fundament gelegt wurde für das neue österreichische Haus, dessen schönster Schmuck und Zierde, ihr, meine lieben Buben und Mädel, seid. Gott grüße und schütze euch, Heil Österreich.[54]

Die „Kinderhuldigung" war nur ein Fest von vielen an diesem Tag. Der 1. Mai war ausgefüllt mit Veranstaltungen aller Art und sei, wie das „Neue Wiener Journal" schrieb, „ein Tag des Friedens" und „des Bekenntnisses zur Volksgemeinschaft" gewesen. Ein Festgottesdienst wurde gefeiert, Musikkonzerte wurden gegeben und über den Rundfunk regimetreue Sendungen verbreitet. Am Abend gab es noch ein Volksfest vor dem Wiener Rathaus. Die Österreicher:innen gaben sich ihrer angeblich barocken Lebenslust hin, aus ganz Österreich waren Trachtengruppen angereist.[55] Sie sollten dem föderalen Gedanken der „organischen Demokratie" (S. 40–44) Ausdruck verleihen. Am Nachmittag war auch ein Festzug der Stände durch die Straßen Wiens bis vor das Rathaus gezogen, wo eine „Ständehuldigung" stattfand. Der Festzug glich einem Faschingsaufzug. Sieben Berufsstände marschierten auf: freie Berufe, Landwirtschaft, öffentlicher Dienst, Handel und Verkehr, Gewerbe, Industrie sowie Geld- und Kreditwesen. An der Spitze des jeweiligen Zuges wurde das von Clemens Holzmeister entworfene Ständesymbol vorausgetragen. Unter dem Banner dieser Berufsstände präsentieren sich unter anderem Bauhandwerker, Damenschneider sowie Anstreicher und Bäcker auf bunt geschmückten Wagen, ebenso Blumenhändler, Modistinnen und Modisten. Auch verschiedene landwirtschaftliche Gruppen und Studenten ergänzten den Aufzug. Angeblich wanderten „Hunderttausende […] im Zug" mit, „dessen buntfärbige Gruppen manchmal wie Seiten eines Bilderbuches aus der stolzen und ruhmreichen Geschichte Wiens wirkten".[56] Die österreichische Bevölkerung schien gebannt von der Inszenierung und vom Austrofaschismus überzeugt. „Befreites Wien" titulierte das „Neue Wiener Journal" einen Bericht über die Maifeiern und spielte damit auf den Sieg über das „Rote Wien" an.[57] Die „Arbeiter-Zeitung", die nun in Brünn erschien, berichtete aber von Repression in den Wiener Betrieben. Wollten Arbeiter:innen nicht am Festzug teilnehmen, sei ihnen mit Entlassungen gedroht worden. Bereits Tage vor den Maifeierlichkeiten sei „Militär demonstrativ durch Arbeiterviertel" gezogen, „um die Arbeiter mit der Stärke der Staatsgewalt zu bedrohen".[58] So reibungslos, wie die Propaganda es darstellte, schien der 1. Mai letztlich nicht verlaufen zu sein. Sozialdemokraten und Kommunisten versuchten, Gegendemonstrationen zu veranstalten, die laut „Illustrierter Kronen-Zeitung" „schon im Keim unterdrückt" worden seien. Zudem gab es auch Störaktionen von Nationalsozialisten. Sie hatten sich in Hotels entlang der Festzugsstrecke einlogiert und entrollten aus den Fenstern Hakenkreuzfahnen.[59]

Umso wichtiger schien es daher, die austrofaschistische Identitätswerkstatt und die Propagandamaschinerie am Laufen zu halten. Dabei spielte auch der Kult um den am 25. Juli 1934 ermordeten Dollfuß, der „Dollfuß-Mythos", eine zentrale Rolle.[60] Er wurde zum Erlöser Österreichs stilisiert, zum Befreier der von der bürgerlich-liberalen Demokratie angeblich geradezu drangsalierten Bevölkerung.[61] Am 8. August 1934 fand zu seinem Gedenken eine Großveranstaltung am Wiener Heldenplatz statt, eine Masseninszenierung, die den Dollfuß-Kult einleitete. Ab nun wurde sein Todestag am 25. Juli als nationaler Trauertag begangen. Dazu gab es Publikationen mit genauen Anweisungen, wie Gedenkfeiern abgehalten werden sollten. Denkmäler, Dollfuß-Kapellen und Dollfuß-Kreuze, die an Straßen errichtet wurden, hielten die Erinnerung an den ermordeten Kanzler wach. Der Kult verband österreichischen Patriotismus, das „Vaterländische", mit der Religion. Dollfuß wurde nicht nur in eine Reihe mit Politikern wie Karl Lueger oder Ignaz Seipel gestellt, sondern auch mit seinem Namenspatron, dem Heiligen Engelbert, oder gar mit Christus verglichen. Bei der Weihe einer Marco-d'Aviano-Statue am 14. September 1934 bezeichnete Kardinal Innitzer den Kanzler als „Kreuz- und Fahnenträger", der dem Prediger gleich Österreich retten werde.[62] D'Aviano, ein Vertrauter Kaiser Leopolds I., soll bei der zweiten Türkenbelagerung von 1683 zur Rettung des christlichen Abendlandes beigetragen haben, indem er die Soldaten mit seinen Predigten anfeuerte. Nichts lag näher, als Dollfuß in der Nachfolge von d'Aviano zu sehen. Auch er sah ja seine Mission letztlich in der Rettung des christlichen Abendlandes. Dieses Mal waren es allerdings nicht die Türken, die es niederbrennen wollten, sondern der Nationalsozialismus und die „Bolschewiken". Als Bundespräsident Miklas am 9. September 1934 das Heldendenkmal eröffnete (S. 76), zählte er die vaterländischen Helden auf. Dabei bezeichnete er Kaiser Franz Joseph als „ersten Soldaten", dem Bundeskanzler Dollfuß nachgefolgt sei.[63]

Sein Tod wurde in den Dienst der Politik gestellt. Dollfuß' Nachfolger als Kanzler, Kurt Schuschnigg, gab ein „Lied der Jugend", auch „Dollfuß-Lied" genannt, in Auftrag: „Ihr Jungen, schließt die Reihen gut", heißt es darin, „Ein Toter führt uns an. / Er gab für Österreich sein Blut, / Ein wahrer deutscher Mann. / Die Mörderkugel, die ihn traf, / Die riß das Volk aus Zank und Schlaf. / Wir Jungen stehen bereit / Mit Dollfuß in die neue Zeit!" Wieder einmal lieferte der Nationalsozialismus das Vorbild: das „Horst-Wessel-Lied", das bei nationalsozialistischen Veranstaltungen auf das Deutschlandlied folgte. Auch das „Dollfuß-Lied" sollte im Anschluss an die Österreichhymne gesungen werden. Die Vertonung erinnerte aber eher an die Hymne „Giovinezza" der italienischen Faschisten. Die fröhliche Melodie des „Dollfuß-Liedes" mochte so gar nicht zu manchen seiner Verse passen.[64] Aber vielleicht war es ja das barocke Erbe, das angeblich den lebensfrohen österreichischen Charakter prägte (S. 66) und die Jugend beschwingt von „Mörderkugeln", „Blut" und ‚Untoten' singen ließ.

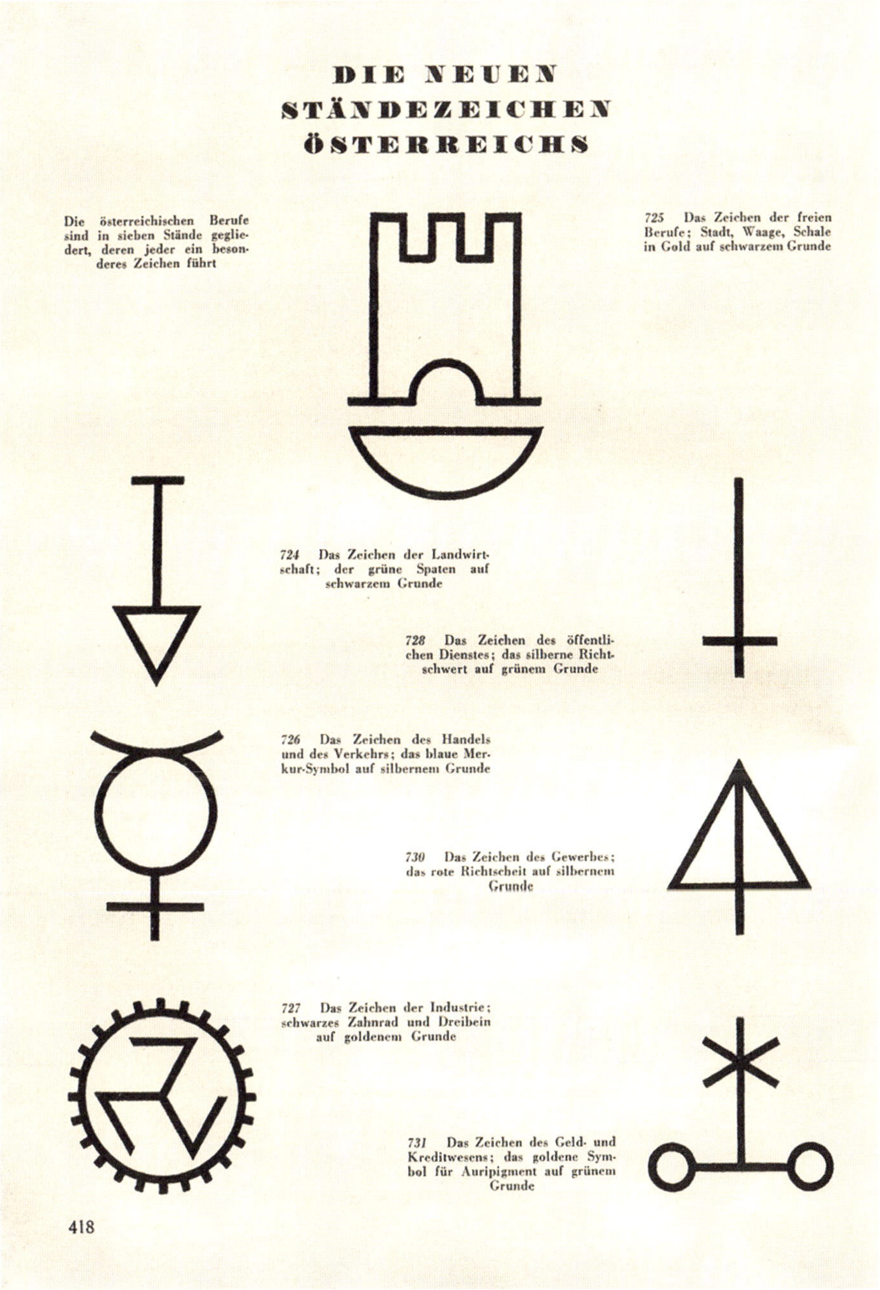

DIE NEUEN STÄNDEZEICHEN ÖSTERREICHS

Die österreichischen Berufe sind in sieben Stände gegliedert, deren jeder ein besonderes Zeichen führt

725 Das Zeichen der freien Berufe; Stadt, Waage, Schale in Gold auf schwarzem Grunde

724 Das Zeichen der Landwirtschaft; der grüne Spaten auf schwarzem Grunde

728 Das Zeichen des öffentlichen Dienstes; das silberne Richtschwert auf grünem Grunde

726 Das Zeichen des Handels und des Verkehrs; das blaue Merkur-Symbol auf silbernem Grunde

730 Das Zeichen des Gewerbes; das rote Richtscheit auf silbernem Grunde

727 Das Zeichen der Industrie; schwarzes Zahnrad und Dreibein auf goldenem Grunde

731 Das Zeichen des Geld- und Kreditwesens; das goldene Symbol für Auripigment auf grünem Grunde

418

Abb. 17 Symbole der Berufsstände, entworfen von Clemens Holzmeister (Profil. Österreichische Monatsschrift für Bildende Kunst, 3/9, 1935).

Abb. 18 Modistinnen und Modisten beim „Zug der Stände" am 1. Mai 1934 (Österreichische Woche, 10. Mai 1934).

Dollfuß fand also auch im Tod keine Ruhe. Nicht genug, dass ihn das Regime, noch dazu beschwingt, der Jugend in eine „neue Zeit" voranziehen ließ. Sein Leichnam wurde auch umgebettet. Zunächst am Hietzinger Friedhof beigesetzt, überführte man seine sterblichen Überreste gemeinsam mit jenen von Ignaz Seipel in die Seipel-Dollfuß-Gedächtniskirche im 15. Wiener Gemeindebezirk. Der Kirchenbau ging auf eine Privatinitiative zurück. Die christlichsoziale Politikerin Hildegard Burjan bemühte sich seit 1932 um den Bau einer Grabeskirche für Ignaz Seipel. Ein Baukomitee wurde gegründet, Geld über Spenden, Haussammlungen und Lotterien lukriert – ein Vorgehen, das seit dem 19. Jahrhundert sowohl bei privaten als auch staatlichen Bauvorhaben üblich war. Den Ehrenvorsitz im Baukomitee übernahm unter anderem Engelbert Dollfuß. Der Architekt Clemens Holzmeister, gleichsam der ‚Haus- und Hofarchitekt' des Austrofaschismus, zeichnete für die Planung verantwortlich. Der Grundstein der Kirche wurde im Juli 1933 noch von Dollfuß selbst gelegt. Am 30. September 1934 fand nun sein zweites Begräbnis statt. Er wurde neben Ignaz Seipel, der 1932 verstorben war, beigesetzt.[65] In einem Gedenkraum neben der Kirche wurde im Übrigen das blutige Sofa, auf dem der Kanzler verstorben war, ausgestellt.[66] Der Totenkult um ihn wurde damit noch durch eine makabre Reliquie bereichert. An die Gedächtniskirche sollte im Übrigen auch eine „Dollfuß-Führerschule" anschließen. Wieder war es Clemens Holzmeister, der die vom Foro Mussolini inspirierte Anlage plante. Der monumentale Bau wurde allerdings nie realisiert, sondern für den Schönbrunner Schlossgarten in völlig anderer, kleinerer Form neu geplant. Der Spatenstich erfolgte im März 1937, das Vorhaben gedieh aber nicht weit. Auf dem Fundament wurde 1939 ein Nebengebäude einer nationalsozialistischen Kaserne errichtet.[67] Erst mit dem „Anschluss" an Deutsch-

Abb. 19 „Dollfuß-Mythos": Der tote Kanzler geht auf der „Dollfußstraße" in ein „neues Österreich" voran (Propagandaplakat, 1935).

land sollte Dollfuß also aufhören zu marschieren. Seine sterblichen Überreste wurden im Übrigen von den Nationalsozialisten wieder auf den Hietzinger Friedhof überführt.

Der Dollfuß-Mythos ist wohl auch ein Grund, warum nach 1945 der Austrofaschismus vor allem mit Dollfuß in Verbindung gebracht wurde. Dabei lenkte Schuschnigg die längste Zeit die Geschicke des sogenannten Ständestaates. Schon als Justizminister war er gnadenlos. Am 11. November 1933 setzte er mit der Einführung des Standrechts die 1920 abgeschaffte Todesstrafe wieder in Kraft. Im Februar 1934 weigerte er sich, dem Bundespräsidenten Gnadengesuche von Sozialdemokraten vorzulegen. Ganz im Gegenteil ließ er mehrere Februarkämpfer standesrechtlich hinrichten. Besonderes Entsetzen löste die Hinrichtung von Karl Münichreiter aus, der trotz schwerer Verletzungen am Würgegalgen gehenkt wurde. Selbst Interventionen von Kardinal Theodor Innitzer und Bundespräsident Wilhelm Miklas blieben ungehört. Schuschnigg sollte später in einem Fernsehinterview Münichreiters Hinrichtung als „Fauxpas" bezeichnen.[68]

4.3 Literatur, Theater und Festspiele

Rudolf Henz, der seit 1934 das Kulturreferat der Vaterländischen Front leitete und als Dramaturg des Austrofaschismus diente, war einer von vielen Schriftsteller:innen, die sich in den Dienst des Regimes stellten. Auf einige davon – Guido Zernatto, Karl Heinrich Waggerl und Marie Grengg – wurde bereits hingewiesen (S. 67). Die Liste könnte um viele andere erweitert werden. Als Beispiel sei etwa Franz Karl Ginzkey genannt, der Schöpfer der niederösterreichischen Landeshymne (S. 69). Ähnlich wie

Zernatto (S. 67) thematisiert er in seinem Werk die Anonymität der Stadt, in dem „Fremdsein ohnegleichen […] das Herz […] fröstelnd" verschließt.[69] Die Natur vereint sich in seinem Werk mit der Moderne, die Großglockner Hochalpenstraße wird Teil der Ursprünglichkeit: „Schmiegtest dem Gegner [dem Berg, Anm. d. V.] dich an, den du gewährend bezwangst." Nun lassen sich die Völker miteinander verbinden: „Straße, du folgst einer Spur von uralter Sehnsucht begründet. / […] Zwingst so den steinernen Wall, der hier Europa getrennt. / Völkern des Nordens erscheint nun das Tor nach dem Süden geöffnet, / Völker des Südens nun lädst du nach dem Norden zu Gast."[70] Dem Leser wird hier mit pathetischen, kitschigen Versen der christlich-katholische Universalismus nähergebracht. Im Gedicht „Heldendenkmal" weckt Ginzkey daher auch die Vorstellung des besseren deutschen Staates und bedient Vaterlandstreue, Heldenverehrung und Heimatliebe. Der Einzelne ist letztlich Teil eines organischen Ganzen, des „Volkes":

> Für uns noch rauschen die Fahnen des Prinz Eugen,
> Radetzky winkt uns aus himmlischer Heerschau zu,
> Wir leben den Vätern gemäß in die Jugend fort,
> Wir leben Geschichte!
>
> Wir schirmen in Treuen das Vater- und Mutterland.
> Wir reihen dem Geiste des Ganz uns dienend ein,
> Dem deutschen Volke schirmen die Grenzen wir
> Als eherne Ostmark.[71]

Damit diese Literatur tatsächlich zur österreichischen Identitätsstiftung beitragen konnte, brauchte sie natürlich Leser:innen. Sie musste breitenwirksam vermarktet werden und öffentlich präsent sein. Seit 1934 wurde daher ein „Staatspreis für Literatur" vergeben, der volkstümelnde, gleichsam „erdverbundene" Literatur auszeichnete. Der Preis beinhaltete einen „Würdigungspreis" und einen „Förderpreis". Letzterer wurde für ein einzelnes Werk vergeben, der „Würdigungspreis" dagegen für ein Lebenswerk. Eine Jury wurde gebildet, die sich aus regimetreuen Schriftstellern und Literaturwissenschaftlern zusammensetzte.[72] Ob der Preis dabei half, die breite Masse zum Lesen zu bringen, muss dahingestellt bleiben. Das Projekt der Identitätsbildung war ein Eliteprojekt, das Vorstellungen von Volkskultur konstruierte, die nicht unbedingt mit der Lebenswelt der Menschen zu tun hatten. Außerdem überschnitten sich die Thematiken, die in den Texten behandelt wurden, viel zu sehr mit der „Blut und Boden"-Ideologie des Nationalsozialismus. Der Gegensatz zwischen Stadt und Land, die Verwurzelung der Menschen in ihrer Heimat, deren „Erdverbundenheit", sowie die Ablehnung der Moderne – all das eignete sich nicht, um Österreich tatsächlich vom Nationalsozialismus abzugrenzen.[73] Nicht nur viele Autor:innen, die ihre Werke zur Prämierung einreichten, sondern auch manche Juroren sympathisierten daher mit dem Nationalsozialismus. Ein Beispiel ist

Josef Wenter, der 1935 für den Förderpreis vorgeschlagen wurde. Seine Freude währte aber nicht lange, weil kurz darauf seine Mitgliedschaft in der illegalen NSDAP bekannt und der Förderpreis gar nicht vergeben wurde. Nach dem Juliabkommen 1936, in dem sich Schuschnigg dem Nationalsozialismus mehr oder weniger ergab, erhielt Wenter dann aber doch die begehrte Auszeichnung in Form des Würdigungspreises.[74]

Die unklaren ideologischen Grenzen führten zu Reibungen innerhalb des österreichischen Literat:innenkreises. Die Folgen eines Kongresses des internationale P.E.N.-Clubs im Mai 1933 in Ragusa, dem heutigen Dubrovnik, zeigen die Schwierigkeiten, eine eigenständige austrofaschistische Literatur bzw. überhaupt Kunst zu propagieren. Der Kongress, ganz im Zeichen der nationalsozialistischen Machtübernahme stehend, wandte sich gegen die Verfolgung jüdischer Autor:innen. Einer Resolution gegen die nationalsozialistische Kulturpolitik wollten sich die österreichischen Abgeordneten, Felix Salten und Grete von Urbanitzky, aber nicht anschließen. Beide hatten sich vorgenommen, neutral zu sein. Angesichts der Bücherverbrennungen war das aber kaum zu argumentieren. Von Urbanitzky, die mit dem Nationalsozialismus sympathisierte, verließ demonstrativ den Saal, Salten beteiligte sich wenigstens an der Diskussion. Er lavierte wohl zwischen schlechtem Gewissen und der Angst, im nationalsozialistischen Deutschland seine Bücher nicht mehr absetzen zu können. Als später auch der österreichische P.E.N.-Club nach langer Diskussion entschied, eine Protestnote zu verfassen, führte dies zum Austritt mehrerer „nationaler" Autor:innen.[75] Einige Jahre später, 1936, wurde ein „Bund deutscher Schriftsteller Österreichs" gegründet, die sich für den Anschluss Österreichs an das Deutsche Reich aussprachen. Zu ihnen gehörten unter anderem bekannte Schriftsteller:innen wie Karl Heinrich Waggerl, Josef Weinheber oder Franz Karl Ginzkey, aber auch heute nicht mehr so bekannte Autor:innen wie Paula Grogger oder Josef Friedrich Perkonig. Auch Josef Wenter war selbstverständlich Mitglied. Nach dem „Anschluss" verfassten die im Bund vertretenen Schriftsteller:innen schließlich voller Freude ein „Bekenntnisbuch" zum Dritten Reich.[76]

Neben der Literatur versuchte der Austrofaschismus auch das Theater unter Kontrolle zu bringen. Nicht nur die Staatstheater, die ohnehin am Tropf staatlicher Subventionen hingen, wurden kontrolliert, sondern auch der Einfluss auf private Bühnen verstärkt. Dazu bewertete die 1934 gegründete „Österreichische Kunststelle" Theaterstücke nach sittlich-religiösen und politisch genehmen Inhalten. Oftmals wurde dabei auch formal argumentiert, d. h. die allgemeine literarische Qualität beurteilt. Die Kriterien dafür waren recht konservativ. Besonders moderne Inszenierungen stießen auf wenig Gegenliebe, schnell wurde etwas als abnorm gewertet. Der Geschmack der Kunststelle lässt sich erahnen, wenn der Schauspieler und Regisseur Franz Herterich für Theaterinszenierungen „eine gesunde, kraftvolle Sprache" forderte, „eine von psychopathischen und krankhaften Elementen freie Handlung und eine uns, sei historisch oder modern, vertraute Umwelt".[77] Moderne Inszenierungen, die etwa mit Verfremdungseffekten spielten, fanden nur wenig Gegenliebe. Gefiel nun ein Stück, dann wurden große Kartenkontingente angekauft und preisgünstig an das Publikum verteilt. 1937 übernahm

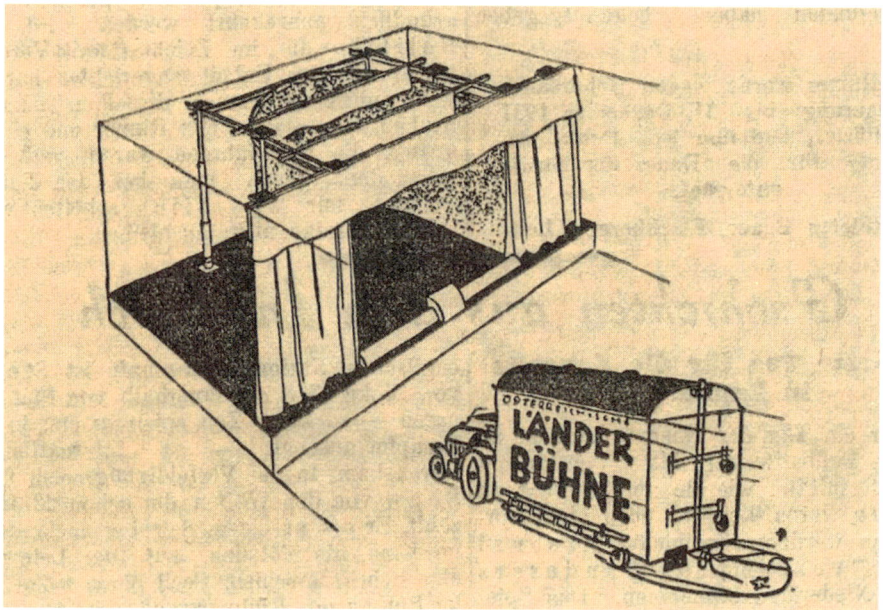

Abb. 20 Theater als ‚Ideologiewerkstatt': Die „Länderbühne" des Frontwerkes „Neues Leben" (Abbildung aus der Zeitung „Die Stunde" vom 26. September 1936).

das Vaterländische Front-Werk „Neues Leben" (S. 57) die „Österreichische Kunststelle" und versuchte, mit einer „Länderbühne" die ländliche Bevölkerung zu erreichen.[78] Diese tourte in die abgelegensten Gegenden Österreichs und spielte Theaterstücke, die der austrofaschistischen Ideologie entgegenkamen. Manchen Autoren, etwa Franz Grillparzer, Ferdinand Raimund oder Johann Nestroy, wurden einfach vereinnahmt.

Theaterstücke mit historischem Hintergrund waren auf Österreichs Bühnen besonders beliebt. So zeichnete etwa Josef Wenters „Der Kanzler von Tirol" (1934) in ganz Österreich große Erfolge. Die Uraufführung fand 1934 im Wiener Burgtheater statt, es folgten Inszenierungen in Innsbruck, Salzburg und Linz.[79] Das Stück thematisiert das Leben und den Tod von Wilhelm Biener, der Mitte des 17. Jahrhunderts unter dem Tiroler Landesfürsten Ferdinand Karl als Kanzler diente und die landesfürstlichen Rechte gegenüber dem Adel verteidigte. Treu ergeben, aber offenherzig auch seinem Herrn gegenüber, wird er 1651 ungerechterweise zum Tode verurteilt. „Wenn Biener in ruhiger Ueberlegenheit und Klarheit die Landstände in ihre Schranken weist", schreibt der „Allgemeine Tiroler Anzeiger" 1935,

> ist er wirklich der ‚Bauernkanzler und Volkskanzler', wie er sich selbst nennt. ‚Gemeinnutz geht vor Eigennutz' ist heute zu einem politischen Schlagwort geworden. Es paßt aber ebenso

gut in den Mund des historischen Kanzlers von Tirol, der über eigenes Wohl und Wehe immer und immer wieder das Land stellt.[80]

Volk und Führer bilden hier eine Einheit, der „Volkskanzler" ist Teil eines Ganzen. Die Anspielung auf die Idee der plebiszitären Demokratie (S. 51–54), die dem Austrofaschismus, aber auch dem Nationalsozialismus zugrunde liegt, ist offensichtlich. Beide, sowohl Austrofaschismus als auch Nationalsozialismus, sind Varianten dieser ideologischen Grundlage. Sie sind gleichsam zwei Seiten einer Medaille, aber keine Widersprüche. Wahrscheinlich konnte Wenter gerade deswegen dem Austrofaschismus dienen, zugleich aber den Nationalsozialismus herbeisehnen.

Diese ideologische Gemengelage findet sich auch im Theaterstück „Der Meier Helmbrecht und sein Sohn Helmbrecht" (1936) von Johannes Würtz. Wie Wenter war der heute weitgehend unbekannte Würtz 1933 der illegalen NSDAP beigetreten. Sein Stück, das 1936 im Linzer Landestheater uraufgeführt wurde, thematisiert – ähnlich wie das mittelhochdeutsche Vorbild von Wernher der Gartenaere – die durcheinandergebrachte Ständeordnung. Um dem Ganzen zu dienen, muss alles organisch zusammenwirken und – durch einen Führer – wieder in die richtige Ordnung gebracht werden. Ein anderes Tendenzstück war Hermann Ernst Ortners Bauernspieldrama „Stefan Fadinger. Eine deutsche Bauernerhebung in drei Akten" (1933). Auch hier wird, über die Figur des aufständischen Bauernhauptmanns, ein Führer propagiert, der im Sinne der plebiszitären Demokratie mit dem Volk verschmilzt. Später sollte Ortner das Stück unter dem Titel „Der Bauernhauptmann" umarbeiten und mit seinem Protagonisten auf Adolf Hitler anspielen.[81] Ortner war 1935 im Übrigen wie Wenter in die engere Auswahl für den Staatspreis für Literatur gekommen. Nachdem Wenters nationalsozialistisches Engagement aufgedeckt worden war, kam aber auch er nicht zum Zug. Vielleicht wusste die Jury über seine nationalsozialistischen Affinitäten durchaus Bescheid.[82]

Der Individualismus, ein Kind der Aufklärung, wurde im Theater und in der Literatur zunehmend verworfen. Der Einzelne hatte sich einem Ganzen einzuordnen, sich diesem unterzuordnen und in diesem zu funktionieren. „Die Krise der Zeit – die Gottes Krise [sic!] – wurde auch zur Krise der Kunst", schreibt Franz Theodor Csokor.

> Es ist wieder ein neuer Menschentypus im schöpferischen Aufschwung, einer der sich über sein Ich hinaus, über dieses abwelkende Ideal der Renaissance, einem Gemeinschaftsschicksal verpflichtet und verbündet fühlt, das ihn schöpferisch erregt und so zum produktiven Exponenten in der Entwicklung des Dramas macht.[83]

Der Austrofaschismus scheint auch Csokor, einst führender Vertreter des literarischen Expressionismus, vereinnahmt zu haben. Er, der sich als Humanist verstand, hatte 1933 das P.E.N-Manifest unterzeichnet, das gegen die Bücherverbrennungen und die Verfolgung jüdischer Autor:innen im nationalsozialistischen Deutschland protestierte. Wie auch Carry Hauser (S. 69–71, 145–146), der für manche von Csokors Stücke Bühnenbilder entworfen hatte, fand er offenbar seine Abneigung, die er dem Nationalsozialismus entgegenbrachte, im Austrofaschismus bestätigt. Trotz alledem verwirrt aber die Beschwörung einer „neue[n] heroische[n] Dichtung", die er „in einem veränderten intensiveren Pathos, das den Expressionismus in sich überwunden hat, […] sich am Horizont der Kunst immer stärker" abzeichnen sieht.[84]

Ob sein Theaterstück „3. November 1918", das 1937 im Burgtheater uraufgeführt wurde, diesem Anspruch entsprach, sei dahingestellt. Ohne Zweifel stellt es mehr als eine nur unkritische Heldenverehrung dar. Vielmehr geht es der Problematik nationalistischer Ideologien auf subtile Weise nach. Es ließ sich aber auch im Sinne des christlich-deutschen Universalismus interpretieren, der als Grundlage der austrofaschistischen Ideologie diente. Und so begeisterte das Theaterstück die Kritik. In „seinem tiefsten Wesen", schrieb etwa die Zeitschrift „Der Wiener Film", sei es „österreichisch" und gehöre „darum dem Burgtheater als eigenstes Eigentum".[85] Hermann Röbbeling, der Direktor des Burgtheaters, sprach von einem „wahrhaft österreichischen und patriotischen Stück".[86] Csokor hatte es unter anderem in Bad Ischl geschrieben, wo – wie er meinte – „doch noch so vieles an die große österreichische Tradition gemahnt". Seine Absicht war es, den „verschiedensten Nationen Altösterreichs Gerechtigkeit wiederfahren zu lassen". Und dieser „Wille zur Gerechtigkeit" stamme aus „dem Toleranzgefühl", „das so wesentlich zum alten Reich gehörte".[87] Besser ließ sich die Habsburgermonarchie nicht verklären, besser passte wohl auch kaum ein Stück in die vermeintliche Friedensmission, die von den Austrofaschisten ständig beschworen wurde. So weit war es also gekommen: Die Humanisten klammerten sich an eine problematische Illusion.

Diese Illusion, die Idee eines europäischen Friedens aus dem Geiste der Habsburgermonarchie, spiegelte sich auch in den Salzburger Festspielen. Dabei schien es zunächst so, als müssten die ersten in der neuen Zeitrechnung, nach der Ausschaltung des Parlaments im März 1933, abgesagt werden. Die deutsche Reichsregierung hatte eine Tausend-Mark-Sperre verhängt, die für deutsche Reisende eine Gebühr von tausend Reichsmark bei der Einreise nach Österreich vorschrieb. Österreich, das stark vom Tourismus abhängig war, sollte damit wirtschaftliche geschwächt werden. Salzburg erwartete nun ein Rückgang der Gästezahlen. Tatsächlich sollte der Anteil der deutschen Gäste zwischen 1932 und 1935 von 63 auf 6,3 Prozent fallen.[88] Außerdem hatten sich die österreichischen Nationalsozialisten auf den „revolutionären Weg" der Machtergreifung (S. 117–118) begeben. Die Behörde befürchtete Anschläge, Flugzeuge tauchten plötzlich am Himmel auf und warfen nationalsozialistische Flugzettel ab, der Antisemitismus grassierte in Stadt und Land. Deutsche Künstler:innen sagten zudem ihre Teilnahme an den Festspielen ab, weil diese als Illoyalität gegenüber dem Deutschen Reich aufgefasst wurde.[89]

Dennoch fanden die Salzburger Festspiele statt. Standen sie doch im Zentrum der „kulturpolitischen Front" des Austrofaschismus.[90] Sie konnten für seine Ideologie und zur Abgrenzung vom Nationalsozialismus genutzt werden. So schien sich der Universalismus im internationalen Publikum und in der angeblich „völkerverbindende[n] Mission"[91] der Festspiele zu spiegeln. Wie in der Zeitschrift „Österreichische Kunst" zu lesen ist, trafen sich in Salzburg „Menschen aus aller Herren Länder, die verschiedene Sprachen sprechen, die verschiedenen Rassen angehören, reich oder arm, berühmt oder unbekannt, die aber alle *ein* Wunsch eint, Kunst und Musik zu hören, Werke deutschen Genies, deutschen Geistes."[92] Zu diesen zählten nicht allein deutschsprachige Werke, sondern auch jene, in denen sich der „deutsche Geist" österreichischer Prägung angeblich spiegelte. Shakespeares „Sommernachtstraum" war eines davon – ein Stück, das Max Reinhardt mehrmals inszenierte, unter anderem im „echten Mondschein" des Kleßheimer Schlossparkes in Salzburg. Beim Bühnenbild unterstützte ihn unter anderem der Architekt Oskar Strnad mit „großzügigen barocken Phantasien".[93] Das gefiel dem barocken Österreich, entsprach dem angeblich aus dem Barock geborenen lebenslustigen Charakter der besseren Deutschen, der Österreicher:innen (S. 65). Somit fand auch der Spielfilm, den Max Reinhardt und William Dieterle in den USA drehten, in Österreich großen Anklang. Das austrofaschistische „Institut für Filmkultur" bewertete den Film sogar als „künstlerisch wertvoll".[94]

Bei den Salzburger Festspielen von 1933 war es aber Reinhardts „Faust"-Inszenierung, die das Publikum besonders begeisterte. Auch hier faszinierte wieder die barocke Adaption des Stückes. Sogar Bundeskanzler Dollfuß ließ es sich nicht nehmen, deswegen nach Salzburg zu reisen. Max Reinhardt hatte mit Unterstützung des Bühnenbildes von Clemens Holzmeister die „gotische Enge der bürgerlichen Kleinstadt, die sonst die Enge des ewige Faustmysterium umgibt, […] in die barock Atmosphäre Salzburgs" eingefügt". Da wurden „Salzburger und oberösterreichische Kostüme und Bilder vom Anfang des 17. Jahrhunderts" präsentiert, Schauspielerinnen trugen „weitfaltige Kleider stattlicher Bäuerinnen" der Gegend um den Wolfgangsee sowie „Schultertuch", „Schürzen und das Kirchgangskleid der Bauerntöchter Alt-Salzburgs". Zudem hatte Holzmeister den „ernste[n] dunkle[n] Gelehrtentalar der alten Barockuniversität Salzburg" in das Bühnenbild eingearbeitet. Für die Walpurgisnacht, in der die Hexen angeblich auf dem Blocksberg feiern, verwendete er „volkstümliche Perchtenkostüme und Masken".[95]

Die „Faust"-Inszenierung kam der austrofaschistischen Ideologie entgegen. Sie ließ Österreich als wahren Hüter der deutschen Kultur erscheinen.[96] Nun wusste Holzmeister durchaus Bescheid über die österreichischen Identitätsbausteine. Er zeichnete später für mehrere Bauprojekte des Regimes verantwortlich: die Seipel-Dollfuß-Gedächtniskirche, die Frontführerschule (S. 96) und das Fronthaus der Vaterländischen Front. Es ist aber eher unwahrscheinlich, dass Reinhardt, Holzmeister und Herbert Ploberger, der für die barocken Kostüme verantwortlich war, bewusst auf die Ideologie Bezug nahmen. Vielmehr ist davon auszugehen, dass sie eben Kinder ihrer Zeit waren. Kunst, ob nun Literatur, Theater, Film oder Musik, ist immer auch im Kontext der Entstehungszeit zu betrachten. In ihr spiegelt sich auch der ‚Zeitgeist', Künstler sind von diesem oft unbewusst beeinflusst. Das bedeutet freilich nicht, dass sie nicht auch bewusst ideologische Unterstützungsarbeit leisten können. So sollte Holzmeister

Abb. 21 Die barocke Identität des österreichischen Menschen: barocke Faust-Figurinen des Malers und Kostümbildners Herbert Ploberger für die Salzburger „Faust"-Inszenierung von Max Reinhardt (aus: Österreichische Kunst, IV/7, 15. August 1933).

letztlich als führender Architekt des Austrofaschismus dem Regime dienen. Und gerade die österreichische Heimatliteratur zeigt anschaulich, wie sich etwa Schriftsteller in den Dienst des austrofaschistischen Regimes stellten.

Die Salzburger Festspiele schienen aber von der „erdverbundenen" Enge, an der die Heimatliteratur litt, verschont. Sie waren das „sommerliche Kunst- und Kulturzentrum, dem alle Herzen zufliegen […]."[97] Selbst die Trachten legten ihren provinziellen Beigeschmack ab. Sie wurden Teil der internationalen Haute Couture. Die Festspielgäste verkleideten sich mit ihr, stolzierten damit durch die Gassen der barocken Stadt und besuchten Trachtenbälle.[98] Trotz Tausend-Mark-Sperre traf sich in Salzburg die ‚ganze Welt' oder besser: die in Trachten gekleidete gesellschaftliche Elite. Wohlhabende Brit:innen hatten die deutschen Gäste abgelöst, Juden:Jüdinnen aus den USA reisten – als eine Art Protest gegen Hitler – nach Salzburg, ebenso Gäste aus Westeuropa und Tschechien. Und auch der Inländerverkehr wurde angekurbelt, etwa durch bessere Zugverbindungen. Die Salzburger Festspiele galten als „Gegen-Bayreuth".[99] Arturo Toscanini, der den italienischen Faschismus und den Nationalsozialismus verachtete, erwies sich als Dirigent der Stunde. Selbst Richard Wagners „Meistersinger von Nürnberg", die er 1936 in Salzburg dirigierte, wurden von der Kritik gefeiert. Dabei waren viele gar nicht erfreut gewesen, Wagner in das Repertoire der Festspiele aufzunehmen. Seinem Werk haftete ein nationalsozialistischer Makel an. Nun hatte aber Österreich bewiesen, dass Wagners Werk nur hier, im barocken Salzburg, richtig zur Geltung kommen konnte.[100] „Die musikalisch Synthese Wagner-Toscanini", schreibt das Salzburger Volksblatt, „ist so natürlich und von solcher Überzeugungskraft, daß man die Frage nach dem Ob und Wie dieser Salzburger ‚Meistersinger'-Aufführung wirklich nicht mehr denkt."[101]

Abb. 22 Trachten als Teil der Haute Couture: Paula Wessely, Helene Thimig und Max Reinhardt bei den Salzburger Festspielen von 1933.

4.4 Presse, Radio und Film

Die Medienpolitik war seit der Ausschaltung der bürgerlich-liberalen Demokratie vom Versuch geprägt, die Medien in Einklang mit der austrofaschistischen Ideologie zu bringen. Die Politik der „Gleichschaltung" im italienischen Faschismus und Nationalsozialismus diente dazu als Vorbild. Auf indirektem Weg wurde die Zensur eingeführt, auch wenn in der Maiverfassung von 1934 „das Recht" verankert war, „seine Meinung durch Wort, Schrift, Druck und Bild oder in sonstiger Weise innerhalb der gesetzlichen Schranken frei zu äußern". In der Folge wird im Verfassungstext aber der Rahmen der freien Meinungsäußerung wieder eingeschränkt, indem er die Voraussetzungen für eine „vorgängige Prüfung" auflistet. Darunter finden sich „Verstöße gegen die öffentliche Ruhe, Ordnung und Sicherheit", „Unsittlichkeit" oder grobe „Verstöße gegen den Anstand", „Maßnahmen zum Schutze der Jugend" sowie „Maßnahmen zur Wahrung sonstiger Interessen des Volkes und des Staates".[102] Der Interpretationsspielraum blieb bei diesen Bestimmungen recht groß, der staatlichen Willkür war damit Vorschub geleistet. Kurz nach der Auflösung des Parlaments war zudem der „Österreichische Heimatdienst" eingerichtet worden, der vor allem Zeitungen und Zeitschriften sowie Radio und Film auf Kurs bringen sollte. Diese Vorfeldorganisation der Vaterländischen Front kümmerte sich unter anderem um „vaterländische" Wandzeitungen und gab das „Mitteilungsblatt der Vaterländischen Front" heraus. Sie zeichnete auch für die Wochenschau „Österreich in Bild und Ton" verantwortlich, die in den Kinos als Vorprogramm präsentiert wurde. Im Juli 1934 wurde der „Österreichische Heimatdienst" in „Bundeskommissariat für Heimatdienst" umbenannt. Gerne wurde auch – in Anlehnung an das Propagandaministerium des nationalsozialistischen Deutschlands – vom „Bundeskommissariat für Propaganda" gesprochen.[103]

Im Pressewesen unterlagen oppositionelle Zeitungen und Zeitschriften zunächst einer partiellen Vorzensur und wurden schließlich verboten. Das Bundeskanzleramt kontrollierte den Bundespressedienst und die Amtliche Nachrichtestelle. Am 30. Juni 1933 verordnete das Regime, dass alle Zeitungen die amtlichen Nachrichten im genauen Wortlaut zu übernehmen hatten. Es stellte selbstverständlich die „Wiener Zeitung" als amtliches Nachrichtenorgan in seine Dienste, kaufte andere Blätter und besetzte dort Redaktionen mit regimefreundlichen Journalisten. Unter der Ägide des Heimatdienstes wurden neue Propagandablätter, die „Österreichische Woche" und „Der Christliche Ständestaat", gegründet. Der „Christliche Ständestaat", eine „Wochenschrift", war sozusagen die ‚intellektuelle' Variante der Propaganda. Sie druckte längere Artikel, in denen insbesondere die Abgrenzung vom nationalsozialistischen Deutschland eine Rolle spielte.[104] Im Gegensatz dazu verpackte die „Österreichische Woche" politische Propaganda in leichte Unterhaltung. Da wurde etwa von einer selbstverständlich „österreichische[n] Erfindung, ein[em] Klein-Motor-Schlitten", berichtet, „Klein-Rudi und Evi", die Kinder von Dollfuß, wurden bei der weihnachtlichen Bescherung abgebildet und neue Beamtenuniformen vorgestellt. Es finden sich Berichte über österreichische Kunst, über „Wohlfahrtsaktionen", die freilich im Auftrag des österreichischen Bundeskanzlers erfolgten, aber auch über vaterländische Festveranstaltungen und das „schöne Österreich".[105] Die Texte waren zumeist sehr kurz gehalten, die Abbildungen dominierten. Die im Oktober 1934 erlassene „Verordnung zur Neuregelung für die Herausgabe von Zeitungen" band Zeitungen und Zeitschriften, die zumindest einmal im Monat erschienen, an eine polizeiliche Bewilligung. Im Juli 1936 übernahm schließlich eine Pressekammer die Zulassung oder das Verbot von Zeitungen und Zeitschriften. Das rigide Vorgehen gegen unliebsame Presse zeitigte Wirkung: 1930 hatten in Österreich noch 28 Tageszeitungen existiert, 1936 nur noch 18.[106]

Neben der Presse wurde versucht, auch den Rundfunk unter Kontrolle zu bringen und für Propagandazwecke zu nutzen. Autoritäre und faschistische Systeme entdeckten in den 1930er Jahren zunehmend das propagandistische Potential dieses Mediums. Bereits kurz nach der Machübernahme hatten etwa die Nationalsozialisten den Volksempfänger in Deutschland entwickelt. Der Kaufpreis dafür war niedrig, um einen großen Teil der Bevölkerung zu erreichen. Auch der Austrofaschismus versuchte, den Rundfunk für seine Zwecke zu nutzen und übte vermehrt Einfluss auf die Österreichische Radio-Verkehrs AG (RAVAG) aus. Im Herbst 1933 schaltete das Regime den Beirat und den Aufsichtsrat der RAVAG aus, im Dezember 1933 wurden die Redaktionsmitglieder zur Mitgliedschaft in der Vaterländischen Front angehalten.[107] Der ohnehin geringe Einfluss der Sozialdemokratie auf die RAVAG wurde beseitigt, nationalsozialistische

Sympathisanten waren aber weiterhin im Sender aktiv und arbeiteten gegen das Regime.[108] Die Bedeutung des Rundfunks für den Austrofaschismus zeigt sich auch darin, dass zwischen 1935 und 1938 ein eigenes monumentales Rundfunkgebäude errichtet wurde.

Im Radioprogramm spiegelte sich die Ideologie des Austrofaschismus: Historisch-vaterländische Themen, die den Universalismus und die ständestaatliche Idee transportierten, standen im Zentrum, ebenso religiöse Sendungen, etwa die Übertragung von Heiligen Messen. Über das österreichische Volks- und Brauchtum wurde berichtet sowie ‚erdverbundene' Heimatliteratur vorgestellt. So las etwa der bekannte Linzer Humorist Franz Resl, der mit seinen Lesungen in ganz Österreich die Säle füllte, „eigene heitere Geschichten".[109] Der Heimattümelei tat es keinen Abbruch, dass er seit 1933 illegaler Nationalsozialist war. Ganz im Gegenteil: Seine im engeren Sinn wohl als „unpolitisch" zu bezeichnenden Texte,[110] zumeist in Mundart verfasst, entsprachen ganz den austrofaschistischen Vorstellungen von Ursprünglichkeit und Heimatverbundenheit – allerdings auch jenen des Nationalsozialismus. Die feinen Unterschiede, die sich aus den ideologischen Fundamenten ergaben, waren den Zuhörer:innen wohl kaum bewusst. Neben klassischer Musik tönte selbstverständlich Volksmusik über den Äther, begleitet von Schwärmereien über Österreichs Alpenland. Auch eine Sendung mit dem Titel „Stunde der Frau" durfte nicht fehlen.

Das Radio wurde auch für einen „Schulfunk" genutzt, den der Schriftsteller Rudolf Henz bereits 1932 ins Leben gerufen hatte. Henz leitete seit 1934 das Kulturreferat der Vaterländischen Front, gehörte dem Bundeskulturrat an und war Verfasser des „Liedes der Jugend", der sogenannten Dollfuß-Hymne. Zur Übertragung des Schulfunks dienten tragbare „Schulrundfunkanlagen". Nach einem einjährigem ‚Versuchsballon', bei dem zwei bis drei Mal pro Woche eine Schulsendung ausgestrahlt wurde, erfolgten ab 1933 zwei bis drei Mal täglich Übertragungen. Musiksendungen, Fremdsprachensendungen und freilich auch Sendungen zur Landes-, Volks- und Heimatkunde wurden geboten. Grundsätzlich sollte „deutlich eine österreichische Note" erkennbar sein, „die Sendungen in dem vaterländischen Kulturgut wurzeln" und „in erster Linie österreichische Menschen bei den Darbietungen" mitwirken.[111] Johann Heinrich Pestalozzi wurde vaterländisch interpretiert:

> Fürs erste mag dieser Grundsatz für manchen als eine künstliche Verengung des Sendeprogramms gedeutet werden, bei näherem Eingehen auf die Frage wird man aber finden, daß hier ein gesunder Erziehungsgrundsatz zum Ausdruck kommt. Pestalozzi betont an mehreren Stellen in seinen Werken den Grundsatz, daß echte Bildung von dem engsten Kreis der Umwelt ausgeht, diesen Kreis allmählich erweitert, aber immer wieder auf diesen Mittelpunkt geistigen Wachstums zurückkommt. In diesem Gedanken liegt ein Prinzip vor, das in der Gegenwart das ganze Schulleben durchdringt, und das darin besteht, von der Heimat auszugehen und über das Volk und Vaterland fortzuschreiten, um allmählich zu einem Weltbild zu gelangen.[112]

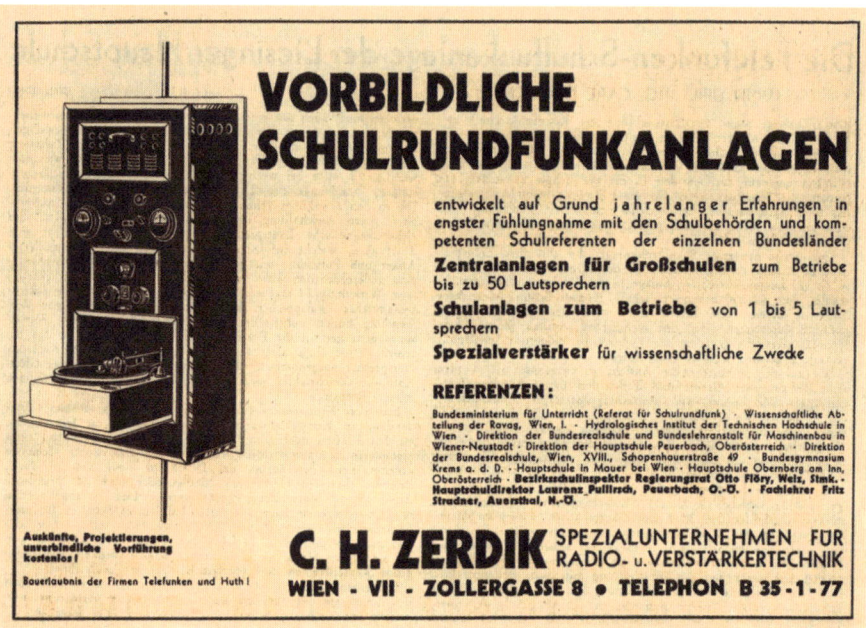

Abb. 23 Werbung für eine „Schulrundfunkanlage" (aus: Radio Wien, 1. Sonderheft. Der österreichische Schulfunk, 1932). Um den austrofaschistischen Schulfunk zu empfangen, mussten die Schulen über solche zum Teil transportierbaren Anlagen verfügen. Diese wurden in den Klassen aufgestellt, die Schüler:innen lauschten den vaterländisch gefärbten Sendungen.

Der Rundfunk war das eine moderne Medium, das es zu beherrschen galt. Daneben gab es noch den Film, dem wohl eine noch größere Bedeutung beigemessen wurde. Die Menschen strömten in die Kinos, die laufenden Bilder faszinierten. Autoritäre und faschistische Systeme instrumentalisierten diese „Kulturmacht".[113] Auch der Austrofaschismus versuchte daher, den Film für seine Zwecke zu nutzen. Zuvor musste aber der ‚linken' Kinokultur ein Ende gesetzt werden, die sich in Österreich mit der 1926 gegründete „Kinobetriebsanstalt Ges.m.b.H." (Kiba) entwickelt hatte. Die Kiba verfügte in Wien über eigene Lichtspieltheater und war an der Programmgestaltung von mehreren Kinos in den Bundesländern beteiligt.[114] Seit April 1933, bereits kurz nach der Ausschaltung des Parlaments, mussten aber die Lichtspielbetreiber um eine staatliche Konzession ansuchen. Damit konnte die Regierung auch gegen sozialdemokratische Arbeiterkinos vorgehen. Zugleich wurden alle österreichischen Kinobetreiber in einen Pflichtverband, das „Gremium der Lichtspielunternehmer Österreichs", eingegliedert. Dieses Gremium unterstand wiederum der Kontrolle der Regierung. Schließlich wurde 1935 die „Österreichische Filmkonferenz" gegründet, für die das Bundesministerium für Handel und Verkehr verantwortlich zeichnete. Sie war für alle Filmagenden, unter anderem für Patentfragen, Kontingente und internationalen Vertrieb, zuständig.[115]

Die Kontrolle der Filmproduktion und des Filmvertriebs erfolgte nun auf zweierlei Weise: Einerseits wurden die Filme, die in die Kinos kamen, einer Bewertung und damit auch einer Zensur unterzogen. Andererseits ließ die Regierung die Wochenschau „Österreich in Bild und Ton" (ÖBUT) und kurze „Kulturfilme" produzieren. Die Kinobetreiber wurden im Mai 1935 dazu verpflichtet, diese Filme vor dem Hauptfilm zu zeigen. Inhaltlich dominierten historische und christliche Themen, Berichte über barocke Feste und volkstümliches Brauchtum flimmerten über die Kinoleinwände. Aber auch die österreichische Landschaft wurde gerühmt und ebenso von sportlichen Ereignissen berichtet. Im Jahr 1934 rückte kurz die politische Opposition – Sozialdemokratie und Nationalsozialisten – ins Zentrum der Propaganda. ‚Alles unter Kontrolle', lautete dabei die Botschaft. Die nationalsozialistische Terrorwelle im Jänner 1934 scheint schnell bekämpft. Und der Bürgerkrieg vom Februar 1934 wird als blutiger Aufstand von Marxisten dargestellt, der von Bundesheer, Polizei und Heimwehr weitgehend problemlos niedergeschlagen werden kann. Schließlich eignete sich die Wochenschau auch dazu, wichtige Persönlichkeiten des Regimes in den Mittelpunkt der Propaganda zu stellen. Die Heimwehrführer Starhemberg und Fey werden etwa im Zusammenhang mit den Februarkämpfen von 1934 als triumphierende Helden dargestellt. Der wahre ‚Star' ist aber Engelbert Dollfuß, der auch nach seiner Ermordung laufend gefeiert wird. Eifrig bastelte die ÖBUT am „Dollfuß-Mythos" (S. 94, 96–97) mit. Seine Ziele schienen verwirklicht, das „neue Österreich" errichtet. Und so wird die politische Opposition nach dem Februar 1934 mit keinem Wort mehr erwähnt. Das österreichische „Volk" lebt zufrieden in der landschaftlichen Idylle, kleidet sich in Trachten und ergötzt sich an der österreichischen Kultur.[116]

Diese Idylle wurde auch von „Kulturfilmen" transportiert, die zum Teil auf Material zurückgriffen, das auch in den Wochenschauen verwendet wurde. Die Aufträge dazu vergab das Amt für Wirtschaftspropaganda, das im Ministerium für Handel und Verkehr angesiedelt war. Zumeist betonen diese Kurzfilme die Traditionen, Modernität ist darin nur selten Thema. In „Dorfsymphonie" (1935) wird etwa die bäuerliche Familie, die landwirtschaftliche Arbeit und die Verwurzelung im Boden betont. Strom und moderne Technik haben in dieser Gesellschaft nichts zu suchen, Österreich erscheint tief in der Vergangenheit, in einer ‚besseren' Zeit, verwurzelt.[117]

Die Kulturfilme wurden auch im Ausland gezeigt, nicht zuletzt, um den Tourismus zu fördern. Die österreichische Presse, unter anderem „Das Kino-Journal", das offizielle Organ des „Gremiums der Lichtspielunternehmer Österreichs", informierte regelmäßig über die Aufführungen in ausländischen Kinos. Die Filme, berichtet das „Salzburger Volksblatt" im Dezember 1935 geradezu begeistert, seien „in fast allen europäischen Kulturstaaten, außerdem in Brasilien und Ägypten vorgeführt worden". Selbst in den USA würden die „österreichischen Propaganda-Filme" laufen.[118] Die Titel der Kurzfilme sprechen Bände: Neben „Dorfsymphonie" wurde ein Kurzfilm mit dem Titel „So entstand Österreichs höchste Alpenstraße" produziert, der – das erwähnte Gedicht von Ginzkey kommt einem in den Sinn (S. 98) – die Großglockner Hochalpenstraße in die ursprüngliche Landschaft einbettet. Selbstverständlich wird die „Kunst des österreichischen Barocks" gefeiert, und unter dem Titel „Hier lebte, wirkte und starb …" konnten bekannte historische Persönlichkeiten aus Österreich vorgestellt werden. „Die Filmpropaganda", schreibt die Kleine Volks-Zeitung, „fügt sich eindringlich und gut der Gesamtheit der Bestrebungen ein, Oesterreich aller Welt von seinen schönsten und besten Seiten zu zeigen."[119] Die Erfolge bliebe allerdings aus, der Tourismus konnte durch die – zum Teil wenig qualitätsvollen – Filme nicht gefördert werden.

Die Regierung machte aber nicht nur mit eigenen Filmproduktionen für sich Propaganda. Sie zensurierte auch Spielfilme sowohl inländischer als auch ausländischer Produktionsfirmen. Per Notverordnung, also auf Basis des Kriegswirtschaftlichen Ermächtigungsgesetzes, mit dem auch das Parlament ausgeschaltet worden war, wurden im März 1934 nur noch Filme zur Aufführung zugelassen, wenn die Bundesministerien für Handel und Verkehr sowie für Unterricht dafür „grünes Licht" gegeben hatten. Mit der Maiverfassung von 1934 wurde die Meinungsfreiheit zwar prinzipiell fortgeschrieben, aber indirekt durch Zusatzbestimmungen eingeengt (S. 105). Der Zensur waren damit Tür und Tor geöffnet. Allerdings blieb sie chaotisch organisiert, weil keine zentrale Zensurbehörde eingerichtet wurde. Sie fiel in den Zuständigkeitsbereich der einzelnen Bundesländer.[120] Während etwa in Wien ein Film gezeigt werden durfte, konnte dieser in Innsbruck der Zensur zum Opfer fallen.

Bei der Bewertung von Filmen, der „Geschmackserziehung des Publikums", sollte das „Institut für Filmkultur" helfen. Im Ehrenpräsidium saß unter anderem Kardinal Theodor Innitzer. Es wurde 1934 vom Unterrichtsministerium, der „Hauptstelle für volkserzieherische Filmarbeit der Vaterländischen Front" und der Katholischen Aktion gegründet, um den „Film […] in allen guten und gesunden Ansätzen" zu fördern.[121] Dazu gab das Institut die Zeitschrift „Der gute Film" heraus, in der Spielfilme nach vier Kategorien bewertet wurden. Die erste Kategorie umfasste „jene Filme, die allgemein verständlich, künstlerisch befriedigend, inhaltlich und technisch einwandfrei, interessant und unterhaltend und entweder infolge ihres Inhalts oder aus künstlerischen oder ethischen Gründen als wertvoll anzusehen sind".[122] Solche Filme wurden mit dem Prädikat „wertvolle Unterhaltung" ausgezeichnet. Für die Einordnung in die zweite Kategorie galten ebenfalls die eben genannten Anforderungen als Messlatte. Fehlte eine dieser Anforderungen, dann wurde die Bewertung „einwandfreie Unterhaltung" vergeben. In die dritte Kategorie fielen „jene Filme, die entweder inhaltlich, technisch oder künstlerisch erhebliche Schwächen" zeigten „oder ethisch oder nach mehreren Gesichtspunkten nicht einwandfrei" waren. Solche Filme wurden nur „mit Vorbehalt" zugelassen. Die vierte Kategorie sollte schließlich auf jene Filme zutreffen, „die entweder inhaltlich, technisch oder künstlerisch unzulänglich oder ethisch minderwertig oder in ihrer Wirkung zersetzend und daher abzulehnen" waren.[123] Zwar sollten bald zusätzliche Bezeichnungen eingeführt werden, etwa „künstlerisch wertvoll" oder „künstlerisch anerkennenswert". Die Beurteilungskriterien blieben aber weiterhin mehr als ‚schwammig' und letztlich vom Ermessen der ‚Kritiker' oder Zensoren abhängig. Die Inhalte sollten gewissermaßen volkstümeln, die dargestellten Menschen erdverbunden und christlich sein und die traditionellen Geschlechterrollen nicht verletzt werden. Sittlichkeit, insbesondere von Frauen, wurde gefordert, liederlicher Lebenswandel verurteilt. Pazifismus war abzulehnen, Opferbereitschaft für das Vaterland dagegen wünschenswert. Es verwundert kaum, dass etwa der Film „Weltkrieg 1914–1918" (Österreich 1935) als „künstlerisch wertvoll" bewertet sowie für die „Vorführung vor Jugendlichen und Unmündigen" zugelassen wurde. Der Film war vom Bundesministerium für Landesverteidigung hergestellt worden. Über die Verleihrechte verfügte die „Vereinigung eines Oesterreichischen Heldendenkmals in Wien".[124] Ferner fanden Filme Anklang, die sich (hoch-)kulturellen Themen widmeten, umso mehr, wenn sich eine Verbindung mit der angeblichen Besonderheit Österreichs herstellen ließ.

Die heimischen Produktionen, die „Wiener Filme", begeisterten die Gutachter im Übrigen nur bedingt. Als zu schwülstig, zu grotesk, zu ausgelassen und zu leichtsinnig wurden viele kritisiert.[125] Eine Ausnahme bildete zum Beispiel der Spielfilm „Ernte" (Österreich 1936, Regie: Géza von Bolváry), der als „wertvolle Unterhaltung" bewertet wurde. Der Inhalt des Films ist recht simpel: Die Magd Julika, dargestellt von Paula Wessely, verliebt sich in einen abgehalfterten Gutsherrn. Bis die beiden zueinander finden, dauert es eine Weile. Dazwischen passiert freilich einiges. Der Gutsherr, dargestellt von Attila Hörbiger, verliebt sich in eine Städterin, eine Baronesse, die ihn aber vorführt. Er lässt beinahe die Ernte zugrunde gehen, weil er verspricht, diese erst einzufahren, wenn sie zurückkehrt. Das geschieht letztlich nicht, vielmehr entdeckt er die Liebe, die ihm seine Magd entgegenbringt. Wieder einmal wird der Gegensatz von der verdorbenen Stadt und dem reinen Land bemüht (S. 66–67). Die Darstellung der „städtischen Welt bleibt [wohl bewusst, Anm. d. V.] farblos", schreibt die Zeitschrift „Der gute Film" in einer Filmkritik. Die „verwöhnte Städterin" kann selbstverständlich nicht „zur Bäuerin werden". „Schön, Atmosphäre schaffend", seien dagegen „die Landschaftsbilder, in denen die Handlung eingebettet ruht". Noch wichtiger scheint aber die Magd, „die Demut und Dienen als Stolz bekennt". Paula Wessely spiele sie „groß, überragend in ihrer warmen, gesunden und frohen Fraulichkeit". Insgesamt wurde der Film für seiner „ethisch saubere Grundhaltung, voll Erdgebundenheit, voll Fraulichkeit und gesunder Arbeit" gelobt.[126] Bei „Ernte" handelt es sich eindeutig um einen austrofaschistischen Tendenzfilm, der allerdings heute wegen seiner unfreiwilligen Komik bei Cineasten durchaus bekannt und beliebt ist. Joseph Goebbels, nationalsozialistischer Propagandaminister, schaute hier sozusagen wirklich einmal in die Zukunft. Er bezeichnete Wessely nämlich als „große Schauspielerin", die Handlung des Films aber als äußerst „kitschig".[127]

Im Übrigen war dem Institut für Filmkultur, so wie dem austrofaschistischen Regime im Allgemeinen, eine gewisse Hybris nicht abzusprechen. Österreich, so meinte das Institut, gelte auch beim Film als „Kulturzentrum Mitteleuropas", wenn nicht der ganzen Welt. Es führte die „Filmreinigungsbewegungen" in vielen anderen Ländern auf das Vorbild Österreich zurück.[128] Deutlich spiegelte sich darin der Universalismus der

Abb. 24 Eine „ethisch saubere Grundhaltung, voll Erdgebundenheit" – der Spielfilm „Ernte" (Österreich 1936, Regie: Géza von Bolváry) mit Paula Wessely und Attila Hörbiger.

austrofaschistischen Ideologie, der christlich-katholische Missionsgedanke bzw. Imperialismus. Mit der Unterzeichnung des Juliabkommens von 1936 (S. 118–119) konnte allerdings kaum noch von einer eigenständigen österreichischen Filmproduktion und Filmpolitik die Rede sein. Eine Zensur bei deutschen Filmen war nicht mehr möglich, der „Anschluss" an das nationalsozialistische Deutschland war in der Filmbranche schon vor 1938 erfolgt.[129]

5. Das große Scheitern der Identitätswerkstatt

Das Bewusstsein beherrschen zu wollen, ist das eine, die Realisierung das andere: Die ‚Identitätsarbeit' und die Propaganda wirkten nur begrenzt oder bestätigten lediglich die ohnehin überzeugten Anhänger:innen des Austrofaschismus. Seine Ideologie war letztlich viel zu komplex oder besser: viel zu verworren, um in breiten Kreisen der Bevölkerung tatsächlich auf Resonanz zu stoßen. „Die große Masse der Bevölkerung hat von der ständischen Idee zumeist nur blasse, wenn nicht gar unrichtige Vorstellungen", schreibt etwa die Zeitung „Tiroler Anzeiger". „Aber selbst jene Leute, die sich von der seinerzeitigen [mittelalterlichen, Anm. d. V.] Gliederung ein Bild zu machen vermögen, wären wohl kaum in der Lage, daraus eine Vorstellung über den geplanten ständischen Neuaufbau der Gesellschaft zu gewinnen."[1] Wenn etwa die Volkskultur als bewegungslos und erdverbunden bezeichnet wurde, konnten wohl nur wenige den christlich-katholischen Universalismus und die Idee der ‚Vielfalt in der Einheit' dahinter erfassen. Eher wurde damit der Boden für die „Blut und Boden"-Ideologie des Nationalsozialismus aufbereitet. Zwar war die nationalsozialistische Ideologie keineswegs originär, sondern ein „Mischkessel" oder ein „Ideenbrei"[2] aus bereits vorhandenen Ingredienzen. Der aggressive Nationalismus, der mörderische Rassismus und Antisemitismus, die imperialistischen Ansprüche sowie der Körperkult und die Verherrlichung des Kriegs mit Phrasen, Leerformeln und Schwarzweißbildern waren aber relativ einfach und recht eindringlich zu vermitteln. Dazu bereitete dem Austrofaschismus auch noch der Sozialismus größere Probleme. Trotz Niederschlagung der Sozialdemokratie im Februar 1934 besaß er auch weiterhin Anziehungskraft. Ohne Zweifel überzeugte die marxistische Rede von den „Proletariern", die nichts anderes „zu verlieren" hätten „als ihre Ketten", mehr als die berufsständische Idee, die vom Austrofaschismus propagiert wurde.[3] Daher erweckte der Austrofaschismus den Eindruck, als würde er – aus einer Defensive heraus – von einer Misere in die nächste stolpern.[4] Der Bürgerkrieg vom Februar 1934 schien weniger gewonnen als vielmehr ein Menetekel zu sein, eine Warnung vor dem „Bolschewismus", der ständig drohte. Das Regime entwickelte geradezu eine „bolschewikische Psychose".[5] Und schließlich war da vor allem die nationalsozialistische Konkurrenzdiktatur, die das Regime ohnehin vor sich hertrieb. Am Ende sollte dann Berchtesgaden stehen, die Unterwerfung Schuschniggs unter Hitlers Diktat.

5.1 Grenzen der Propaganda

Ein Foto zeigt Engelbert Dollfuß bei einer seiner zahlreichen Reden: in vermutlich maßgeschneidertem Anzug, den rechten Arm erhoben, die Hand zur Faust geballt, die linke Hand in der Hosentasche. Auf einem anderen Foto, anlässlich derselben Veranstaltung aufgenommen, scheint er plötzlich agiler, die linke Hand ist nun frei, er hat sich aufgerichtet und lächelt – ein Lächeln wie auf vielen Fotos, geradezu ein wenig unbedarft, so als sei er ein netter Onkel und kein diktatorisch regierender Kanzler. Während Adolf Hitler, der Konkurrenzdiktator, stundenlang vor dem Spiegel seine Mimik und Gestik einübte, wirkte Dollfuß bei seinen Auftritten eher leger, sozusagen – um ein Klischeebild zu bedienen – ein wenig österreichisch nachlässig. Der Führerkult funktionierte nicht so recht. Banale Witze wurden über Dollfuß erzählt, die auf dieses ständige Lächeln, aber auch auf seine Körpergröße anspielten. Immer wieder war diese Ziel des Spotts. So wurde in einem Witz danach gefragt, warum der Kanzler immer so grinsen würde, wenn er über eine Wiese schreite. Die Antwort: Das Gras kitzle ihn so sehr am Gesäß. Ein anderer Witz thematisierte einen Attentatsversuch auf Dollfuß: Seine Leibwache hätte eine Mausefalle im Schlafzimmer entdeckt.[6] Im Oktober 1933 war auf Dollfuß bereits ein Anschlag verübt worden, im Juli 1933 sollte er schließlich tatsächlich einem Attentat der Nationalsozialisten zum Opfer fallen. Er feierte aber seine Wiederauferstehung im sogenannten Dollfuß-Mythos (S. 94, 96–97).[7] Ein zweites Leben war ihm geschenkt: als Märtyrer und Erlöser, beinahe wie ein Heiliger verehrt. Der Mythos zeigte aber nicht so ganz die erwünschte Wirkung, obwohl sein Todestag jedes Jahr mit viel Pathos gefeiert wurde. Da vergaß ein Teil der Bevölkerung schon mal, im Gedenken an ihn eine Kerze ins Fenster zu stellen.[8] Auch sein Nachfolger, Kurt Schuschnigg, war im Übrigen kein Volkstribun, eher ein kalter Bürokrat ohne großes Charisma. Auf Fotos blickt er zumeist streng, ein Lächeln entkommt ihm nur selten. Für eine Massenhysterie schien er jedenfalls nicht zu taugen.

Es lässt sich nicht leugnen: Die Propagandamaschine stotterte. So funktionierte etwa die „Gleichschaltung" der Zeitungen nur bedingt. Weiterhin erschienen kritische Artikel, die durch die Zensur gerutscht waren, vielleicht weil ihr Inhalt nicht verstanden wurde. In der eher liberalen Zeitung „Der Wiener Tag" publizierten zum Beispiel Schriftsteller:innen unterschiedlicher politischer Couleur. In einer Ausgabe findet sich etwa ein Text mit dem Titel „Der Weg zum Film". Die Autorin ist die Sozialdemokratin und spätere Kommunistin Helena Malířová (Helena Malir), die sich in ihren Texten vor allem mit der Selbstverwirklichung von Frauen und deren Kampf gegen soziale Restriktionen auseinandersetzt.[9] Die Geschichte, die im „Wiener Tag" abgedruckt wurde, scheint auf den ersten Blick harmlos, allerdings wirft sie zwischen den Zeilen einen kritischen Blick auf die Lebensverhältnisse von jungen Mädchen in den 1930er Jahren, die ihren engen Welten entkommen wollen. Die Protagonistin flüchtet sich mit Hilfe des Films in Traumwelten und träumt selbst von der Schauspielerei.[10] Dem konservativen Frauenbild des Austrofaschismus, das die Selbstverwirklichung der Frau im Kreis der Familie propagierte (S. 44–49), entsprachen diese Vorstellungen von geschlechtlicher Befreiung wohl kaum. Dem gegenüber findet sich in derselben Ausgabe der Zeitung ein Text des ungarischen Konservativen und Nationalisten Ferenc Herczeg (Franz Herczeg), der in den 1930er Jahren mit dem italienischen Faschismus sympathisierte. Darin

Abb. 25 Kanzler Dollfuß leger (1933/34) – Der Führerkult wollte nicht recht gelingen.

Abb. 26 Kanzler Dollfuß in Aktion (1933/34) – Selbst hier wirkt Dollfuß leger, freundlich und weniger wie ein „Führer".

wird die Dekadenz eines verarmten Adels, vor allem eines adeligen Mädchens, und die Rechtschaffenheit arbeitsamer Bürger thematisiert.[11] Dem Austrofaschismus kamen solche Themen wohl eher entgegen.

Die „Überzeugungsarbeit" des Austrofaschismus, die Manipulation der Bevölkerung, gelang kaum. So blieb etwa die Wirkung der Wochenschau „Österreich in Wort und Bild" und der „Kulturfilme" (S. 109) begrenzt. Die Filme waren zu billig und unprofessionell produziert, das Bild verlief oft nicht synchron zum Ton. Die ständige Wiederholung von Folklore, Landschaft und barocker Kultur in den Filmen langweilte das Publikum. Der Kulturfilm „Die Vaterländische Front" (1938) war selbst dem Unterrichtsministerium zu abstrakt und zu wenig mitreißend. Die Wochenschau wurde daher in den heimischen Kinos oftmals im Schnelllauf abgespielt und wirkte wie eine Slapstick-Komödie.[12] Außerdem wurden Filme, die vom „Institut für Filmkultur" als lehrreich (und indirekt ideologisch empfehlenswert) bezeichnet wurden, nicht gerne gesehen. Ein Wiener Kinobesitzers, der in vaterländischer Treue jeden Monat einen solchen Film spielte, klagte über den „beschämend[en]" Erfolg: Zum Teil seien die Filme defizitär gewesen, weshalb er wieder auf Unterhaltungsfilme umstellen müsse. Er appelliert an Lehrer und Erzieher, den „Geschmack" der Kinder und Jugendlichen zu schulen. Keine „schärfere Jugendzensur" könne Abhilfe schaffen, sondern lediglich „Aufklärung, Erklärung, Verdeutlichung und Propaganda für den guten Film".[13]

Es war ja auch nicht einfach, die vertrackte austrofaschistische Ideologie verständlich zu verpacken. Selbst unter den engagierten Austrofaschisten schien manchmal Verwirrung zu herrschen. Nur so ist es zu erklären, dass etwa ein Autor wie Johannes Freumbichler für seinen Roman „Philomena Ellenhub" den Förderungspreis des österreichischen Staatspreises erhielt. Zwar hatte er einen Bauernroman geschrieben, dieser strotzte aber nicht vor Pathos, mit dem das Schicksal und der gesellschaftliche, weil von der Natur vorgegeben Stillstand beschworen wird. Freumbichler thematisierte vielmehr die sozialen Widersprüche des Landlebens. Der Einzelne ist dabei auf sich zurückgeworfen und gezwungen, seine Existenz selbst in die Hand zu nehmen. Er lieferte geradezu einen bürgerlich-liberalen Roman, der sich keineswegs für die Vereinnahmung durch den Austrofaschismus eignete.[14] Vielleicht zeichneten für solche Fehleinschätzungen ja auch die Widersprüche des christlich-katholischen Universalismus verantwortlich. So galten etwa die Dialekte durchaus als Ausdruck des Volkstums, der Verwurzelung im heimatlichen Boden. Sie wurden gepflegt und wissenschaftlich erforscht. Von einer sprachlichen Sonderentwicklung der Österreicher:innen war aber niemals die Rede. „Lernt deutsch reden, deutsch schreiben, korrekt deutsch sprechen", ermahnte Kurt Schuschnigg die Schüler:innen.[15] „Deutsch denken lernen",[16] also gemäß der deutschen Leitkultur zu denken, bedeutete auch, die Sprache zu beherrschen. Wieder einmal zeigt sich, dass die Vorstellungen von Volkstum und Volkskultur nichts anderes waren als elitäre, ideologisch beeinflusste Projektionen auf die bäuerlich-ländliche Welt.

Noch ein anderer Widerspruch fand sich im katholisch-christlichen Universalismus. Während etwa pathetisch von der „wahren" deutschen Kultur als friedliche ‚Leitkultur' eines einheitlichen (Mittel-)Europas gesprochen wurde, trat der Antisemitismus virulent zutage. Da half es auch nichts, dass ihn die Regierung – deren Vertreter selbst antisemitisch sozialisiert waren – nach außen hin ablehnte. Und schließlich gab es da noch die politischen Gegner des „neuen Österreich", die der Austrofaschismus mit zunehmender Härte bekämpfte. Zwar wurde immer wieder die Hand zur angeblichen Versöhnung ausgestreckt. Damit war aber letztlich die Aufforderung gemeint, sich dem austrofaschistischen System unterzuordnen. Eine ‚systemimmanente Schizophrenie' offenbarte sich: Der „Ständestaat" galt als gottgewollt, und das Christentum verlangte Barmherzigkeit. Zugleich wurde aber mit Härte gedroht, wenn er als gottgewollte „Wahrheit" in Frage gestellt wurde.

Es sind oft kleine Ereignisse, die auf das Scheitern der austrofaschistischen Identitätsarbeit hinweisen. So verkauften etwa Linzer Trafikanten keine Werbezündhölzer der Vaterländischen Front. Sie wurden daher einer „staatsfeindlichen Haltung" bezichtigt und aufgefordert, „die Zünder […] sichtbar aufzulegen". „Die vaterländische Front zündet nicht", schrieb die „Arbeiter-Zeitung". „Wir fürchten nur, daß die sichtbar aufgelegten Zünder […] sichtbar liegen bleiben werden."[17] Der Widerstand gegen das System keimte von Anfang an. Bei den Feiern zum 1. Mai 1934 hatten Kommunisten und Sozialdemokraten versucht, ihren Feiertag zu retten. Die geplanten Gegendemonstrationen seien aber laut „Illustrierter Kronen-Zeitung" „schon im Keim unterdrückt" worden. Nationalsozialisten hatten sich wiederum in Hotels entlang der Festzugsstrecke einlogiert und entrollten Hakenkreuzfahnen.[18]

Die ideologische ‚Überzeugungsarbeit' wollte einfach nicht fruchten. Bereits seit Herbst 1933 wurden daher Anhaltelager eingerichtet. Den Anfang machte das Anhaltelager im niederösterreichischen Wöllersdorf. Aufgrund der zunehmenden Anzahl an verhafteten politischen Gegnern folgten Lager in Kaisersteinbruch (Niederösterreich) sowie in Messendorf und Waltendorf (Steiermark). Der Nationalsozialismus, der im Herbst 1933 das erste Konzentrationslager in Dachau errichtet hatte, diente als Vorbild. Allerdings war das deutsche Lagersystem ungleich brutaler. In Österreich ging es nicht darum, den Willen der Inhaftierten vollständig zu brechen, oder gar um Vernichtung. Die Ernährungssituation und die medizinische Versorgung waren relativ gut, die Inhaftierten mussten auch keine Zwangsarbeit leisten, und es gab Sport- und Freizeitmöglichkeiten. Dennoch darf die in den Anhaltelagern ausgeübte Repression auf Gegner des austrofaschistischen Regimes nicht unterschätzt werden. Einzel- und Dunkelhaft wurden durchaus verhängt, ebenso Besuchsverbote ausgesprochen, Briefe und Pakete zurückgehalten oder die Leseerlaubnis entzogen. Hungerstreiks der Gefangenen sind nachgewiesen, ebenso Selbstmorde.[19]

5.2 Politischer Widerstand

Der politische Widerstand war nicht zu brechen. Der Sozialismus war einem Teil der Bevölkerung in ganz Österreich offenbar nicht auszutreiben. Da mochte noch so sehr von der „rote[n] Gefahr von Osten" gewarnt werden, die „jene[n] Seuchen" gleiche, „die in gewissen, meist tropischen Gebieten stets herrschend, endemisch, von Zeit zu Zeit Eroberungszüge in andere weite Ländergebiete unternehmen wie Pest und Cholera".[20] Und der Nationalsozialismus attackierte das austrofaschistische Regime – mehr oder weniger offen unterstützt durch Adolf Hitler – ohnehin ständig. Allerdings unterschieden sich die Ziele des sozialdemokratischen und des nationalsozialistischen Widerstands: Die Sozialdemokrat:innen kämpften für die Republik und befanden sich seit Ende der 1920er Jahre in einer reaktiven, defensiven Situation. Der illegale Nationalsozialismus wollte dagegen den einen Faschismus durch einen anderen ersetzen. Sein Handeln war durch Aggression bestimmt.

5.2.1 Zerstörung: der Nationalsozialismus

Die Nationalsozialisten, die 1933 verboten wurden, versuchten zunächst, die Macht zunächst auf einem „revolutionären Weg" zu ergreifen: Flugblätter wurden in Dachböden und Kellern gedruckt und verteilt, Schmieraktionen organisiert, Hakenkreuzfahnen illegal gehisst, Hakenkreuze auf weit sichtbaren Orten wie Wiesenhängen abgebrannt und Böller gezündet, schließlich auch Sprengstoffanschläge und Sabotageakte verübt. Spektakulär war etwa der Anschlag auf eine Eisenbahn am 10. April 1934 in Oberösterreich, wobei ein Toter und mehrere Verletzte zu verzeichnen waren. Dabei hatten „entmenschlichte Verbrecher", wie es in einem Zeitungsbericht hieß,[21] auf der Westbahn zwischen der Haltestellen Oftering und Marchtrenk eine Schiene entfernt.[22] Sogar die Wiener „Trabrennplatzrede", in der Dollfuß das Programm des austrofaschistischen Regimes verkündete, verlief keineswegs so reibungslos wie gewünscht. Beim anschließenden Fackelzug standen Nationalsozialisten stolz im Spalier und verteilten Hakenkreuzfahnen. Vor dem Café Sacher wurden Eprouvetten mit Tränengas zerbrochen.[23]

Der „revolutionäre" Weg bedurfte auch konkreter Umsturzpläne. Lokale Einsatzpläne existierten bereits kurz nach der Ausschaltung des Parlaments im März 1933. Ausgehend von der Provinz sollte die dezentrale Machergreifung erfolgen. Unabhängig davon hatte innerhalb der Wiener Polizei eine illegale nationalsozialistische Gruppe einen Putschplan ausgearbeitet. Alle diese Pläne blieben aber Makulatur. Im Juli 1934 war es dann aber so weit: Nationalsozialisten besetzten das Sendehaus der Österreichischen Radio-Verkehrs-AG (RAVAG), um die Nationalsozialisten in der Provinz über den Sturz von Dollfuß zu informieren. Diese sollten dann ebenfalls losschlagen. Gleichzeitig drangen Putschisten in das Bundeskanzleramt ein. Der Bundeskanzler wurde dabei schwer verletzt und verstarb bald darauf. Lange konnten sich die Putschisten aber nicht halten. Polizei und Bundesheer erstürmten das Sendehaus und umstellten das Bundeskanzleramt. Sie versprachen den Putschisten freies Geleit, wenn sie sich ergeben würden. Nachdem der Tod des Bundeskanzlers bekannt geworden war, wurde das Versprechen aber aufgehoben. Zwar kam es in manchen Bundesländern zu Aufständen, die aber bald wieder abflauten, weil über Rundfunk vom Scheitern des Putsches berichtet wurde. Außerdem distanzierte sich Hitler von den Putschisten. Die Machtergreifung der Nationalsozialisten war somit gescheitert.[24]

Nach dem fehlgeschlagenen „Juliputsch" verließen die Nationalsozialsten den „revolutionären" Weg. Hitler gab nun vor, die Macht auf einem „evolutionären" Weg zu erringen. Die Taktik wurde umgestellt: Gewalt war zu vermieden, vielmehr sollten die Nationalsozialisten das politische System und die Gesellschaft unterwandern. Dazu gehörte auch die Infiltrierung „völkischer" Organisationen, etwa des „Deutschen Schulvereins Südmark" (S. 20–21) oder des „Deutschen Turnerbundes". 1934 wurden daher die im Turnerbund organisierten Vereine zunächst verboten, schließlich aber wieder genehmigt und bundesstaatlichen Verwaltern unterstellt. Diese sollten sie „von staatsfeindlichen Elementen […] säubern" und sie „für die Eingliederung in die österreichische Turn- und Sportfront", eine Organisation der Vaterländischen Front, vorbereiten.[25] In den Turnvereinen turnten freilich weiterhin Nationalsozialisten, durch ihre Eingliederung schleusten sich diese erst recht in die Vaterländische Front ein.

Das Juliabkommen von 1936, mit dem Schuschnigg den „evolutionären Weg" der Nationalsozialisten kontrollieren wollte, hatte genau das Gegenteil zur Folge. Zumindest auf dem Papier akzeptierte Hitler die österreichische Unabhängigkeit und verzichtete darauf, weiterhin Einfluss auf die österreichischen Nationalsozialisten auszuüben. Im Gegenzug verpflichtete sich Schuschnigg, eine „deutsche Politik" zu verfolgen, inhaftierte Nationalsozialisten zu amnestieren und Nationalsozialsten in die politische Verantwortung miteinzubeziehen. So wurden der Nationalsozialist Edmund Glaise-Horstenau zum Minister ohne Portefeuille und Guido Schmidt zum Staatssekretär für Auswärtige Angelegenheiten ernannt. In einem Zusatzprotokoll war man zudem übereingekommen, die österreichischen Nationalsozialisten über ein „Volkspolitisches Referat" in die Vaterländische Front zu integrieren. Das Volkspolitische Referat sollte als Ersatz für einen „Deutsch-sozialen Volksbund" dienen, der zunächst angedacht wurde. Dieser hätte nicht nur die illegalen Nationalsozialisten legalisieren, sondern Vertreter des gesamten nationalen Lagers, unter anderem Großdeutsche und Vertreter des Landbundes, erfassen sollen. Schuschnigg lehnte aber die Gründung dieses „Volksbundes" ab.[26] Er befürchtete wohl eine zu enge Verschränkung der „nationalen Opposition", die aber ohnehin schon über andere Wege zueinanderfand. Ohne Zweifel gelang es den Nationalsozialisten im traditionellen nationalen Milieu, insbesondere bei den Großdeutschen, viele neue Mitglieder zu rekrutieren. Schuschniggs Versuch, mit dem Juliabkommen die Unabhängigkeit Österreichs zu bewahren, erwies sich letztlich als Fehlschluss. Bald zeigte sich: „Jeder Modus vivendi mit den Nationalsozialisten erwies sich als Modus moriendi."[27]

Ein Beispiel für den „Modus moriendi" ist etwa das Frontsoldaten-Treffen am 17. und 18. Juli 1937 in der oberösterreichischen Kleinstadt Wels. Bereits im Vorfeld wurde vor nationalsozialistischen Agitationen gewarnt, trotz polizeilicher Bedenken fand die Veranstaltung dennoch statt. Der Welser Bürgermeister hatte unter anderem befürchtet, bei einem Verbot „viele Hoffnungen unserer Geschäftswelt" zu enttäuschen.[28] Diese „Geschäftswelt", zum Teil deutschnationale Geschäftsleute, erhoffte sich aber nicht nur finanziellen Gewinn. Wie sich herausstellen sollte, sympathisierten manche davon mit den Nationalsozialisten. Der Skandal nahm seinen Lauf: Illegale Nationalsozialisten nutzten die Veranstaltung für politische Agitation. Als der deutsche Sonderbotschafter Franz von Papen eintraf, wurde dieser euphorisch begrüßt. Von Papen war 1937 noch parteilos und trat erst 1938 in die NSDAP ein. Er hatte aber die Koalition der Deutschnationale Volkspartei (DNVP) mit der NSDAP ausverhandelt und damit Adolf Hitler in Deutschland an die Macht verholfen. Als Sonderbotschafter sollte er nun den „Anschluss" Österreichs an das Deutsche Reich vorbereiten. In seiner Rede forderte er die Anwesenden zum Schwur auf die deutsche Heimat auf: „Schwört auf der Heimat heilige Scholle, – Deutsch soll sie bleiben, komme was da wolle. Glück und Leid – Deutsch soll sie bleiben in Ewigkeit."[29] Das Verständnis von Deutschtum, das die Austrofaschisten vertraten, war damit wohl nicht gemeint. Der oberösterreichische Landeshauptmann Heinrich Gleißner, zugleich Landesleiter der Vaterländischen Front in Oberösterreich, sprach nachträglich von einer „planmäßig vorbereitet[en]" Störaktion: „Fahrmittel wurden gemeinsam besorgt, Verhaltensmaßnahmen auf den Turnlagern mitgeteilt […].

Abb. 27 Der deutsche Sonderbotschafter Franz von Papen wird anlässlich des „Frontsoldaten-Treffens" am 17./18. Juli 1937 in der Kleinstadt Wels begrüßt. Begeistert heben die Anwesenden die Hände zum Hitlergruß. Die Veranstaltung wird für nationalsozialistische Propaganda genutzt.

Es gibt eine Gruppe von Staatsbürgern, die bewußt jede ehrliche Arbeit nationaler Kreise, zu einer Mitarbeit zu kommen, sabotieren." In der Folge wurde der Welser Turnverein „Jahn" verboten und öffentliche Aufträge an „kompromittierte Welser Geschäftsleute […] einer strengen Prüfung unterzogen".[30] Es war aber deutlich geworden: Das „nationale" oder „völkische" Lage vereinte sich unter dem Hakenkreuz und der österreichischen „Ständestaat" geriet immer mehr in die Defensive.

Der Druck auf das austrofaschistische Regime wurde immer größer, schließlich zitierte Hitler den österreichischen Bundeskanzler am 12. Februar 1938 nach Berchtesgaden. Schuschnigg hat die Erinnerungen an dieses Treffen später in seinem Buch „Ein Requiem in Rot-Weiß-Rot" niedergeschrieben. Hitlers Vorwürfen, trotz des Juliabkommens keine „deutsche Politik" verfolgt zu haben, wusste er offenbar nichts anderes als den christlich-katholischen Universalismus entgegenzusetzen.[31] Die Tage des selbständigen Österreichs waren gezählt. Hitler zwang Schuschnigg, den Nationalsozialisten Arthur Seyß-Inquart als neuen Innen- und Sicherheitsminister einzusetzen. In ganz Österreich feierten die Nationalsozialisten den baldigen Anschluss, der offenbar kaum noch zu verhindern war. Fackelzüge wurden veranstaltet, „Sieg Heil"-Rufe tönten durch die Gassen und Straßen, das Deutschlandlied und das Horst-Wessel-Lied wurden gesungen. Schuschnigg versuchte noch einmal vergeblich, die Lage zu stabilisieren, und beraumte für den 13. März 1938 eine Volksbefragung an. Am 12. März marschierte aber schließ-

Abb. 28 „Wir hetzten und lügen blödsinnig weiter" – Gegenveranstaltung der Vaterländischen Front im Anschluss an das Welser „Frontsoldaten-Treffen" am 25. Juli 1937. Ein Plakat spielt auf die „Garstner Hölle", die oberösterreichische Strafanstalt Garsten, in der illegale Nationalsozialisten inhaftiert wurden, an. Kurz nach dem „Anschluss" ermordeten Nationalsozialisten den Leiter der Strafanstalt, Ludwig Bernegger.

lich die deutsche Wehrmacht in Österreich ein. Der österreichische „Ständestaat" bzw. der Austrofaschismus war damit Geschichte. Seine Identitätspolitik hatte ungewollt eine Mentalität geschaffen oder verfestigt, an die der Nationalsozialismus anknüpfen konnte. Diese basierte auf Kritiklosigkeit und Unmündigkeit, damit in Verbindung auch auf vermeintlichen Tugenden wie Disziplin und Gehorsam sowie Pflichterfüllung und Unterordnung. Zudem hatte die Deutschtümelei, auch wenn sie spezifisch österreichisch definiert wurde, eine Identifikation mit dem Nationalsozialismus vorbereitet.

5.2.2 Verteidigung: die Sozialdemokratie

Die Einführung der Ersten Republik war zum größten Teil der Verdienst der Sozialdemokratie. Wie bereits erwähnt, sah sie darin die Möglichkeit, auf reformatorischem Weg eine gerechtere Gesellschaft herbeizuführen (S. 17, 21). „Es war die große Hoffnung jener Zeit", schreibt der Historiker Karl R. Stadler, „durch ein geduldiges Ringen um jene vielzitierten 51 % der Wählerschaft den friedliche Übergang zur Mehrheit und den Übergang zu einer sozialistischen Politik zu schaffen."[32] Die Sozialdemokrat:innen betrachteten die Erste Republik also als ‚ihre' Republik, die sie zu verteidigen gedachten. „Die Arbeiter sind nicht gewillt", war etwa im sozialdemokratischen Linzer Tagblatt bereits 1922 zu lesen, „sich die Republik nehmen zu lassen und werden sie bis auf die Zähne verteidigen."[33] Und so halfen weder Identitätsarbeit noch Repressionen, den politischen Widerstand der Sozialdemokrat:innen in Zustimmung zu verwandeln. Am 31. März 1933 war zunächst der Schutzbund verboten worden, der aber weiterhin im Untergrund aktiv war. So lief etwa die „Trabrennplatzrede" von Dollfuß am 11. September 1933 nicht so reibungslos ab, wie es die Regierung gerne gesehen hätte. Während des anschließenden Fackelzugs gab es nämlich Proteste von Sozialdemokrat:innen, die mit „Freiheit"-Rufen auffielen.[34]

Im Februar 1934 sollte es schließlich zum Bürgerkrieg kommen. Die vielen Demütigungen, vor allem Hausdurchsuchungen und Verhaftungen, veranlassten den verbotenen, aber weiterhin aktiven Schutzbund, sich mit Waffengewalt zu wehren. Als in den frühen Morgenstunden des 12. Februar im Linzer Parteiheim der Sozialdemokrat:innen, im Hotel Schiff, wieder einmal Waffendurchsuchungen stattfanden, eröffneten Schutzbündler unter der Führung von Richard Bernaschek das Feuer. Otto Bauer hatte noch in der Nacht zuvor versucht, Bernaschek mit einem Telegramm von seinem Vorhaben abzubringen. Der Text, der immer anders zitiert wird, handelte vom hoffnungslosen Zustand eines Familienmitglieds, meist wird von einer „Tante" gesprochen, weshalb ärztlicher Rat abzuwarten sei. Ob damit das Urteil des Parteivorstands oder auch Verhandlungen mit der Regierung gemeint waren, ist unklar. Jedenfalls war der Schutzbund auf einen solchen Aufstand keineswegs vorbereitet. Die Linzer weigerten sich aber, weitere Provokationen der Exekutive hinzunehmen.

Die Tragödie nahm seinen Lauf: Erst mehrere Stunden nach dem Beginn des Aufstands in Linz wurden in Wien Waffen ausgegeben. Die Exekutive war zu diesem Zeitpunkt schon längst in Alarmbereitschaft. Und auch der geplante Generalstreik wurde nur lückenhaft befolgt und brach bereits nach wenigen Stunden zusammen. In dicht verbautem Gebiet der Hauptstadt wurden Artilleriegeschütze eingesetzt, Massenverhaftungen durchgeführt, Schutzbündler misshandelt und ermordet sowie das Standrecht angewandt. Von 20 standesrechtlichen Todesurteilen wurden acht tatsächlich vollstreckt. Größere Auseinandersetzungen gab es neben Linz und Wien auch in Steyr und Graz sowie im oberösterreichischen Kohlerevier und im obersteirischen Industrieviertel. Nach drei Tagen flauten die Kämpfe allmählich ab, die Widerstandskraft des Schutzbundes war angesichts der überlegenen Exekutive, die von Militär, Heimwehr und Ostmärkischen Sturmscharen unterstützt wurde, gebrochen. Mehr als 10.000 Menschen waren festgenommen worden, es folgten zahlreiche Hausdursuchungen und Gerichtsprozesse. Geständnisse wurden auch durch Misshandlungen erpresst. Rund 2.000 Sozialdemokrat:innen flüchteten ins Ausland, unter anderem in die Tschechoslowakei.[35]

Einer davon war Richard Bernaschek. Er entkam seiner wahrscheinlichen Hinrichtung, indem er mit nationalsozialistischer Hilfe aus einem Linzer Gefängnis nach München flüchten konnte. Beide, Sozialdemokratie und Nationalsozialismus, verband – zumindest kurzfristig – der Widerstand gegen das austrofaschistische System. Ihre

Abb. 29 „Die Revolution" (Gemälde von Maximilian Florian, 1934). Als Augenzeuge der Februarkämpfe von 1934 schuf Florian ein Gemälde, in dessen Mittelpunkt die Revolution als Frau in einem roten Kleid steht. Nicht zufällig erinnert sie wohl an Marianne, die französische „Freiheitsgöttin", die Eugène Delacroix auf seinem Gemälde „Die Freiheit führt das Volk an" (La Liberté guidant le peuple) tapfer voranstürmen lässt. Ihre nackten Brüste geben die Milch der Freiheit. Bei Florian scheint die Freiheit auf der Flucht, ihre Zeit ist noch nicht gekommen.

unterschiedlichen Ziele spiegeln sich aber in Bernaschecks weiterem Schicksal: Nach einer Odyssee, die ihn von München über Moskau, Zürich, Prag und Paris führte, gelangte er 1939 wieder nach Linz. Dort versuchte er, einen sozialdemokratischen Widerstand gegen den Nationalsozialismus aufzubauen. 1944 wurde er festgenommen, ins Konzentrationslager Mauthausen gebracht und dort kurz vor Kriegsende ermordet.[36]

Nach dem Bürgerkrieg vom Februar 1934 wurde nun auch die sozialdemokratische Arbeiterpartei (SDAP) verboten. Manche Sozialdemokraten wechselten zwar die Fronten und traten der Vaterländischen Front oder den illegalen Nationalsozialisten bei. Andere entschieden sich aus Hoffnungslosigkeit oder Angst für die innere Emigration. Rund 1400 Sozialdemokrat:innen begaben sich aber auch als Freiwillige nach Spanien und kämpften dort im Bürgerkrieg für die Spanische Republik. Viele engagierten sich schließlich in Österreich in der illegalen Arbeiter:innenbewegung gegen das austrofaschistische Regime. Sie gehörten entweder den Revolutionären Sozialisten an oder waren, enttäuscht vom Februaraufstand, zu den Kommunisten gewechselt. Ein prominentes Beispiel dafür ist der Schriftsteller Jura Soyfer, der in seinem Roman „So starb eine Partei" mit der sozialdemokratischen Politik abrechnete. Die Zurückhaltung der Parteiführung, ihr ständiges Abwarten und Beschwichtigen, machte er für die Niederlage in den Februarkämpfe verantwortlich. Er schrieb Flugzettel, etwa 1936, als der junge und arbeitslose Dachdeckergehilfe Richard Suchy, ein illegaler Kommunist, verhaftet und ermordet wurde: „Dein Name und der Kampf um dich wird [sic!] ein Symbol des Freiheitskampfes des österreichischen Volkes werden, das um seine Freiheit und Unabhängigkeit von faschistischem Grauen und Faschistengreueln kämpft."[37] Bruno

Kreisky, der die Politik der Zweiten Republik prägen sollte, engagierte sich dagegen bei den Revolutionären Sozialisten. Kreisky meinte 1936, als er wegen Hochverrats angeklagt wurde: „Die Anklage wirft uns vor, daß wir den Klassenkampf predigen; wir haben das nicht verheimlicht, wir sehen ihn als das einzige Mittel zur Befreiung der Arbeiterschaft."[38]

Der christlich-katholische Universalismus und die Idee eines „Ständestaates" konnten freilich weder Kommunisten noch Revolutionäre Sozialisten besänftigen. Ganz im Gegenteil: Im Untergrund wurde fleißig weiteragitiert. Sie verteilten Flugzetteln, schrieben Parolen an Hauswände oder veranstalteten sogenannte Blitzkundgebungen. Mit dem Boykott von Waren, etwa von Tabak, sollte zudem die staatliche Wirtschaft und damit das austrofaschistische Regime geschwächt werden.[39] In der Folge kam es im März 1936 zum sogenannten Sozialistenprozess, in dem 28 Revolutionäre Sozialist:innen und zwei Kommunisten angeklagt wurden. Die Angeklagten ließen sich nicht einschüchtern. Maria Emhart, die auch an den Februarkämpfen teilgenommen hatte, bestritt etwa, „sich illegal betätigt zu haben", weil die „Illegalität […] der Bewegung aufgezwungen worden" sei. Bruno Kreisky gab – nicht ohne Ironie – zu, sich „mit Freunden aus der Bewegung besprochen" zu haben. „Bei einer Bewegung, die allein in Wien 700.000 Menschen umfaßt, kann man nicht auf die Straße gehen, ohne immer wieder Bekannte zu treffen."[40] Über viele der Angeklagten, auch über Emhart und Kreisky, wurde eine Kerkerhaft verhängt, beantragte Todesurteile blieben letztlich aus. Die vergleichsweise ‚milden' Urteile waren vermutlich dem großen internationalen Interesse am Prozess geschuldet.[41]

Aus einer identitätshistorischen Perspektive scheiterte nicht die Sozialdemokratie oder überhaupt die sozialistische Arbeiterbewegung, auch wenn der Aufstand im Februar 1934 blutig niedergeschlagen wurde und der „Sozialistenprozess" von 1936 zu mehreren Kerkerstrafen führte. Letztlich verlor der Austrofaschismus den Kampf, nicht zuletzt, weil er die bürgerlich-liberale Demokratie zerstört hatte. Gegen den Nationalsozialismus fehlte daher ein wichtiger politischen Partner, die Sozialdemokratie. Dem Regime stand aber der Nationalsozialismus ohnehin näher. Die „organische Demokratie", wie sie Johannes Messner konzipiert hatte (S. 40–44) und die mit Hilfe der ständischen Gesellschaft verwirklicht werden sollte, war letztlich nichts anderes als eine Variante der plebiszitären Demokratie (S. 51–54). Und diese lag auch dem Nationalsozialismus zugrunde, der Österreich 1939 zur „Ostmark" machte. Drei Jahre später fasste er die ehemaligen österreichischen Bundesländer unter der Bezeichnung „Alpen- und Donaureichsgaue" zusammen. Das von den Austrofaschisten so geliebte Österreich war von der Landkarte verschwunden. Was blieb, war ihre Wehmut, der in Pathos getränkt war. Guido Zernatto, ehemaliger Generalsekretär der Vaterländischen Front, sprach von einem „blutendem Herzen, erfüllt von einer unbändigen Liebe zu meinem Vaterland, aus dem man mich vertreiben konnte, das ich aber nie aufhören werden zu liebe, zu lieben, zu lieben".[42] Er meinte das wohl ernst, liebte dieses Österreich mit seinem ‚Mief der Jahrhunderte', das seine Zukunft in der Tradition des Heiligen

Römischen Reiches Deutscher Nation und der Habsburgermonarchie zu finden glaubte. Er liebte dieses Österreich, das die Verteidiger der Ersten Republik, die Sozialist:innen, in Kerker sperrte und auch ermordete. Zernatto starb 1943 im New Yorker Exil. Die Geburt der Zweiten Republik, einer bürgerlich-liberalen Demokratie, konnte er nicht mehr miterleben. Vielleicht hätte er sich, wie so manche seiner politischen Mitstreiter, doch noch mit ihr angefreundet. Die „organische Demokratie" war jedenfalls schon lange vor dem „Anschluss" im März 1938 gescheitert.

5.3 Schein und Realität: Antisemitismus

Der Antisemitismus war – allerdings nur vordergründig – kein Bestandteil der austrofaschistischen Ideologie und somit auch nicht der offiziellen Staatsdoktrin. So räumte die Verfassung vom 1. Mai 1934 den gesetzlich anerkannten Religionsgemeinschaften uneingeschränkte bürgerliche Rechte und Religionsfreiheit ein.[43] Als offizielle Vertreter der jüdischen Religionsgemeinschaft, die öffentlich-rechtlich anerkannt war, waren Juden sogar in verschiedenen Staatsorganen, etwa im Bundeskulturrat und im Staatsrat (S. 57–58), vertreten.[44] Zudem wurde zahlreichen Juden, die aus dem nationalsozialistischen Deutschland geflüchtet waren, die Staatsbürgerschaft verliehen.[45] Der Universalismus des Austrofaschismus schien somit tatsächlich seinen partiellen Niederschlag in der Politik gefunden zu haben. Es gab aber auch eine andere, eine unpolierte Seite der Medaille: Der Antisemitismus, wie im ersten Kapitel gezeigt wurde, war in unterschiedlichen Ausformungen in der gesamten Gesellschaft, somit auch in christlich-konservativen Kreisen und bei den Anhänger:innen des Austrofaschismus stark verankert. Er warf einen (von vielen) Schatten auf das „neue Österreich", das sich mit seinem universalen Anspruch betont friedlich und religionsübergreifend präsentieren wollte.

Auf Regierungsebene gab es allerdings – zumindest bei offiziellen Auftritten – kaum antisemitische Äußerungen. Auch direkte Maßnahmen, die zur Ausgrenzung von Juden:Jüdinnen geführt hätten, wurden nur selten ergriffen. Das bedeutet allerdings nicht, dass die Regierung frei von antisemitischen Vorurteilen gewesen wäre. Im Ministerrat stand der Antisemitismus nämlich durchaus auf der Tagesordnung. Allerdings war die Regierung bemüht, den Schein zu wahren: Die antisemitischen Äußerungen finden sich lediglich in den stenographischen Protokollen, nicht aber in den Reinschriften.[46] Die Fassade bröckelte also, unter anderem auch, weil die Verfassung mit Bundesgesetzen ausgehöhlt wurde, die zumindest indirekt die Benachteiligung und Ausgrenzung von Juden ermöglichten. Ein Beispiel dafür ist das Maßnahmegesetz für Hochschulen vom 7. August 1934. Mit diesem Gesetz war eine Handhabe gegeben, Professoren – darunter eben auch jüdische – ohne genauere Begründung in den Ruhestand zu versetzen.[47] So konnte sich die Universität etwa des Philosophen Heinrich Gomperz entledigen, der nicht nur Jude war, sondern als Sozialdemokrat den Eintritt in die Vaterländische

Front verweigerte. Ähnliche Möglichkeiten wie das Maßnahmengesetz bot das ebenfalls 1934 erlassene Disziplinarrecht für Hochschullehrer, das die Disziplinarvorschriften der einzelnen Universitäten ersetzte. Dem Unterrichtsminister räumte es dagegen weitreichende Rechte ein, um in die Personalpolitik der Universitäten einzugreifen.[48]

Als eine der wenigen offen antisemitischen Maßnahmen der Regierung wurde – vor allem aus wirtschaftlichen Gründen – im Februar 1935 ein deutsch-österreichisches Filmverkehrsabkommen abgeschlossen. Dieses sah für Filme, die auf dem deutschen Markt vertrieben werden sollten, einen Ariernachweis für Schauspieler:innen vor.[49] In Österreich stieß dieses Abkommen allerdings auf Widerstand, vor allem von jüdischen Filmschaffenden, die „unabhängige Produktionsfirmen" gründeten und „unabhängige Filme" zu produzieren begannen. Sie hofften, mit diesen Filmen andere Märkte als den deutschen zu erobern. Zwischen 1934 und 1937 entstanden insgesamt zwölf „unabhängige Filme".[50] Sie wurden auch als „Emigrantenfilme" bezeichnet, weil aus Deutschland geflüchtete jüdische Schauspieler:innen zumindest in diesen Filmen Rollen erhielten. Von der Filmkritik wurden die „unabhängigen Filme" unterschiedlich beurteilt. So schwankte sie zwischen zum Teil überheblichen Ratschlägen, wie der „unabhängige Film" gegen Konkurrenz bestehen könne,[51] und großem Lob. Das „Institut für Filmkultur", zuständig für austrofaschistische Film-Propaganda (S. 108–111), stufte den Film „Die letzte Liebe" (Regie: Fritz Schulz, Österreich 1935) sogar als „künstlerisch wertvoll" ein. In diesem Film spielte das aus Deutschland geflüchtete jüdische Schauspieler-Ehepaar Albert und Elsa Bassermann Hauptrollen. Auch der bekannte jüdische Schauspieler Hans Jaray war engagiert worden. Im Übrigen wurde Jaray 1936 auch für seine Rolle des Hamlet in einer Produktion des Wiener Volkstheaters hochgelobt. Mit „kühnem Wagemut" habe er den Hamlet gegeben, „ohne sklavisch der großen Vorbilder zu gedenken, was seiner intuitiven Gestaltungskraft und Gestaltungsvermögen [sic!] das beste Zeugnis ausstellt. Seine geistvolle Durcharbeitung dieser Rolle verdient Anerkennung."[52] Die unabhängigen Produktionsfirmen kämpften trotz anfänglicher kleiner Erfolge[53] mit finanziellen Schwierigkeiten. Bekannte Schauspieler ohne jüdischen Background sagten – nicht selten aus vorgeschobenen Zeitgründen – Rollenangebote in „unabhängigen Filmen" zunehmend ab. Zudem fürchteten Firmen, die nicht in jüdischem Besitz waren, den Verlust des großen deutschen Marktes. Sie entließen jüdische Schauspieler, Regisseure und anderes jüdisches Personal.[54]

In der gesellschaftlichen Praxis zeigte sich der Antisemitismus offen und in seiner ganzen Widerwärtigkeit. Noch einmal sei auf die Universitäten verwiesen, die jüdische Hochschullehrer zwar ‚nur' indirekt durch Pensionierungen und Disziplinarmaßnahmen ausschlossen. Im alltäglichen Hochschulleben selbst waren sie aber, ebenso wie die jüdischen Studierenden, immer wieder direkter Diskriminierung ausgesetzt. Während etwa rechtsgerichtete Studierendenverbände – mit wenigen Ausnahmen – weiterhin ungehindert agieren konnten, schikanierten die Universitäten jüdische Verbände. Dabei paarte sich Antisemitismus nicht selten mit dem Vorwurf, mit der Sozialdemokratie zu sympathisieren.[55] Die Regierung duldete den offenen Antisemitismus, der im

Abb. 30 Filmplakat zum Film „Pfarrer von Kirchfeld" (1937, Regie: Jakob und Luise Fleck). Bei diesem Film handelt es sich um den letzten österreichischen „unabhängigen Film", der sich gegen das deutsch-österreichische Filmabkommen stellte. Viele der Schauspieler:innen waren Juden:Jüdinnen, die nach 1938 flüchten mussten, manche wurden ermordet.

Bildungs- und Kulturbereich, in den Verbänden der Vaterländischen Front (S. 55), in vielen Reden politischer Funktionäre und in der Gemeindepolitik in unterschiedlichen Ausformungen nicht nur versteckt, sondern oft auch ungehemmt zum Ausbruch kam.[56] Der Schriftsteller Franz Theodor Csokor schrieb in einem Brief an einen Freund: „Gewiss, auf dem Papier gibt es keinen Arierparagraphen in Wien, weil sich der ja in der Praxis von selbst versteht; daran ändern auch die Beschwichtigungsjuden nichts, die man schreiben läßt."[57]

Nur einige Beispiele für die antisemitischen Tendenzen in regierungsnahen Kreisen seien angeführt: Leopold Kunschak, ein Gründungsvater der Österreichischen Volkspartei (ÖVP), vertrat etwa einen radikalen Antisemitismus. Zwar stand er der Diktatur in Österreich zunächst skeptisch gegenüber. Dennoch war er aber dann in verschiedenen Institutionen des politischen Systems, etwa im Staatsrat (S. 57–58), vertreten. 1936 publizierte Kunschak, dem der radikale Antisemit Karl Lueger als Vorbild galt, einen Gesetzesentwurf, der den Zugang von Juden zur Universität und zum öffentlichen Dienst beschränken sollte. Zudem schlug er vor, in Schulen jüdische Kinder von nichtjüdischen zu trennen. Der Gesetzesentwurf, den Kunschak in ähnlicher Form bereits 1919 entworfen hatte, wurde allerdings nicht realisiert. Dennoch dokumentiert der Zeitpunkt, zu dem Kunschak mit dem Entwurf an die Öffentlichkeit trat, das antisemitische Klima während des Austrofaschismus.[58] Ähnliche Ansichten wie Kunschak hatte auch der letzte Parteiobmann der Christlichsozialen, Emmerich Czermak. In seiner 1933 publizierten Schrift „Ordnung in der Judenfrage" lehnte er die Taufe als gesellschaftliches „Entréebillet" für Juden ab. Er forderte im Bildungsbereich die konfessionelle Trennung, etwa die Errichtung jüdischer Schulen, und schlug einen Numerus Clausus vor, wenn Juden in akademischen Berufen oder in der öffentlichen Verwaltung arbeiten wollten. Vom Erfolg der österreichisch-deutschen Leitkultur, von einer Bekehrung der Juden im Sinne eines christlich-katholischen und ‚wahren' deutschen Geistes, schien er nicht überzeugt. Noch bevor die Nationalsozialist:innen den „Madagaskarplan" entwarfen, trat er daher für eine Umsiedlung der österreichischer Juden:Jüdinnen nach Madagaskar ein.[59]

Der Linzer Bischof Johannes Gföllner, der dem Austrofaschismus von Beginn an positiv gegenüberstand, fürchtete zwar nicht wie Czermak einen kulturellen Clash. In einem Hirtenbrief vom Jänner 1933 betrachtete er die Verfolgung von Juden „wegen seiner Abstammung" sogar als „unmenschlich und antichristlich".[60] Er prangerte aber – im Sinne eines „Kultur-Antisemitismus"[61] – den „jüdischen internationalen Weltgeist" an. Durch diesen würden die Juden in allen wirtschaftlichen und gesellschaftlichen Bereichen schädlichen Einfluss nehmen. Gföllner bemühte dabei die typischen antisemitischen Stereotype des geldgierigen jüdischen Kapitalisten sowie der frivolen und unsittlichen Juden:Jüdinnen. Sie würden negativen Einfluss auf die Kultur, zum Beispiel auf das Theater und das Kino, aber ebenso auf den Fremdenverkehr[62] nehmen. Daneben beklagte er auch die angebliche Verbindung des Judentums mit der Freimaurerei, in diesem Zusammenhang auch mit dem Liberalismus, Sozialismus und Kommunismus.[63] „Man beachte die feine Unterscheidung des jesuitischen Kirchenfürsten", schrieb die linksliberale Zeitung „Der Wiener Tag", „der nur die Verfolgung des jüdischen Volkes wegen einer Abstammung ablehnt [...]. Verfolgung des Judentums wegen seines geistigen Gepräges, solche ‚Pogrome' billigt dieser Kirchenfürst nicht nur, sondern er fordert [...] zu ihnen geradezu auf."[64]

Offener ‚österreichischer' Antisemitismus, wie ihn Gföllner pflegte, fand sich auch beim Österreichischen Jungvolk, der Nachwuchsorganisation der Vaterländischen Front (S. 55–56, 84–85). Sie beabsichtigte im Jänner 1938, Juden als Mitglieder auszuschließen, und forderte gleichzeitig einen eigenen jüdischen Jugendverband. Die Begründung dafür war perfide: Der Ausschluss von jüdischen Kindern sei nämlich als Vorteil für die Eltern zu sehen, weil das Jungvolk die Jugend ja nicht jüdisch, sondern „christlich, deutsch und sozial gerecht" erziehe.[65] Eine Kritik an dieser kulturrassistischen Forderung ließ allerdings nicht lange auf sich warten. Die liberale Union österreichischer Juden wies etwa auf den Widerspruch zur Verfassung hin, die liberale Zeitung „Der Wiener Tag" kritisierte den Entschluss des Jungvolkes, weil er Juden unterstelle, nicht „deutsch [im Sinne der Ideologie des Austrofaschismus, Anm. d. V.], christlich und sozial gerecht" zu sein. „Christlich" sei – ganz im Sinne des christlich-katholischen Universalismus – nicht als konfessionell, sondern als ethisch zu verstehen.[66] Der Ausschluss jüdischer Kinder aus dem Jungvolk widersprach letztlich der deutschen Leitkultur, die in der austrofaschistischen Ideologie eigentlich verankert war.

Letztlich misslang der Versuch, dem „rassischen", oft auch als „wissenschaftlich"[67] bezeichneten Antisemitismus einen gleichsam ‚berechtigten', vom Biologischen losgelösten „Kultur-Antisemitismus" gegenüberzustellen. Die vermeintliche Wertschätzung des Judentums bei gleichzeitiger Missionierung, aber auch die immer wieder angeregte Diskussion über jüdische „Erblasten", unter anderem auch der Vorwurf des Christusmords, vermischten sich mit der „Abart des Antisemitismus"[68], wie die „Reichspost", eine christlich-konservative Zeitung, den Antisemitismus der Nationalsozialisten bezeichnete. Deutlich zeigte sich diese unklare Trennung verschiedener Formen des Antisemitismus etwa 1935, als der Magistrat Innsbruck die „deutsche Volkszugehörigkeit" bei Postenbesetzungen forderte. Der Innsbrucker Bürgermeister, Franz Fischer, wies zwar „rassenpolitische" Überlegungen zurück, sprach aber den jüdischen Mitbürger:innen dennoch ab, in der Heimat verwurzelt zu sein.[69] Er bediente sich damit des antisemitischen Klischees des entwurzelten, fahrenden Juden, das etwa Keyserling in seinem Buch „Das Spektrum Europas" – sehr perfide – auf die kulturelle Ebene hebt (S. 39–40). Dennoch erinnert Fischers Hinweis auf die notwendige Verwurzelung in der Heimat deutlich an die „Blut und Boden"-Ideologie der Nationalsozialisten.

Freilich verwundern die Überschneidungen zwischen Kulturantisemitismus und ‚rassischem' Antisemitismus nicht, wenn die damalige Diskussion, die im Zusammenhang mit „Rassen", „Rassenhygiene" und „Eugenik" geführt wurden, näher betrachtet werden. Die „Rassentheorie" galt als Gegenstand der Naturwissenschaften, war aber in Wirklichkeit ein ideologisches Konstrukt. Ihre unterschiedlichen Ausformungen konkurrierten untereinander und erlaubten es, bestimmte Bevölkerungsteile – aus unterschiedlichsten Gründen – aus dem „Volk" auszuschließen. Ein Beispiel sei hier genannt: So äußerte sich zwar der Theologe Johannes Messner, ein Vordenker der berufsständischen Gesellschaft, keineswegs antisemitisch und wandte sich auch gegen eine „völkische Programmatik" der Rassentheorie, gegen einen „Blutdeterminismus", wie er den Rassismus des Nationalsozialismus bezeichnete. Allerdings verwehrte er sich keineswegs gegen die „Rassenhygiene oder Eugenik", zumal der „Entartung vorgebeugt werden" müsse. Dafür forderte er eine gleichsam ‚sanftere' Eugenik. Nicht die Zwangssterilisierung schien ihm geeignet, um den „gesunden Erbstrom im Volke" zu fördern. Vielmehr setzte er auf „Asylierung" von „erblich Belasteten, Verbrechern und Schwachsinnigen" und die „Förderung der noch vorhandenen hochwertigen Erbanlagen eines Volkes". Vor allem die Familie sollte dabei in den Blick genommen werden, aber auch „die Erhaltung der Landbevölkerung als der Quell, aus dem die gesunde Volkskraft vor allem gespeist wird".[70] Ziel dieser ‚sanften' Eugenik sollte es sein, das „Gemeinwohl" (S. 41–44) zu fördern. Diesen Begriff legte Messner übrigens auch seinem Konzept einer berufsständischen Gesellschaft, die er als „organische Demokratie" verstand, zugrunde. Es zeigt sich deutlich: Die Begriffe der „Rassenhygiene" und Eugenik waren gleichsam en vogue und galten sogar als wissenschaftlich. Das Denken der Menschen der Zwischenkriegszeit (und auch davor) war davon stark geprägt.

6.   Spuren, Kontinuitäten und (Auf-)Brüche

‚Die Vergangenheit ist nicht tot' – eine oft wiederholte, eher abgedroschene Floskel. Sie hat aber durchaus ihre Berechtigung, wenn wir einen kulturhistorischen bzw. identitätsgeschichtlichen Blick auf die österreichische Zweite Republik werfen. Denn tatsächlich finden wir nach 1945 nicht nur Spuren des Nationalsozialismus, sondern auch des Austrofaschismus. Das öffentliche Interesse daran blieb aber bescheiden. Das Ausmaß der nationalsozialistischen Verbrechen ließ die Abschaffung der bürgerlich-liberalen Demokratie in den 1930er Jahren in Vergessenheit geraten. Außerdem eignete sich die Erinnerung an den Nationalsozialismus, die Konflikte der Zwischenkriegszeit zu verdrängen. Diente doch der Mythos der „Lagerstraße", die gemeinsame Verfolgung von Austrofaschisten und Sozialdemokrat:innen, als Grundlage einer zumindest oberflächlichen Harmonie.[1] Abseits der breiten Öffentlichkeit, in den Studierstuben der Geschichtswissenschaft, aber auch innerhalb der Parteien hatten der Austrofaschismus und seine Vorgeschichte aber durchaus ihren Platz. In den letzten zwanzig Jahren ist das Thema nun aber endlich auch auf breiteres Interesse gestoßen. Dabei zeigt sich, dass der Austrofaschismus in der Zweiten Republik präsenter ist, als man vielleicht auf den ersten Blick annehmen möchte. Ein Treppenwitz der Geschichte: Obwohl der Austrofaschismus die bürgerlich-liberale Demokratie bekämpfte, findet er sich in dieser – wenn auch zum Teil verformt – wieder.

6.1   Wiederauferstehung?

Das 1955 erschienene Schulbüchlein „Unser Österreich", das bereits in der Einleitung zu diesem Buch zitiert wurde, beschreibt den Zweiten Weltkrieg als „böses Fieber", „tückische Krankheit" und „böses Tier". Der Krieg habe „die Männer unseres Landes in Uniformen" gezwängt, „die sie nicht tragen wollten". Viele hätten aber auf „ein Wiedererstehen Österreichs" hingearbeitet und „ihr Leben aufs Spiel" gesetzt. Über den Nationalsozialismus findet sich kein Wort, und auch die Alliierten bleiben unerwähnt. Der Krieg endet einfach im Frühjahr 1945. Es geht „eine Welle der Beglückung durch das Land", die Menschen holen „von den Dachböden und aus den Kellern dir rot-weiß-roten Fahnen hervor" und „die Tore der Konzentrationslager" öffnen sich. Viele „Menschen […], die man für ihr Bekenntnis zu Österreich eingesperrt" habe, haben endlich wieder ihre Freiheit erlangt.[2] Letztlich wird hier von einer Wiederauferstehung berichtet: Ein für mehrere Jahre von der Landkarte getilgtes Land, eine freiheitsliebende Bevölkerung, die unterdrückt, verhaftet und interniert wurde, eine Demokratie, die

Abb. 31 Die Wiederauferstehung des angeblich durch den Nationalsozialismus „macht- und willenlos gemachte[n] Volk Österreich" (Abbildung von Carry Hauser aus dem 1955 veröffentlichten Schulbuch „Unser Österreich").

durch einen Krieg, durch ein „böses Fieber", zu existieren aufgehört hat, erlebt eine Wiedergeburt.

Auch wenn der Nationalsozialismus nur als „böses Tier" bezeichnet, wenn nicht gar verschwiegen wird, findet sich hier die „Opferthese" angedeutet. Österreich bzw. die Österreicher:innen seien Opfer des Nationalsozialismus gewesen, der Widerstand wird instrumentalisiert und ein eigener österreichischer Charakter, eine eigene österreichische Identität, behauptet, die unterdrückt worden sei. Im Übrigen blieb der kommunistische Widerstand, der die meisten Opfer zu verzeichnen hatte, zumeist unerwähnt – bekanntlich wütete der Kalte Krieg.[3] Die „Proklamation der Unabhängigkeit Österreichs" von 1949 hatte die Opferthese bereits vorweggenommen. Darin ist von einem „macht- und willenlos gemachte[n] Volk Österreich die Rede, das „in einen sinn- und aussichtslosen Eroberungskrieg geführt" worden sei, „den kein Österreich jeweils gewollt hat, jemals vorauszusehen oder gutzuheißen instand gesetzt war".[4] Hinter der intellektuellen Bescheidenheit, die hier der österreichischen Bevölkerung unterstellt wird, steckte selbstverständlich politisches Kalkül. Völkerrechtlich mochte die Opferthese ja tatsächlich stimmen, allerdings hatten viele Österreicher:innen dem „Anschluss" euphorisch zugestimmt und waren auch an den nationalsozialistischen Verbrechen beteiligt. Außenpolitisch machte das kein gutes Bild, und auch innenpolitisch schien es angesichts der nationalsozialistischen Gräueltaten ratsam, den Mantel des Schweigens darüber zu breiten. „Der Österreicher hat sein Vaterland, ja er hat es wieder!", verkündete Bundespräsident Karl Renner im Mai 1949.[5] Allein die Bevölkerung bekannte sich zunächst nur zögerlich zur österreichischen Nation und bürgerlich-liberalen Demokratie. 1964 glaubten nur 47 Prozent der Bevölkerung an eine österreichische Nation. Bis in die 1990er Jahre sollte die Zustimmung aber auf über 70 Prozent steigen. „Im Ringen um Österreich", betonte Bundeskanzler Leopold Figl in seiner Osteransprache im April 1965, „wurden 1945 und 1955 wichtige Schlachten geschlagen, doch der Kampf geht weiter, bis jede Frau, jeder Mann und jedes Kind in diesem Lande tief im Herzen von der historischen Aufgabe ihres Volkes überzeugt sind; bis jeder in diesem Staat sich stolz als Österreicher bekennt."[6] Figl nennt zwei wichtige Daten österreichischer Identitätsbildung: 1945 hatte Österreich darum gerungen, das Joch des Nationalsozialismus, mit dem die Österreicher:innen angeblich gar nichts zu tun hatten, abzuschütteln. 1955 gelang es schließlich, einen Staatsvertrag mit den Alliierten abzuschließen. Ganz so leicht war das nicht gewesen, vor allem weil der Staatsvertrag nicht unwesentlich von der Frage der Neutralität abhing. Die Westmächte – die USA, Frankreich und England – befürchteten, die Neutralität könnte der Westintegration Österreichs im Wege stehen. Dagegen sah die Sowjetunion darin auch Vorteile, denn ein neutraler Staat an den Grenzen der sowjetischen Einflusszone konnte auch ein Schutzschild gegen den „kapitalistischen" Westen sein. Erst seit 1953, mit dem Tod Stalins und einer kurzfristigen Entspannung im Kalten Krieg, akzeptierten auch die Westmächte die österreichische Neutralität. Das Bekenntnis dazu sollte freiwillig sein und von der österreichischen Bevölkerung selbst kommen. Daher wurde sie nicht am 15. Mai 1955 im Staatsvertrag, sondern am 26. Oktober 1955 in der Verfassung verankert. Der österreichische Staatsfeiertag erinnert an diesen Tag und kann als ein zentrales Symbol österreichischer Identität gelten. Der „Kampf" darum ging aber weiter.

Die ‚Identitätsschlachten', von denen Figl spricht, wurden zunächst vor allem von der ÖVP geführt. Bereits 1946 forderte sie alle politischen Kräfte dazu auf, „ein starkes, stolzes österreichisches Staats- und Kulturbewußtsein [zu] formen".[7] Die Spaltung des bürgerlichen Lagers durch den „Verband der Unabhängigen" (VdU), der 1949 gegründet wurde und als Sammelbecken ehemaliger Nationalsozialisten diente, verstärkte vermutlich das Engagement der ÖVP in dieser Frage.[8] „Österreich ist ein deutscher Staat", hieß es 1954 im Ausseer Parteiprogramm des VdU. „Seine Politik muss dem gesamten deutschen Volk dienen und darf nie gegen einen anderen deutschen Staat gerichtet sein."[9] Zwar besaß der VdU nur einen geringen Anteil der Wähler:innenstimmen, dennoch befürchtete die ÖVP eine Konkurrenz im bürgerlichen Lager heranwachsen. Ihre Reaktion darauf, die geradezu verbissenen Bemühungen um eine österreichische Identität, wecken Erinnerungen an die Abgrenzung des Austrofaschismus vom nationalsozialistischen Deutschland.

Die „Österreichischen Monatshefte", eine Parteizeitschrift der ÖVP, befassten sich intensiv mit der österreichischen Identität. Vor allem die Schule sollte zur Schaffung eines österreichischen Bewusstseins beitragen. Felix Hurdes, Unterrichtsminister von

1945 bis 1952, ersetzte das Fach „Deutsch" durch das Fach „Unterrichtssprache", um Österreich symbolisch von Deutschland abzugrenzen. Damit war geradezu Stoff für das Kabarett gegeben, und tatsächlich verspotteten böse Zungen das neue Fach als „Hurdestanisch".[10] Im Übrigen war Hurdes während des Austrofaschismus als Grazer Stadtrat unter anderem mit Bildungsagenden beauftragt gewesen. Er konnte also durchaus gewisse Erfahrungen mit ‚Identitätsschlachten' vorweisen. Wieder einmal dienten Fahnen, Wappen und Hymnen als wichtige Symbole. Und wieder einmal wurde Geschichte instrumentalisiert. So sollte ein „Institut für Österreichkunde" (IÖK) mit Hilfe von Unterrichtsmaterialien für die Fächer Geschichte, Deutsch und Geographie sowie durch Vorträge und Publikationen die Kenntnisse über österreichische Kultur und Geschichte verbreiten, um die Identifikation mit dem österreichischen Staat zu stärken. Unterstützung bei der Konstruktion einer österreichischen Identität erhielt das IÖK durch das „Österreich Institut", das die Presse mit Informationen über den österreichischen Kulturbetrieb, über die „Kulturgroßmacht", versorgte.[11] Noch 1958 trat die ÖVP „für eine zielbewusste Pflege des österreichischen Geistes und des eigenständigen österreichischen Kulturgutes" ein, das im „christlich-abendländischen Ideengut" begründet sei.[12] Es scheint nicht zufällig, dass diese Passage an den christlich-katholische Universalismus erinnert.

Die Sozialdemokrat:innen betrachteten die Identitätssuche der ÖVP skeptisch oder lehnten sie ab. Die Erfahrungen während des Austrofaschismus hatten sie gelehrt, vorsichtig zu sein. Im austrofaschistischen „neuen Österreich" war für sie kein Platz gewesen. Sie hatten sich international orientiert, ihr damaliger Deutschnationalismus war vor allem ein Resultat der Bewunderung einer starken deutschen Sozialdemokratie. Letztlich sollte aber die klassenlose Gesellschaft über die Grenzen der Nationen hinweg errichtet werden (S. 17, 21). Hinter den Bemühungen vor allem der ÖVP, in der Zweiten Republik eine österreichische Identität zu schaffen, vermuteten die Sozialdemokrat:innen reaktionäre Absichten[13] und somit einen modrigen, rückwärtsgewandten Patriotismus. „[…] die Sozialistische Partei Österreichs", schreibt die Arbeiter-Zeitung im Jahr 1946, „wird sich immer als eine Partei internationaler Gesinnung bekennen. Und sie wird niemals Lektionen über österreichischen Patriotismus hinnehmen. Denn das, gerade das sind wir: eine sozialistische Partei der Arbeiterklasse, also eine internationale Partei, und zugleich eine wahre Partei des österreichischen Volkes."[14] Internationalismus und Nation galten den Sozialdemokrat:innen nicht als Widerspruch. Vielmehr sollten die Nationen „friedlich zusammenwirken", wobei „den Gewerkschaften aller Länder, dem internationalen Sozialismus und auch den größten Religionsgemeinschaften" eine verbindende Aufgabe zukommen sollte.[15]

Dieser Internationalismus bedeutete also keineswegs, dass die Sozialdemokratie einer österreichischen Identität völlig gleichgültig gegenübergestanden wäre. Eine friedliche Kooperation der Nationen sah sie nämlich nur möglich, wenn ihre Errungenschaften der Ersten Republik als Identitätsbausteine für alle Nationen dienten: die sozialpolitischen Leistungen, die Schulpolitik des Roten Wien sowie der „Februarkampf der österreichischen Arbeiter zur Verteidigung von Freiheit und Kultur".[16] Diese österreichischen Identitätsbausteine galten der Sozialdemokratie zugleich als internationale. Die Zweite Republik – und hier traf man sich auch mit den Kommunist:innen – sollte ein Gegenpol zu den Fehlentwicklungen der Zeit davor sein.[17] Als 1955 die Neutralität in der Verfassung verankert wurde, passte dies dann durchaus zum Internationalismus der SPÖ. Ab diesem Zeitpunkt mischte sich die Partei auch zunehmend ein, wenn über die österreichische Identität diskutiert wurde.[18] Interessanterweise ließ sich nun der christlich-katholische Universalismus in einer trivialisierten Form auch auf den Internationalismus der SPÖ übertragen. Der übernationale Anspruch und die Idee einer Friedensmission wurden übernommen, die christlich-katholische Einfärbung mit einem säkularisierten Rot-Weiß-Rot übertüncht. Die Idee der deutschen Leitkultur war ohnehin schon von der ÖVP entsorgt worden. Letztlich wurde aber die österreichische Identität oder das österreichische Nationalbewusstsein weder durch die Sozialdemokratie definiert noch aus der kommunistischen Idee der österreichischen Identität der Zwischenkriegszeit geboren. Die SPÖ kam der ÖVP sogar zum Teil entgegen, etwa bei der Umbenennung von Straßen und Plätzen, die nach Nationalsozialisten benannt waren. Sie erhob keinen Einspruch, wenn wieder die alten Bezeichnungen – oft nach Vertretern des austrofaschistischen Regimes – verwendet wurden.[19] Offenbar war die politische Harmonie wichtiger als politische Fehden. Die Konfliktdemokratie der Zwischenkriegszeit war von der Konsensdemokratie abgelöst worden.

6.2 Österreichische Identität reloaded

Zwei Liebende, die erst zueinander finden müssen, lächeln einander zu und sind in fesche Trachten gekleidet. Sie trägt ein Dirndl, er eine Lederhose und einen Hut mit Gamsbart. Im Hintergrund zeigt sich die wundersame und harmonische Bergwelt des Salzkammerguts. Wir befinden uns in einer Szene des Films „Sissi" (Österreich 1955), des ersten Teils der berühmten „Sissi"-Trilogie von Ernst Marischka. Prinzessin Sissi, die von Romy Schneider als naives und unschuldiges Mäderl gespielt wird, war gerade mit Kaiser Franz Joseph auf der Pirsch. Sie hat auf ganz liebenswerte Weise den Tod eines Hirschs verhindert und gleich darauf ihrer Zither volksmusikalische Töne entlockt. „Meine Lieblingsmehlspeise ist Apfelstrudel", erzählt sie begeistert, und der von Karlheinz Böhm dargestellte Kaiser entpuppt sich ebenfalls als Verehrer dieser Mehlspeise: „Also, das gibt's nicht! Meine auch!" Der Film ist weltbekannt und wird vor Weihnachten immer wieder gerne ausgestrahlt. Er bietet harmlose Unterhaltung, gleicht einer Operette, in der die Liebe gefeiert und die habsburgische Vergangenheit verklärt wird. Und dennoch besitzt er eine eminent politische Bedeutung.

Zur Erklärung muss zunächst seine Vorgeschichte erzählt werden, die bis in den Vorabend des sogenannten „Ständestaats", der bekanntlich nie ein solcher war (S. 58–59), reicht: Ernst Marischka und sein älterer Bruder Hubert inszenierten 1932 im Wiener

Stadttheater das Singspiel „Sissy", in dem Paula Wessely und später Hedy Kiesler-Lamarr die „Sissy" gaben. Die beiden Brüder hatten das Libretto für das inhaltlich bescheidene, aber außerordentlich erfolgreiche Stück verfasst. Bis zum 23. Dezember 1933 stand es auf dem Programm des Stadttheaters, 289 Abende wurde es gespielt. Am Ende der Aufführung, wenn sich Sissy und Franz Joseph verlobten, ertönte jedes Mal die Kaiserhymne in ihrer ursprünglichen Version (S. 16–18). Das Publikum liebte es, dabei aufzustehen und mitzusingen. Die Monarchie schien wiederbelebt und die austrofaschistische Ideologie damit gestärkt.[20]

Gerade durch diese Vorgeschichte erhält der Film „Sissi" bzw. überhaupt die „Sissi"-Trilogie politische Brisanz. Denn allein in der beschriebenen Filmszene finden sich zahlreiche Identitätsbausteine, die nach 1945 der Bevölkerung angeboten wurden, um sich mit der Zweiten Republik zu identifizieren. Problematisch ist dabei, dass diese Bausteine zu keinem geringen Teil in der Zeit des Austrofaschismus wurzeln. Die ‚Identitätsschlachten' fanden sich auch in den österreichischen Heimatfilmen. Nicht zufällig erhielt der zweite Film der Trilogie, „Sissi – die junge Kaiserin" (Österreich 1956, Regie: Ernst Marischka), das Prädikat „künstlerisch wertvoll". Die vom österreichischen Unterrichtsministerium beauftragte Jury begründetet ihre Entscheidung mit der Vermeidung von „wesentlichen historischen Fehlern bzw. geschichtliche[n] Verzeichnungen". Außerdem bringe der Film „die Werte des Herzens und der Menschlichkeit als charakteristische Merkmale österreichischer Wesensart überzeugend zur Darstellung".[21]

Bei der Übernahme der austrofaschistischen Identitätsbausteine räumte die Zweite Republik, wie bereits erwähnt, das österreichische ‚wahre' Deutschtum in die Mottenkiste der Geschichte. Zudem erteilte die Zweite Republik, nicht zuletzt auch infolge der Neutralität, der martialischen Vaterlandsliebe eine Absage. Schließlich wurde auch der Katholizismus, zumindest vordergründig, zugunsten der Säkularisierung in den Hintergrund gerückt. Allerdings wünschte die ÖVP weiterhin den „weitgehenden Einfluss der Lehren Christi auf das Zusammenleben der Bürger".[22] Das „christlich-abendländische Ideengut" sollte als ethische Richtlinie verstanden werden. Die Parallelen zum austrofaschistischen Universalismus sind auffällig. Auch dieser definierte die christlich-katholische Religion nicht primär konfessionell, sondern ethisch und begründete damit seine Idee der Leitkultur (S. 12, 35–38, 40). In der Zweiten Republik galt jedoch die Trennung von Kirche und Staat als Voraussetzung für die bürgerlich-liberale Demokratie. Religion war nun Privatsache, wobei aber die Grenzen zwischen Kirche und Staat bis heute nicht ganz so klar abgesteckt sind. So wurde das Konkordat von 1933 im Jahr 1960 erneuert, allerdings zum Teil abgeändert.[23] Zwei Jahre später wurde die staatliche Mitfinanzierung von Lehrer:innen in konfessionellen Privatschulen verankert. Zudem musste in allen staatlichen Schulen ein Religionsunterricht angeboten werden.[24] Die Verflechtung von Kirche, Religion und Staat, wie sie den Austrofaschismus prägte, gehörte jedoch weitgehend der Vergangenheit an. Ansonsten bediente sich die Zweite Republik aber ungeniert der austrofaschistischen ‚Identitätswerkstatt'.[25]

Abb. 32 Harmlos und doch politisch brisant: „Sissi" (Romy Schneider) und „Franzl" (Karlheinz Böhm) finden in der harmonischen Natur des Salzkammergutes zueinander. („Sissi", 1955, Regie: Ernst Marischka).

Die „Sissi" Filme zelebrieren etwa den *habsburgischen Mythos*. Angelehnt an Disneyland, inszeniert Marischka die Monarchie als ‚Habsburg World'. Im ersten Teil scheint alles Operette: Die Uniformen sind Staffage, vor lauter Menschlichkeit erweist sich die Polizei als Slapstick-Gruppe, die Liebe dominiert. In der erwähnten Filmszene tritt Franz Joseph etwa als „guter Kaiser" auf, Sissi entpuppt sich als süßes und natürliches Wesen. Damit entwirft der Film das Modell des österreichischen Menschen. Dieses war zwar von den Vorstellungen des neuen „österreichischen Menschen", den sich der Austrofaschismus vorstellte, in vielerlei Hinsicht weit entfernt. Dennoch ist sein Erbe unverkennbar. So wird mit der Wiederbelebung des habsburgischen Mythos das Verbindende, das den österreichischen Charakter angeblich definiert, hervorgehoben. „Das friedliche Zusammenleben in einem Staat mit vielen Völkern", ist etwa im Schulbuch „Unser Österreich" zu lesen, „hat Wesen und Charakter des Österreichers geformt."[26] Der Topos vom „Herzen Europas" wird bedient: Eingebettet zwischen Ost und West soll Österreich eine *Vermittlerposition* einnehmen. „Österreich hat es immer verstanden, Völker friedlich zu vereinen", klärt „Unser Österreich" die Schüler:innen auf. Auch der Austrofaschismus betrachtete Österreich aufgrund seiner habsburgischen

Vergangenheit als „Herzstück Europas"[27], das dazu bestimmt sei, sowohl innerhalb Österreichs als auch international zwischen Ländern und Kulturen zu vermitteln. Gerade aufgrund der gemeinsamen Geschichte fühlt sich die österreichische Außenpolitik auch noch heute besonders den Donauländern verbunden.[28] Die Nationalitätenkonflikte, die das Habsburgerreich zerreißen ließen, bleiben ausgeblendet. Die Mission, die sich die Zweite Republik auf ihre Fahnen schrieb, war aber eindeutig: der Erhalt des Friedens und – damit unterscheidet sie sich freilich entschieden vom Austrofaschismus – der bürgerlich-liberalen Demokratie.

Österreich blickte nach 1945 aber nicht nur nach rückwärts, sondern zeigte sich auch für die Moderne aufgeschlossen. Neben der Pflege von ‚Habsburg World' wurde dem *technischen Fortschritt* und zugleich der *Landschaft* gehuldigt. Die Semmeringbahn, die Großglockner Hochalpenstraße oder das Tauernkraftwerk Kaprun galten als Meisterleistungen der Zweiten Republik. In den Nebeln der Vergangenheit blieb verborgen, dass die Großglockner Hochalpenstraße in der Zeit des „Ständestaates" fertiggestellt und das Tauernkraftwerk unter nationalsozialistischer Herrschaft, vor allem unter dem Einsatz von Zwangsarbeitern, begonnen worden war.[29] Der Blick in der Vergangenheit war ein selektiver, die Synthese von Tradition und Moderne gelang dabei nicht immer. So dient etwa im Heimatfilm „Das Lied von Kaprun" (Deutschland/Österreich 1955, Regie: Anton Kutter) die Moderne lediglich als Kulisse für eine konservative Sicht auf die Landschaft. Immer wieder wirft die Natur jene Menschen ab, die sich ihr entfremdet haben. Nur die alten Einheimischen, „edle Wilde" sozusagen, sind eins mit ihr. Sie warnen die Eindringlinge vor der Natur, die sich gegen menschliche Eingriffe wehrt, und bekommen letztlich auch Recht. Diese Topoi erinnern frappant an die austrofaschistische Heimatliteratur, die den Gegensatz von Stadt und Land betont sowie Natur, „Erdverbundenheit" und Ursprünglichkeit in den Mittelpunkt stellt (S. 66–67).

Von der Landschaft und der Vermittlerfunktion, die im habsburgischen Mythos verankert war, lässt sich eine Brücke zum *Katholizismus* und zum *barocken Erbe* schlagen. Freilich war der Katholizismus, wie bereits erwähnt, nicht mehr offiziell mit dem säkularen Staat verflochten, er lebte aber in den Köpfen der Bevölkerung weiter. Und auch in der Politik wurde er nicht nur untergründig, sondern vor allem von der ÖVP immer wieder offen zelebriert. Der Journalist Wilhelm Böhm, eine Art „inoffizieller Parteihistoriker der ÖVP"[30], sah etwa den Unterschied Österreichs zu Deutschland „vor allem durch unseren Glauben und die Gefühlsstimmung, mit der wir ihn ausüben", definiert.[31] Das Katholische sei in Österreich lebensfroh und künstlerisch. Er folgte hier seinem Namensvetter, dem Journalisten Anton Böhm, der 1933 die „lebendige Volkskultur" im Katholizismus verortet hatte. Barock und Katholizismus gehörten „in einer fast ‚natürlichen' Weise zum Volksleben". Daraus leite sich auch die vermeintliche Gemütlichkeit, Gutmütigkeit und Friedfertige, das den:die Österreicher:in auszeichne, ab. „Die ewige Gewissheit, daß es eine ewige, unaufhebbare Ordnung gibt", schreibt Anton Böhm, verleihe „dem Österreicher die [...] oft als ‚Gleichgültigkeit', ‚Schlappheit', ‚Wurstigkeit' mißdeutete innere Ruhe".[32] Diese „innere Ruhe" wirkte offenbar nach

1945 nach. „Manche schelten uns langsam und gemütlich", ist im Schulbuch „Unser Österreich" zu lesen.

> Der Österreicher aber weiß, daß er auf seine Art besser erreicht, was not tut. ‚Wenn nicht heut, dann halt morgen', sagen wir, denn wir wissen, daß durch Ungeduld und Unduldsamkeit manches Übel entstehen kann. Wir sind keine lauten Kämpfer; wir haben dulden gelernt und noch mehr die Geduld. Wir singen gern. Unser Singen färbt die Sprache. Wir haben unsere Eigenart, aber wir wollen sie niemanden aufzwingen.[33]

Diese Charaktereigenschaften galten im Austrofaschismus als Ausdruck der „Erdverbundenheit". Das Volksleben, meinte Anton Böhm, sei „mit der Landschaft unabtrennbar geeint".[34] Nach 1945 wurde die *Verbindung von Natur, Kultur und Mensch* auch weiterhin propagiert. Ein Reiseführer durch das Salzkammergut aus dem Jahr 1947 griff die geradezu schicksalhafte Verbindung zwischen Menschen und Landschaft auf:

> Es gibt wenige Gebietet dieser Erde mit so harmonisch abgestimmten Landschaftsbildern, wo Berge, Täler und Seen zu beglückendem Ganzen verschmelzen, Freude Frieden und Entzücken verschwenderisch schenken. Bewohner und Bauten sind mit diesem Landschaftsbild innig und malerisch verbunden, so kann es nicht wundernehmen, wenn das Salzkammergut immer wieder als Motiv oder Hintergrund in Literatur, Operetten und Film erscheint.[35]

Bis heute wird das Salzkammergut nicht selten als „zehntes Bundesland" bezeichnet, in dem sich die landschaftliche Vielfalt Österreichs spiegle.[36] Diese Vorstellung von Vielfalt findet sich im *föderalen Gedanken*, der bereits dem christlich-katholischen Universalismus des Austrofaschismus eingeschrieben ist (S. 12, 38, 55, 71–73). Realisiert hatte ihn das Regime zwar nie,[37] die austrofaschistische Ideologie war aber davon durchdrungen. Ebenso bildet der föderale Gedanke in der Zweiten Republik einen wichtigen Identitätsbaustein. Der bereits erwähnte Journalist Wilhelm Böhm bezeichnete nach 1945 „das Verlangen nach nationaler Einheit [als] etwas ganz Junges", das „viele Jahrhunderte lang überhaupt nicht zur Debatte" gestanden „und […] vielleicht auch später nie gewünscht worden [wäre] ohne die Vorstufe des Heiligen Reiches." So sei die „Vielstaaterei in Deutschland" nicht „Ergebnis nationaler Verfallserscheinungen" gewesen, „sondern die echte und ursprüngliche politische Form dieser Gebiete […], während andererseits die Staatsgeschichte Österreichs die Deutschlands um ein Mehrfaches an Alter übertrifft".[38] Böhm greift hier nahtlos auf den Universalismus des Austrofaschismus zurück, der auch im Kleinen, innerhalb des Bundesstaates Österreich, den föderalen Gedanken zuließ. Ob der Föderalismus in der Zweiten Republik tatsächlich verwirklicht wurde, ist im Zusammenhang mit der österreichischen Identitätsbildung nicht unbedingt von primärer Bedeutung. Vielmehr geht es dabei um die Frage, inwieweit (konstruierte) regionale Kulturen die gesamtösterreichische Kultur prägen, inwieweit sie als Teil eines kulturellen Ganzen betrachtet werden.

Als Ausdruck dieser Vielfalt in der Einheit gilt die *Volkskultur*. Nach 1945 boomte das Interesse an regionalen und lokalen Trachten, Volksmusik und Volkstänzen. Die Moderne hatte zwar die ländlichen Lebenswelten verändert, die Volkskultur daher ihren Bezug zu diesen zunehmend verloren. Als Teil der österreichischen Identitätskonstruktion durfte die Volkskultur oder das, was die oberen, elitären Schichten sich darunter vorstellten, aber nicht sterben. So sei der „ursprüngliche Instinkt", wie Josef Klaus, damals noch ÖVP-Landeshauptmann von Salzburg, 1950 meinte, „vielleicht durch Einflüsse aus der Großstadt-Zivilisation unsicher geworden und die Tradition [ist] vielleicht gebrochen". Umso mehr sei „es nötig, Hilfen zu geben, die aus der wissenschaftlichen Erkenntnis geschöpft sind".[39] Die Angst, die Volkskultur könne verlorengehen, war bereits in der Zwischenkriegszeit umgegangen. Die Volkskunde, eine wissenschaftliche Disziplin, versuchte daher, die angeblich im Barock und in der Erde verwurzelte Volkskultur wiederzubeleben. Trachten galten etwa als ursprünglich und authentisch, obwohl sie eine Erfindung des 19. Jahrhunderts waren.[40] Die Nationalsozialisten konnten hier freilich mit ihrer „Blut und Boden"-Ideologie problemlos anknüpfen. Und auch die österreichische Zweite Republik mit ihrem Rückgriff auf den Universalismus, den Katholizismus und das barocke Erbe fand in der Volkskultur geeignetes Material für ihre Identitätsarbeit.

Josef Klaus betrachtete im Übrigen die Volkskultur als Basis der Hochkultur, womit ein weiterer Baustein österreichischer Identität nach 1945 genannt ist. Kulturelle „Hochleistungen" seien „nur dann möglich […], wenn sie in einer kraftvollen, umfassenden Volkskultur wurzeln".[41] Die Hochkultur ist in der Praxis aber weitgehend elitär geblieben. Lediglich das Neujahrskonzert, das der ‚gemeinen' Bevölkerung über Rundfunk zugänglich ist, erreicht eine breitere Öffentlichkeit. Der „Donauwalzer" wird alljährlich zu Neujahr getanzt. Auch Mozart ist freilich bekannt, allein durch die Mozartkugeln. Von der „Zauberflöte" hat man schon einmal gehört, vielleicht auch von der „Kleinen Nachtmusik". Beethoven, der eigentlich Deutscher war, ist wohl auch kein Unbekannter, vielleicht auch Haydn. Die leichte Form der Oper, die Operette, erfreut sich aufgrund mancher Festspiele einer relativ großen Beliebtheit. Die Hochkultur dient in Form der „Kulturnation Österreich" weiterhin – auch durch die Tourismuswerbung – als Identitätsbaustein. Aus den vielen Festspielen ragen noch immer die Salzburger Festspiele, die im Austrofaschismus zu einem kulturellen Antipoden zum Nationalsozialismus stilisiert wurden (S. 102–104), und die österreichische Staatsoper als Highlights hervor. Aber nicht nur die klassische Musik wird gefeiert, Österreich gilt auch als Land „der Dichter und Denker […] sowie der Maler und Bildhauer". Deren Leistungen seien zum Teil nur möglich gewesen, weil das Land „durch Jahrhunderte mit dem vieler Fürstengeschlechter, vor allem der Babenberger und der Habsburger, in Freud und Leid verbunden war".[42] Der Bogen ist hier wieder zum christlich-katholischen Universalismus gespannt, den die Zweite Republik – freilich in Abstrichen – für die Identitätskonstruktion der österreichischen Nachkriegszeit übernommen hat.

Die aufgezählten Identitätsbausteine finden sich zusammengefasst im Spielfilm „1. April 2000" (Österreich 1952, Regie: Wolfgang Liebeneiner). In diesem Film, der die Alliierten von der Friedfertigkeit der Österreicher:innen überzeugen und den Weg zum Staatsvertrag ebenen sollte, mutieren daher auch Streitrosse zu Lipizzanern, Maria-Theresia wird auf das Bild der guten Mutter reduziert, Geld fließt nicht in den Kampf gegen die Türken, sondern in barocke Bauten und die Österreicher:innen zeichnen sich durch ihre Menschlichkeit aus. Selbst die Zweite Wiener Türkenbelagerung von 1683 wird als arglose, von Gewalt befreite Freiluft-Theater-Inszenierung präsentiert. Hatte sie im Austrofaschismus noch als Beweis für das „wahre" Deutschtum und die Rettung des Abendlandes gedient, wird sie nun – so wie das Zeitalter von Kaiser Franz Joseph I. sich gleichsam zur Operette wandelt – von ihren martialischen Elementen befreit. Die „Türkenbefreiung" bleibt aber, freilich verharmlost und an die Nachkriegsordnung angepasst, als wichtiger Bezugspunkt österreichischer Identität erhalten. Neben der vermeintlichen Friedfertigkeit werden schließlich auch die Volkskultur – Volksmusik, Volksbräuche und Trachten – und der Föderalismus bedient. Am Ende marschieren in Wien Vertreter:innen aller Bundesländer auf und präsentieren – den Föderalismus feiernd – ihre spezifischen volkskulturellen Traditionen.

6.3 Brüche und Kontinuitäten

Wie bereits erwähnt, fand die österreichische Nation in der Bevölkerung und auch innerhalb der Parteien zunehmend Zustimmung, auch wenn sie darunter – trotz der beschriebenen Identitätsarbeit – durchaus Unterschiedliches verstanden. Lediglich der VdU konnte sich nicht so recht von seinen deutschnationalen Vorstellungen trennen. Alle Parteien bekannten sich aber letztlich zur bürgerlich-liberalen Demokratie und zum Gleichheitsprinzip. Damit galt auch wieder der aufgeklärte Freiheitsbegriff. Individuelle Freiheit darf demnach nur so weit gehen, wie die Freiheit des anderen nicht eingeschränkt ist. Somit stand das Individuum wieder als sozial verantwortliches Wesen im Zentrum der Gesellschaft und war nicht mehr Teil eines organischen Ganzen. Die Aufklärung, die vom Austrofaschismus (und auch vom Nationalsozialismus) so verachtet und bekämpft wurde, hatte sich neuerlich durchgesetzt. Damit war ein fundamentaler Bruch mit der Zeit von 1933 bis 1945, mit zwei Diktaturen, erfolgt.

Zudem schienen die politischen Parteien aus der Konfliktdemokratie der Ersten Republik und dem Austrofaschismus – trotz der partiellen Übernahme seiner Identitätsbausteine – gelernt zu haben. An die Stelle der Konfliktdemokratie, die in den Austrofaschismus und den Bürgerkrieg vom Februar 1934 geführt hatte, trat nun die Konsensdemokratie. Die Zusammenarbeit von SPÖ und ÖVP war von Pragmatismus bestimmt. Dieser spiegelte sich unter anderem darin, dass sich beide Parteien – oftmals wird auch von Proporzdemokratie gesprochen – die wichtigen Positionen im Staat aufteilten. Zugleich bedeutete die Konsensdemokratie aber auch, die historische Amnesie, die ohnehin schon im Zusammenhang mit dem Nationalsozialismus herrschte, noch auszuweiten. Nicht nur die Beteiligung von Österreicher:innen an der nationalsozialistischen Verbrechen, sondern auch der Austrofaschismus blieb lange Zeit in den öffentlichen Debatten ausgeblendet.

Dieser „Burgfrieden als ungeschriebenes Gesetz der Koalition"[43] zwischen SPÖ und ÖVP war nur selten gefährdet. Die Gräben, die sich manchmal öffneten, wurden schnell wieder zugeschüttet oder wenigstens in der Öffentlichkeit durch geschickte Camouflage unsichtbar gemacht. So hatten sich etwa der ‚schwarze' Bundeskanzler Alfons Gorbach und der ‚rote' Vizekanzler Bruno Pittermann stumm die Hände gereicht, als sie 1964 gemeinsam der Opfer der Februar-Ereignisse gedachten. Fünfzig Jahre später wiederholten der sozialdemokratische Bundeskanzler Werner Faymann und sein Vizekanzler Michael Spindelegger diesen Handschlag. Solche Gesten dienten aber vermutlich mehr dem Erhalt der Regierungskoalitionen. Sie waren kaum Ausdruck eines Konsenses bei der Bewertung der Konfliktdemokratie. Innerhalb der Parteien rumort es nämlich bis heute. Und so dringen sprachliche Topoi wie „rotes G'sindl" bei der ÖVP oder „Arbeitermörder" bei der SPÖ doch manchmal an die Öffentlichkeit – ein Zeichen, wie stark sich die politischen Auseinandersetzungen der Zwischenkriegszeit in das politische Selbstverständnis der Parteien und ihrer Mitglieder eingeprägt haben.

Ungeachtet dessen waren ÖVP und SPÖ auf offizieller Ebene bemüht, die Konflikte der Zwischenkriegszeit durch eine „geteilte Schuld" geradezu ‚schönzureden'. Jeder der beiden großen Parteien habe ja ihren Teil dazu beigetragen, dass die bürgerlich-liberale Demokratie scheiterte: die „Roten" bzw. die „Austromarxisten" mit ihrem Verbalradikalismus, ihren Parolen von der Revolution, und die „Schwarzen" (und nunmehrigen „Türkisen") eben mit der Ausschaltung des Parlaments. Immerhin aber, so tönt die konservative Seite auch heute noch, habe Engelbert Dollfuß versucht, das kleine Österreich vor den Hegemonialansprüchen des Nationalsozialismus zu retten. Manche sehen in ihm gar einen Widerstandskämpfer, vor allem auch, weil er bei einem nationalsozialistischen Putschversuch ermordet wurde. Das ist aber nur die eine Perspektive. Eine andere verurteilt ihn unter anderem auch dafür, den Boden für den Nationalsozialismus noch fruchtbarer gemacht zu haben. In diesem Zusammenhang wird der Februaraufstand der Sozialdemokratie von 1934 auch als erster Widerstand „gegen die drohende Gefahr einer faschistischen Machtergreifung mit Waffengewalt" gewertet.[44]

Ein gemeinsamer Nenner lässt sich nur schwer finden, weil bei der Bewertung der politische Kontext immer mitschwingt: Bis heute versucht die ÖVP, mit der austrofaschistischen Vergangenheit angemessen umzugehen. Immerhin ist sie die Nachfolgepartei der Christlichsozialen, die die bürgerlich-liberale Demokratie zu Grabe trugen. Sie arbeitet sich – nicht immer erfolgreich – an dieser Vergangenheit und ihrer Identität ab. Die SPÖ kann wiederum die Zerstörung ‚ihrer' Demokratie und den blutigen Februar nicht verzeihen. Guido Zernatto, Generalsekretär der Vaterländischen Front und glühender Austrofaschist, gestand ihr – freilich abwertend – den Verdienst zu, als „einzige revolutionäre und republikanische Partei […] den Sturz des alten Systems", der Habsburgermonarchie, herbeigeführt zu haben. Die Sozialdemokrat:innen hätten „die junge Republik als ihren Staat" angesehen.[45] Zernatto ist hier bemerkenswert offen: Von Anfang an wussten die Christlichsozialen nichts mit der bürgerlich-liberalen Demokratie anzufangen (S. 27–29). Das Vertrauen der Sozialdemokratie gegenüber den Erben der Christlichsozialen ist daher getrübt, nicht zuletzt auch, weil die Spuren des Austrofaschismus – zum Teil versteckt, zum Teil durchaus offensichtlich – weit in die Zweite Republik reichen.

Tatsächlich scheint die plebiszitäre Demokratie, die sich im Austrofaschismus als „organische Demokratie" präsentierte, noch in den Köpfen der österreichischen Bevölkerung verankert zu sein. Zur Erinnerung: Die plebiszitäre Demokratie blendet den Parlamentarismus aus und sieht in einer autoritären Führung den Willen des „Volkes" verkörpert. „Führer" und „Volk" bilden einen vermeintlichen Organismus (S. 51–54). Ob auch ein partieller Zusammenhang mit der Verfassung der Zweiten Republik besteht, bleibt dahingestellt. Man ist aber verleitet, einen solchen anzunehmen. Bei ihr handelt es sich nämlich um die Version von 1929, die den bürgerlich-liberalen Elan der Verfassung von 1919 missen lässt und die Rechte des Bundespräsidenten stärkt. Die Verfassungsnovelle von 1929 war von den Christlichsozialen ausgegangen und spiegelt zum Teil ihr Misstrauen gegenüber der Ersten Republik (S. 27–29). Ein immerhin interessantes Gedankenspiel: Möglicherweise trugen dieses Misstrauen gegenüber der bürgerlich-liberalen Demokratie und schließlich die Ausschaltung des Parlaments im März 1933 zu einer gewissen politischen Abstinenz in der Zweiten Republik bei. Lange Zeit erschöpfte sich jedenfalls die politische Betätigung eines Großteils der Österreicher:innen in der Beteiligung an Wahlen.

Aktivbürger:innen besaßen, gerade auf konservativer Seite, einen bitteren, umstürzlerischen Beigeschmack. Gefragt war eher eine Art ‚affirmative Bürgerschaft'. Ein Erlass von 1945 enthielt zwar noch einen „demokratische[n] und aufklärerische[n] Impetus".[46] Von „persönlichen Freiheiten" und vom „Dienst an der Gemeinschaft" war die Rede, zugleich propagierte er aber auch „sozialen Hingabe", „Strenge gegen sich selbst" und „Duldsamkeit gegen den Nächsten".[47] Die provisorischen Lehrpläne von 1946 orientierten sich an den Lehrplänen von 1928, die den bildungspolitischen Aufbruch zu Beginn der Ersten Republik hatten vermissen lassen. In ihnen spiegelten sich bereits die autoritären Bestrebungen des politischen Katholizismus und der Christlichsozialen. Der „Erlass zur staatsbürgerlichen Erziehung" von 1949 forderte „das Einfügen des einzelnen, das Unterordnen unter die Erfordernisse der Gemeinschaft". Zudem sollte die Schule „zum bewußten Österreichtum" und „zu treuen und tüchtigen Bürgern der Republik" erziehen.[48] In den folgenden Jahren setzte sich diese ‚Erziehung zur Unmündigkeit' fort. Nicht zufällig referiere eine „Staatsbürgerkunde", die 1960 erschien, vor allem die wichtigen Aufgaben des Staates in der bürgerlich-liberalen Demokratie. Den Bürger:innen selbst wird dabei eine nur geringe aktive Rolle zugestanden. Um

„wirkliche Demokratie zu schaffen", schreiben die Autoren, brauche es „vor allem jene Tapferkeit, die in der [geradezu religiös anmutenden, Anm. d. V.] Selbstentäußerung liegt".[49] Die „Staatsinteressen" stehen letztlich über den Interessen der Bürger:innen. Und mit der „Selbstentäußerung" scheint sich auch ein wenig Katholizismus in die säkularisierte Schule eingeschlichen zu haben.

Diese „autokratische Sinnbildung", die dem Menschen die Fähigkeit zur Selbstbestimmung abspricht und die Herausbildung gleichsam ‚höriger Untertanen' ermöglicht,[50] scheint Ergebnis der spezifisch österreichischen Identitätsbildung zu sein. Der:die Österreicher:in ist weniger Homo politicus als vielmehr menschlich, gemütlich und duldsam. „Wir haben unsere Eigenarten", heißt es im Schulbuch „Unser Österreich", „aber wir wollen sie niemandem aufzwingen".[51] Dann bestünde nämlich die Gefahr, gar politische Diskussionen führen zu müssen und damit die Gemütlichkeit zu stören. Ein seltsamer Dualismus entsteht, der die Autorität stützt: auf der einen Seite die unpolitische Bevölkerung und auf der anderen Seite die Regierenden, die sich um die Politik kümmern, die entscheiden und dabei schon ‚richtig' entscheiden werden. Das Parlament wird zwar gewählt, seine Bedeutung aber kaum erkannt. Legendär ist die Stellungnahm eines österreichischen Bundeskanzlers, nachdem das Parlament ein Misstrauensantrag gegen ihn erfolgreich verabschiedet hatte: „Heute hat das Parlament entschieden, aber am Ende entscheidet immer das Volk."[52] Eine solche Verachtung gegenüber der repräsentativen Demokratie erinnert an die plebiszitäre Demokratie, an die Synthese zwischen „Volk" und „Autorität", zwischen „Volk" und „Führer".

Tatsächlich lässt sich die Gewaltenteilung in Österreich – etwas überspitzt formuliert – als ein wenig ‚schlampig' beschreiben. Die zumindest einfache parlamentarische Mehrheit entspricht gewöhnlich der jeweiligen Regierung, und so entscheidet sie auch zumeist in deren Sinn. Die beiden ehemaligen Großparteien, SPÖ und ÖVP, die lange Zeit in einer großen Koalition aneinandergebunden waren, verfügten sogar zeitweilig über eine absolute Mehrheit. Und so ‚kontrollierten' die Abgeordneten der Regierungsparteien paradoxerweise die Regierung. Damit entstand, wie Robert Menasse schreibt, ein „jahrzehntelang weihrauchumschwenkte[s] demokratische[s] Zerrbild von demokratischer Stabilität".[53] Die politische Situation hat sich aber inzwischen – zumindest teilweise – gewandelt: Zu den beiden ehemaligen Großparteien, der SPÖ und der ÖVP, sowie der FPÖ, die aus dem VdU hervorgegangen ist, haben sich inzwischen andere Parteien gesellt. Demonstrationen sind keine Seltenheit mehr, Volksbegehren gibt es unzählige. Die bürgerlich-liberale Demokratie scheint ‚bunter' geworden. Zugleich fällt allerdings auf, dass bei den politischen Inhalten nur wenige bunte Farben dominieren. Diese vergilben vielmehr, der politische Blick richtet sich nicht selten in die Vergangenheit. Der:die aufmerksame Beobachter:in glaubt in dieser Vergangenheit auch den Austrofaschismus zu entdecken und befürchtet: Die alten ‚Identitätsschlachten' sind noch immer nicht geschlagen bzw. befriedet.

Demokratie als Maßstab – Reflexion anstelle eines Resümees

Tauchen wir in die Untiefen des Austrofaschismus ein, bleibt manche Verwirrung oder Verstörung zurück. Wir entdecken Namen, die man mit der Diktatur zwischen 1933 und 1938 nicht in Verbindung bringen würden. Siegfried Krakauer, befreundet mit Theodor Adorno und Begründer der modernen Filmsoziologie, schrieb etwa in der Zeitschrift „Der gute Film", dem Organ des austrofaschistischen „Instituts für Filmkultur".[1] Vielleicht war für ihn, der als Jude von den Nationalsozialisten verfolgt wurde, der österreichische „Ständestaat" wegen seiner Abgrenzung vom „Dritten Reich" das geringere Übel. Der christlich-katholische Universalismus und die – freilich nur angebliche – Ablehnung des Antisemitismus ließen den Austrofaschismus als eine Alternative zum Nationalsozialismus erscheinen. Neben Krakauer finden wir auch Franz Theodor Csokor, der nach 1945 unter anderem von der Sozialdemokratie hochgeschätzt war. Er fand sich aber auch im Austrofaschismus durchaus zurecht, manche seiner Werke ließen sich gut in die austrofaschistische Ideologie, in den christlich-katholischen Universalismus, einfügen (S. 34–40).

Zumindest auf den ersten Blick überrascht es auch, dass Kurt Schuschnigg in der Döblinger Villa der Familie Mahler-Werfel gern gesehener Gast war. Schuschnigg reiste ihr sogar nach Italien nach, weil er in Anna Mahler, der erste Tochter von Alma Mahler-Werfel, verliebt war. Dort bekam er von Mussolini eine Limousine zur Verfügung gestellt, mit der die Mahler-Werfels und er bis in die Toskana fuhren.[2] Alma Mahler-Werfel sympathisierte zwar mit dem austrofaschistischen Regime und fand zugleich den Nationalsozialismus attraktiv. Und auch Franz Werfels Verhältnis zum Austrofaschismus war zwiespältig.[3] Dennoch muss man sich das erst einmal vorstellen: Der blutige Februar, der Bürgerkrieg von 1934, hat gerade erst stattgefunden. Nun reist der Demokrat und Pazifist Franz Werfel, der im Spanischen Bürgerkrieg auf der Seite der Republikaner steht und in seinem Roman „Die vierzig Tage des Musa Dagh" den Völkermord an den Armeniern anklagt, mit dem austrofaschistischen Kanzler in der Limousine des italienischen Faschisten Mussolini durch Italien.

Schließlich sei noch der Maler Carry Hauser erwähnt. Auch seine Lebensgeschichte verwirrt. Er gestaltete Bühnenbilder für Csokor, verkehrte mit „Linken" und engagierte sich gleichzeitig prominent in der Vaterländischen Front (S. 69–71). Nicht Opportunismus, sondern seine christlich-katholische Überzeugung scheint ihn in die Arme des Austrofaschismus getrieben zu haben. Als Pazifist überzeugte ihn offenbar der Universalismus und die vermeintlich friedliche christlich-katholische Mission, die sich der Austrofaschismus auf seine Fahnen heftete. Der Austausch mit den Sozialdemokrat:innen sei ihm in der Vaterländischen Front abgegangen, meinte er einmal in einem späteren Interview. Mit diesen habe er aber insgeheim auch weiterhin Kontakt gehabt.[4] Nach 1945 unterstützte Hauser – eine unabdingbare Konsequenz seiner Abscheu vor dem Nationalsozialismus – die „Aktion gegen Antisemitismus", eine 1955 gegründete überparteiliche Vereinigung. Er war zudem Mitglied des Bundespräsidiums des KZ-Verbandes und Kuratoriumsmitglied des „Dokumentationsarchiv des österreichischen Widerstands" (DÖW).[5] In einem Nachruf bezeichnete ihn die sozialdemokratische „Arbeiter Zeitung" – wohl völlig zurecht – als „großen Humanisten".[6]

Die aufgezählten Personen waren keine Faschisten, und sie haben sich – mit Ausnahme von Alma Mahler-Werfel – konsequent gegen den Nationalsozialismus und gegen den Antisemitismus gestellt. Sie dienten aber auch einer Diktatur oder haben sich mit ihr – zumindest vorübergehend – arrangiert. In einer Zeit, in der die bürgerlich-liberale Demokratie als nur eine mögliche Variante der gesellschaftlichen Ordnung diskutiert wurde (S. 15, 17–18, 23–24), schien für sie offenbar eine Regierungsform wie jene des Austrofaschismus akzeptabel. Das entschuldigt sie freilich nur bedingt, zumal es ja auch Zeitgenoss:innen gab, die sich nicht verführen ließen. Aus heutiger Sicht findet sich daher auch ein Makel auf ihren sonst integren Lebensläufen. Die Welt ist eben keineswegs schwarzweiß, sondern weist zahlreiche Grautöne auf. Daher mag man sich auch die Frage stellen, ob der Austrofaschismus tatsächlich in einem Atemzug mit politischen Systemen wie dem italienischen „fascismo" oder dem Nationalsozialismus genannt werden kann. Die Verwirrung oder gar Verstörung, die die genannten Personen auslösen, sprechen den Austrofaschismus aber keineswegs vom Faschismus frei. Gab es da nicht die Anhaltelager Wöllersdorf und Kaisersteinbruch, den blutigen Februar 1934 und standesgerichtliche Urteile, den nicht nur untergründig, sondern auch offen schwelenden Antisemitismus, den christlich-katholischen Missionierungsgedanken, der nichts anderes war als religiöse Imperialismusfantasie?

Um das politische System, das in Österreich zwischen 1933 und 1938 herrschte, einordnen zu können, müssen wir uns daher auf eine theoretische Ebene begeben. Die wissenschaftliche Auseinandersetzung mit der Konfliktdemokratie und dem Austrofaschismus, zunächst gefördert durch die sozialdemokratische Regierung unter Bruno Kreisky, setzte in den 1970er Jahren ein.[7] Seitdem wird die „geteilte Schuld" (S. 142) – mit wenigen Ausnahmen – zumindest auf der wissenschaftlichen Ebene in Frage gestellt. Auf der einen Seite finden wir die in die Defensive geratene Sozialdemokratie (S. 26–27), auf der anderen den „Ständestaat", der auf die Ausschaltung des politischen Feindes abzielte. Zugleich hat sich aber auch eine bis heute nicht abgeschlossene Diskussion über die Einordnung des politischen Systems zwischen 1933 und 1938 entzündet. Manche Historiker:innen sehen darin eine spezifische Form des Faschismus, andere sind hier skeptisch und versuchen andere Bezeichnungen ins Feld zu führen. Darin zeigt sich einerseits die weiterhin ungebrochene politische Brisanz des Themas. Gerade in Gedenkjahren flammt es zwischen konservativen und „linken" Politiker:innen oftmals heftig auf. Aber auch zwischen Historiker:innen herrscht weiterhin Uneinigkeit. Andererseits ist hervorzuheben, dass gerade diese Diskussion die langjährige Verdrängung des Austrofaschismus, die politisch verordnete historische Amnesie, überwinden ließ. Das Thema wird nun auch in einer breiteren Öffentlichkeit diskutiert.

Es lässt sich freilich trefflich darüber streiten, wie das politische System, das mit der Ausschaltung des Parlaments im März 1933 die bürgerlich-liberale Demokratie ersetzte, bezeichnet werden soll: Austrofaschismus, Semi-Faschismus, Imitationsfaschismus, Kanzlerdiktatur, Dollfuß-Schuschnigg-Regime oder – wie ein älterer, nur noch selten verwendeter Begriff lautet – Klerikalfaschismus?[8] Die Frage der Einordnung ist letztlich eine Frage der Definition, von denen es allerdings nicht wenige gibt. Zwar hat der Begriff „Faschismus" seine Wurzeln im lateinischen „fascis", das so viel wie „Rutenbündel" bedeutet. Dieses diente dem italienischen Faschismus als Symbol für den Zusammenhalt der „Fasci di combattimento", eines Kampfbundes, der von Benito Mussolini 1919 in Mailand gegründet worden war und sich bald über ganz Italien ausbreitete. Oft wird der italienische Faschismus daher als „Modell" für andere faschistische Systeme oder als „Urfaschismus" bezeichnet.[9] Es bleibt aber fraglich, ob diese Systeme tatsächlich unter dem Singular „Faschismus" eingeordnet werden können. Grundsätzlich scheint es sinnvoller von „Faschismen" auszugehen, die sich eben in manchen Aspekten überschneiden, aber auch unterschiedliche Facetten besitzen.[10]

Geschichtswissenschaftliche Definitionen sind eben keine mathematischen Formeln. Sie nähern sich politischen Phänomenen eher an, sind gewissermaßen ‚weich' oder ‚fluid'. Nicht alle Elemente, die etwa auf dem Papier für Faschismus sprechen, finden sich in der historischen Realität immer erfüllt. Die politischen Systeme, die im Zusammenhang mit dem Faschismus auf dem Prüfstand stehen, haben vielmehr ihre spezifischen Ausformungen.[11] Zum einen entsprechen sie nicht völlig der jeweiligen Definition, zum anderen funktionierte manches, das als faschistisch gilt, in der politischen Praxis nicht oder nur ansatzweise. Scheitern bedeutet aber selbstverständlich nicht, dass ein politisches Regime nicht doch faschistische Ziele verfolgte.[12]

Wagen wir einen Versuch und ordnen das politische System, das sich zwischen 1933 und 1938 in Österreich etablierte, in eine Faschismus-Definition ein. Als faschistische Merkmale sind zunächst der *Antiliberalismus, Antisozialismus und Antimarxismus* zu nennen. In diesem Zusammenhang verneint Faschismus die Existenz von Klassen und Klassengegensätzen. Im Gegensatz dazu wird eine *„Volksgemeinschaft"* propagiert, in der jeder wie ein Rädchen funktionieren soll. Gegensätzliche Interessen sind unerwünscht, der Parteienstaat wird verworfen. Es gibt somit nur eine *„Bewegung"*, die von Gewaltbereitschaft geprägt ist. Sie bedient sich nicht nur der traditionellen Repressionsinstrumentarien wie der Polizei und des Militärs, sondern übt auch Gewalt ‚von unten' aus. Eine „Bewegung" muss zudem die Massen mobilisieren und jeden gesellschaftlichen Bereich, von der Arbeit bis zur Freizeit, kontrollieren und ideologisch instrumentalisieren. Unter anderem dient dazu auch die *Ästhetisierung der Politik*, die Massenästhetik. Der Einzelne wird manipuliert und soll sich mit der „Bewegung" identifizieren. Nicht jeder kann zudem der Volksgemeinschaft angehören. Die Ausgrenzung des ‚anderen' erfolgt mit Hilfe von *Rassismus* und – als spezifische Spielart des Rassismus – mit Hilfe von Antisemitismus. Ferner bedarf die „Volksgemeinschaft" zusätzlichen Lebensraums, weshalb Faschismus *imperialistisch* ausgerichtet ist. Ein weiteres Merkmal ist die zur Schau gestellte *Modernität*. Diese wird aber mit *Antimodernismus*, mit einer konstruierten Vergangenheit, insbesondere mit der metaphysischen Bedeutung von Scholle, mit Erdverbundenheit und „Heimat", kombiniert. Sie misst sich in gebauten Straßenkilometern, in der Anzahl der errichteten Bauwerke oder in der gesteigerten industriellen Produktion, unter anderem der Waffenproduktion. Zum Teil zeigt sich die Modernität in der Kunst und Architektur, die zu einer monumentalen Hybris ausarten kann. Wichtiges Merkmal des Faschismus ist schließlich noch der *Kult um den Führer*, der zugleich das Volk verkörpert.

Betrachten wir nun den Austrofaschismus unter diesen Gesichtspunkten, finden wir zahlreiche Überschneidungen. *Antiliberalismus*, *Antimarxismus* und *Antisozialismus* waren offensichtlich und müssen nicht genauer ausgeführt werden. Außerdem strebte der Austrofaschismus die Aufhebung der Klassengesellschaft und die Errichtung einer *Volksgemeinschaft* an. Dabei entwickelte er eine eigene Facette von Volksgemeinschaft, in der vor allem die Berufsstände eigene Organismen darstellen sollten, die aber als unabdingbarer Teil eines gesamtgesellschaftlichen Organismus betrachtet wurden. Das Ziel des Austrofaschismus unterschied sich letztlich kaum vom nationalsozialistischen oder italienischen Faschismus: Die „ganze bodenständige Bevölkerung, Bauern, Arbeiter, Gewerbetreibende, Angestellte, Beamte und Soldaten, alle Berufsschichten des Volkes", sollten „einen gemeinsamen Weg gehen".[13] Die „Reichspost" bezeichnete die „autoritäre Regierung" in Österreich selbst als „Faschismus". Sie definierte ihn als

> Ueberzeugung von der unbesieglichen Stärke des Faschio, des Rutenbündels, dessen Zweige, jeder einzelne für sich, der Reihe nach wohl ohne sonderlichen Kraftaufwand gebrochen werden könnten. […] Die Hauptsache ist, daß die Meinung dieselbe ist, daß das Ziel das gleiche ist, daß das nämliche Wollen alle beseelt, daß alle wie ein Rutenbündel unzertrennlich und unzerbrechbar miteinander verbunden bleiben.[14]

Um dies zu erreichen, wurde mit der Vaterländischen Front eine „*Bewegung*" aufgebaut, die im Gegensatz zum Parteienstaat stand. „So ist die vaterländische Front eine Bewegung", verkündigte Engelbert Dollfuß in seiner berühmten „Trabrennplatzrede", „und nicht eine Addition von zwei oder drei Parteien."[15] Auch wenn wohl viele Mitglieder aus opportunistischen Gründen beitraten, konnte dennoch eine beachtliche Mobilisierung erreicht werden (S. 54).

Der militärische Arm der Vaterländischen Front, die Frontmiliz, und insbesondere die Heimwehr waren durchaus gewaltbereit. Vertreter der Heimwehr fanden sich in führenden Funktionen der Vaterländischen Front, Ernst Rüdiger von Starhemberg übernahm von 1934 bis 1936 sogar die Funktion des Bundesführers. Außerdem war die Heimwehr in allen Länder-, Bezirks- und Ortsorganisationen der Vaterländischen

Front vertreten.¹⁶ 1936 wurde sie allerdings in die Frontmiliz eingegliedert, die später dann wiederum Teil des Bundesheeres wurde. Dem austrofaschistischen Regime schien die Heimwehr zu selbstständig. Nun konterkarierte die Herrschaft von Bürokratie und Heer die „Bewegung" in der politischen Praxis.

Weiterhin galt aber freilich die Idee eines einheitlichen Volkes, eines organischen Ganzen. „Die Vaterländische Front", schreibt die „Salzburger Chronik" 1937, „wendet sich […] an jeden einzelnen Menschen […] und fragt nur: Bekennst du dich als Österreicher und bist du bereit, um dieses Landes willen dich einzuordnen in die gemeinsame Front […]."¹⁷ So ganz klar schien der angebliche Unterschied zum nationalsozialistischen Deutschland dann doch nicht zu sein. Guido Zernatto, von 1936 bis 1938 Generalsekretär der Vaterländischen Front, meinte, dass sich Österreich nicht aus einer „Summe von Einzelindividuen" wie das nationalsozialistische Deutschland zusammensetze. „Der Österreicher sieht die Gemeinschaft" vielmehr „aus Gruppen zusammengesetzt, die aus der Nachbarschaft des Geistes, der Siedlung und des Berufes zusammengewachsen" seien.¹⁸ Zwar konnten anfangs noch Korporationen der Vaterländischen Front beitreten, seit 1934 war aber nur noch die individuelle Mitgliedschaft vorgesehen. Die Vaterländische Front ähnelte hier letztlich doch der NSDAP oder dem Partito Nazionale Fascista (PNF).

Wie in Deutschland oder Italien wurden auch die Auftritte der „Bewegung" in Österreich *massenästhetisch* inszeniert. Die Auftritte der Vaterländischen Front und andere Festveranstaltungen waren nicht selten bis ins kleinste Detail geplant (S. 87–93), auch wenn sie nicht immer so gelangen, wie es letztlich erwünscht war. Durch den Einsatz von Emotionen sollten die Teilnehmer:innen die Ideologie nicht nur kognitiv, sondern vor allem unbewusst, gleichsam über den Körper, aufnehmen. Auf solchen Veranstaltungen stand der *Führer* zwar im Zentrum, er war aber gleichzeitig auch Teil eines Ganzen, des „Volkes". Schließlich war zwar das politische System in Österreich an der Vergangenheit orientiert, d. h. *antimodern*, zugleich beanspruchte es ideologisch aber doch, etwas *Neues* zu schaffen (S. 44).

Auf dem ersten Blick fehlen allerdings zwei Merkmale des Faschismus: der *Rassismus* bzw. Antisemitismus und der *Imperialismus*. Bei genauerer Betrachtung finden sie sich aber nicht nur in der politischen Praxis, sondern in spezifischer Ausformung auch in der austrofaschistischen Ideologie. So entwarf der Austrofaschismus die Idee eines hegemonialen christlich-katholischen Universalismus und propagierten eine deutsche, als friedensstiftend verstandene „Leitkultur". Der Anspruch, Frieden zu stiften, klingt zunächst nicht verwerflich, bei genauerer Betrachtung offenbart sich dieser Universalismus aber als geistiger, religiöser Imperialismus. Die friedliche Mission und die Uniformen der Vaterländischen Front mochten nicht so recht zueinanderpassen. Friede wurde gepredigt, gleichzeitig aber – mit viel Pathos – auf den Krieg vorbereitet. Ab- und Ausgrenzung waren damit vorprogrammiert. Sie spiegelten sich in einem Kulturfundamentalismus, der sich schnell zu einem Kulturrassismus bzw. Kulturantisemitismus transformierte (S. 23, 40, 129). In der Gesellschaft war der Antisemitismus ohnehin –

nicht ‚nur' kulturell verbrämt, sondern auch biologisch begründet – präsent. Beide Formen konnten letztlich nicht voneinander getrennt werden. Die offizielle Distanzierung der Regierung vom Antisemitismus war nicht zuletzt im Versuch begründet, sich vom Nationalsozialismus zu unterscheiden und ein spezifisches österreichisches Identitätsangebot zu kreieren. Versteckt zeigt sich der Antisemitismus aber nicht nur als Teil der austrofaschistischen Ideologie, untergründig war er auch bei den Regierungsmitgliedern virulent.

Der vorgenommene Einordnungsversuch erscheint durchaus schlüssig. Nicht zufällig fühlten sich manche Austrofaschisten auch vom Nationalsozialismus angezogen. In vielerlei Hinsicht, worauf in diesem Buch immer wieder hingewiesen wird, gab es ohne Zweifel ideologische Gemengelagen. Der Journalist Anton Böhm, ein vehementer Vertreter des „österreichischen Katholizismus" (S. 65–66), engagierte sich etwa im „Bund Neuland", der den Katholizismus als mit dem Nationalsozialismus unvereinbar betrachtete. Dennoch war Böhm bereits 1933 der illegalen österreichischen NSDAP beigetreten.[19] Oder nehmen wir den Fall Anton Rintelen, der von 1932 bis 1934 Bundesminister für Unterricht war. Beim nationalsozialistischen Putschversuch vom Juli 1934 (S. 118) spielte er eine äußerst dubiose Rolle. Schon seit längerer Zeit pflegte er Kontakte mit den Nationalsozialisten. Im Zuge des Putschversuches verkündigten diese über Radio, dass er nach dem Rücktritt der Regierung Dollfuß das Amt des Bundeskanzlers übernommen habe. Zwar distanzierte sich Rintelen im Nachhinein von dieser Meldung, er wurde aber dennoch zu einer lebenslangen Haft verurteilt. Kurt Schuschnigg übernahm daher neben dem Kanzleramt bis 1936 auch das Unterrichtsministerium.[20] Ähnlich schwer einzuordnen ist der Schriftsteller Josef Friedrich Perkonig, der einerseits den austrofaschistischen Universalismus vertrat und nach 1945 mit seinem Buch „Patrioten" dem Nationalismus abschwor. Zugleich hatte er, der im Übrigen väterlicherseits slowenische Wurzeln hatte, auch mit dem Nationalsozialismus sympathisiert. Er war Mitglied im „Bund deutscher Schriftsteller", der sich im November 1936 vom österreichischen PEN-Club abgespalten hatte und auf den Anschluss Österreichs an Deutschland hinarbeitete (S. 99).[21] Wie Perkonig ist auch der Schriftsteller Franz Karl Ginzkey nur schwer zu fassen. Er war Mitglied des Staatsrats, aber zugleich auch Mitglied des „Bundes deutscher Schriftsteller Österreichs", der die Bücherverbrennungen im nationalsozialistischen Deutschland unterstützte. 1941 trat er der NSDAP bei.[22]

Es scheint als durchaus gerechtfertigt, am Begriff des „Austrofaschismus" festzuhalten. Dennoch ließen sich – zum Beispiel basierend auf anderen Faschismusdefinitionen – immer wieder Einwände gegen die Bezeichnung „Austrofaschismus" geltend machen. So bezeichnete sich das nationalsozialistische Deutschland auch nicht als „demokratisch". „Die neue österreichische Verfassung", meinte dagegen Kurt Schuschnigg, „hat [...] keineswegs den gesunden demokratischen Gedanken verleugnet oder auszumerzen versucht". Er sprach von einem „gesunden Mitbestimmungsrecht des Volkes" als „unerläßliche Voraussetzung in Österreich".[23] In der Maiverfassung von 1934 fand sich auch weiterhin der Begriff der „Republik". Allerdings verstanden die Vertreter des Regimes unter „Demokratie" keine „bürgerlich-liberale Demokratie", sondern eine gottgewollte „organische Demokratie" (S. 40–44). Bei genauerer Betrachtung zeigt sich diese als Diktatur, verwurzelt in der sogenannten plebiszitären Demokratie. Auf dieser basierten letztlich alle Systeme im Europa der Zwischenkriegszeit, die als autoritär oder faschistisch bezeichnet werden. Es handelt sich dabei um ein komplexes politisches Konstrukt, das in die Metaphysik abgleitet und die Grenzen des rational Erklärbaren überschreitet. Autokratische Herrschaft und Volkssouveränität werden dabei verschmolzen. Der „Führer" steht nicht wie ein Monarch über dem „Volk", er ist auch nicht von Gott legitimiert. Vielmehr verkörpert er das Volk, er ist Teil eines organischen Ganzen. Er weiß daher, wer zum „Volk" gehört, und er kennt auch dessen Bedürfnisse und Wünsche. Damit erübrigt sich letztlich ein Parlament, eine Volksvertretung (S. 51–54).[24]

Es scheint daher sinnvoll, die „Demokratie" als Maßstab zur Einordnung der politischen Systeme in der Zwischenkriegszeit zu verwenden. Der Austrofaschismus erweist sich dann als eine spezifische Form der plebiszitären Demokratie. Er unterscheidet sich freilich in manchen Ausprägungen vom italienischen Faschismus und vom Nationalsozialismus, so wie sich auch diese beiden voneinander unterscheiden. Dennoch ist diesen politischen Systemen eines gemeinsam: die Vorstellung der Gesellschaft als organisches Ganzes. Der Einzelne wird nicht als eine Entität für sich betrachtet, als ein autonomes Wesen, sondern ist ein Teil eines gesellschaftlichen Organismus. Er ist gleichsam das Herz, die Lunge oder die Leber … sie alle benötigt der Organismus, allein können sie wiederum nicht existieren. Der katholisch-christliche Universalismus schaltete nur Familie sowie Gemeinden, Länder und Berufsstände zwischen den Einzelnen und dieses organische Ganze. Die nationalsozialistische Parole „Ein Volk, ein Reich, ein Führer" wurde ein wenig abgewandelt und hätte lauten können: ‚Ein Volk, ein Reich, die Berufsstände, ein Führer'.

Die dahinterstehende Intention ist deutlich: Wie auch der Nationalsozialismus oder der italienische Faschismus verwarf der Austrofaschismus den Individualismus der Aufklärung. Johannes Messner, einer der Theoretiker der berufsständischen Gesellschaft, der 1938 vor der nationalsozialistischen Verfolgung nach England flüchten musste, erhoffte sich die „Wiederherstellung der wahren Ordnung im Verhältnis von Einzelmensch und Gemeinschaft. […] Aus der Masse soll wieder Volk werden."[25] Othmar Spann, ein anderer Vordenker der berufsständischen Gesellschaft und späterer Nationalsozialist, kritisierte das „absolute Individuum", das aus der Gesellschaft „nur eine Summierung, nichts eigenes" mache, „nur eine Ziffer, und nichts mehr". Letztlich seien in der bürgerlich-liberalen Demokratie „die Einzelnen […] das einzig Wahre und einzig Wirkliche".[26] Ignaz Seipel, der christlichsoziale Übervater, der den misslungenen Versuch, einen „Ständestaat" zu errichten, nicht mehr miterlebte, propagierte daher bereits 1918 eine „organische Staatsauffassung" im Gegensatz zur „autonomistischen Staatsauffassung". Das Individuum sei demnach in der bürgerlich-liberalen Gesellschaft nur auf sich selbst bezogen und daher nicht mit der Gemeinschaft verbunden. Ein Staat, meinte er, sei „gesünder und besser", wenn er nicht aus „zusammenhanglosen Individuen" bestehe.²⁷ Seipel orientierte sich mit seiner „organischen Staatsauffassung" ganz offensichtlich an der Idee der plebiszitären Demokratie, die bereits im 19. Jahrhundert in konservativen und rechtsextremen Kreisen kursierte (S. 51–54).

Diese Idee ist eine durchaus ‚moderne'. Sie wäre ohne den Individualismus der Aufklärung nicht möglich gewesen, auch nicht ohne die damit verbundene Betonung der Volkssouveränität als gesellschaftliches Prinzip. Die Moderne ist eben zwiespältig, sie lässt ‚Betriebsunfälle' durchaus zu. Zygmunt Bauman hat etwa im Zusammenhang mit dem Faschismus auf diese Ambivalenz der Moderne hingewiesen.²⁸ Die Schoah sei demnach kein Rückfall in die „Barbarei" gewesen, sondern ein Ergebnis des Rationalismus der Aufklärung. Plötzlich wurden die Natur und in der Folge auch die Menschen vermessen und kategorisiert. Zur Konstruktion einer hierarchischen Ordnung sowie zur Ab- und Ausgrenzung, schließlich auch zur Ermordung von Menschen war der Weg dann nicht mehr weit. Die Abweichung von aufgeklärten demokratischen Maßstäben, wie sie etwa auch beim Austrofaschismus festzustellen ist, bedeutet letztlich das Abgleiten in Autoritarismus bzw. Totalitarismus. Sie bedeutet Exklusion anstatt Inklusion, sie führt zu Unterdrückung, Ab- und Ausgrenzung sowie im schlimmsten Fall zur Vernichtung von Menschen.

Der Austrofaschismus sprach zwar davon, alle ‚Völker' zu akzeptieren, diese sollten aber seiner christlich-deutschen Leitkultur unterworfen werden. Damit unterschied er sich von der Demokratie, wie sie die Aufklärung meint. Diese beinhaltet Offenheit und Pluralität der Meinungen als grundlegende Prinzipien, während die plebiszitäre Demokratie, die auch dem Austrofaschismus zugrunde liegt, eine „Wahrheit" als absolut setzt. Um aber ein Missverständnis zu vermeiden: Es geht hier nicht darum, den Austrofaschismus mit dem Nationalsozialismus gleichzusetzen. Der Nationalsozialismus war in seiner Ideologie und seiner Ausformung ungleich brutaler und menschenverachtender.²⁹ Wenn aber Demokratie als Maßstab zur Einordnung politischer Systeme dient, dann lassen sich Fehlentwicklungen gegebenenfalls auch in der Gegenwart korrigieren. Das „Nie Wieder!" – auch bezogen auf den Austrofaschismus – kann dann in der Gesellschaft tatsächlich verankert werden.

Wenn daher die Zweite Republik im Zuge des „nation building" auf Identitätsbausteine des Austrofaschismus zurückgriff, muss dies einer kritischen Analyse unterzogen werden. Zum Teil werden diese Identitätsbausteine auch in der Gegenwart immer wieder reaktiviert – in der Tourismuswerbung, aber auch in den politischen Auseinandersetzungen. Die ‚schöne Landschaft', der föderale Gedanke, die angeblich authentische, weil in der Erde verwurzelte Volkskultur, die Vermischung von Tradition und Moderne, der Katholizismus und das barocke Erbe, die Vorstellung Österreichs als das „Herz Europas", seine Vermittlerfunktion, aber gleichzeitig die Idee einer Leitkultur, die Integration als Unterordnung versteht, ebenso Vorstellungen von „illiberaler Demokratie" – all das taucht immer wieder auf, wenn wir politische Reden hören, Diskussionsrunden im Fernsehen schauen, in den sozialen Medien Videos von Parteien und Politiker:innen streamen. Vieles davon hat sich in den Lebenswelten der Bevölkerung fest verankert und wird daher auch am Stammtisch diskutiert. Selbst in der österreichischen Bundeshymne finden wir die „Berge", „Strome", Äcker" und „Dome". Die Landschaft wird beschworen, die vor allem barocke Kultur und schließlich auch das „Vaterland", dem die Österreicher:innen „die Treue schwören". Der fahle Beigeschmack, der aufkommt, wird zumindest mit den „Töchtern" verdrängt, die seit noch nicht allzu langer Zeit mitgesungen werden. Nicht mehr nur den „Söhnen", auch ihnen darf Österreich nun „Heimat" sein.

Trotzdem stellt sich die Frage, ob die traditionellen österreichischen Identitätsbausteine auch in der Gegenwart dazu taugen, eine österreichische Identität zu konstruieren. In Zeiten zunehmender Migration scheinen sie jedenfalls kaum noch gemeinschaftsbildende Funktion zu haben. Sie waren ohnehin immer statisch und – trotz der Neutralität, die aber ausgezeichnet mit dem christlich-katholischen Universalismus korrelierte – rückwärtsgewandt. Für den Prozess des „nation building" nach dem Zweiten Weltkrieg mochten sie ihre Funktion erfüllt haben. Ein gesellschaftlicher Wandel, wie er etwa in Migrationsgesellschaften stattfindet, lässt sich damit aber nicht positiv verarbeiten. Die traditionellen österreichischen Identitätsbausteine bedienen eher einen Populismus, der – ob nun aus Ignoranz oder trotz besseren Wissens – jeglichen Wandel ablehnt. Gesellschaften sind aber stets in Bewegung – manchmal stärker und deutlich spürbar, manchmal kaum bemerkbar. Gerade in der Gegenwart und Zukunft bedürfte es daher einer ‚dynamischen Identität', die nicht allein an nationale Grenzen gebunden ist. Die Konstruktion von Leitkulturen kann dazu wohl kaum beitragen, sie führt vielmehr zu sozialer Abgrenzung und sozialem Ausschluss. Die Deutschtümelei wurde bereits zu Beginn der Zweiten Republik in die Mottenkiste der Geschichte gesteckt. Nun müssten dort wohl auch die meisten anderen österreichischen Identitätsbausteine der Zweiten Republik, die zu keinem kleinen Teil dem Austrofaschismus entliehen sind, verstaut werden. Den erwähnten Treppenwitz, dass der Austrofaschismus seine partielle Auferstehung in der von ihm verhassten bürgerlich-liberalen Demokratie erlebt habe, würde dann nur noch der:die historisch Interessierte verstehen.

Zeittafel

1918	
12. November	Ausrufung der Republik Deutschösterreich durch die Provisorische Nationalversammlung.
21. November	Ignaz Seipel schreibt in der „Reichspost" einen Artikel mit dem Titel „Die demokratische Verfassung". Darin betrachtet er die bürgerlich-liberale Demokratie lediglich als Übergangsform zu einer „wahren" Demokratie, die er in einer berufsständischen Gesellschaft verwirklicht sieht.
1919/20	
	Fortschrittliche Sozialgesetzgebung (Achtstundentag, Urlaubsgesetz, Arbeitslosenversicherung, Kollektivverträge, Arbeiterkammergesetz).
1922	
Herbst	Othmar Spann veröffentlicht sein Werk „Der wahre Staat. Vorlesungen über Abbruch und Neubau der Gesellschaft". Darin verwirft er die bürgerlich-liberale Demokratie, wendet sich gegen den Sozialismus und propagiert eine ständische Gesellschaft auf autoritärer Grundlage. Spanns Überlegungen gelten als eine Grundlage der austrofaschistischen Ideologie.
1923	
März	Die verschiedenen sozialdemokratischen bzw. „linken" Arbeiterwehren schließen sich zum Republikanischen Schutzbund zusammen.
1927	
30. Jänner	Versammlung der Sozialdemokratischen Arbeiterpartei (SDAP) in Schattendorf, einer kleinen Gemeinde im Burgenland. Frontkämpfer, ein rechtsextremer paramilitärischer Verband, schießen auf die Versammelten und töten ein Kind und einen Kriegsinvaliden.
15. Juli	Demonstration vor dem Justizpalast gegen den Freispruch der Mörder von Schattendorf. Eine kleine Gruppe von Demonstranten dringt in das Justizgebäude ein und steckt es in Brand. Die Polizei schießt in die unbewaffnete Menge. 84 Demonstrant:innen und fünf Tote der Exekutive sind zu beklagen.
Oktober	Die verschiedenen Heimwehrverbände schließen sich zum „Bund österreichischer Selbstschutzverbände" zusammen.
1929	
7. Dezember	Die Bundesverfassung von 1920 wird novelliert. Es erfolgt eine Schwächung des Parlaments und eine Erweiterung der Kompetenzen des Bundespräsidenten als Staatsoberhaupt. Die Wahl des Bundespräsidenten erfolgt nun direkt durch die Staatsbürger:innen. Die Verfassungsnovelle ist v. a. ein Werk der Christlichsozialen. Die Sozialdemokrat:innen stimmen ihr allerdings zu, v. a. weil damit die Position des „Roten Wien" geschützt werden kann.
1930	
18. Mai	Die Heimwehren leisten den Korneuburger Eid, in dem sie ein neues politisches System, einen nach Ständen geordneten Führerstaat, fordern.
2. September	Ernst Rüdiger Starhemberg übernimmt die Bundesführung der Heimwehr.

30. September	Bildung einer Minderheitsregierung unter Carl Vaugoin, zwei Heimwehrvertreter werden Minister (Ernst Rüdiger Starhemberg wird Innenminister, Franz Hueber Justizminister). Wegen der fehlenden Mehrheit im Parlament wird Bundespräsident Wilhelm Miklas die Regierung auflösen und Neuwahlen ansetzen.
14. Oktober	Gründung der Ostmärkischen Sturmscharen, einer von Kurt Schuschnigg initiierten Kulturbewegung und Wehrformation.
9. November	Letzte Nationalratswahl in der Ersten Republik. Die Sozialdemokratische Arbeiterpartei (SDAP) wird mandatsstärkste Fraktion im Nationalrat.
5. Dezember	Bildung einer Koalitionsregierung unter Otto Ender aus Christlichsozialen, Großdeutschen und Landbund, einer deutschnationalen und antisemitischen Bauernpartei.
1931	
15. Mai	Kundmachung der Enzyklika „Quadragesimo anno" von Papst Pius XI. durch den Vatikan. Der Papst widmet sich in dieser Enzyklika der „Soziallehre" und sieht in einer berufsständischen Gesellschaft die Lösung der „sozialen Frage". Zudem bezeichnet er den Sozialismus als unvereinbar mit der christlichen Lehre.
13. September	Die zum Teil mit dem Nationalsozialismus sympathisierende steirische Heimwehr unter Führung von Walter Pfrimer unternimmt einen Putschversuch („Pfrimer-Putsch"), der allerdings scheitert.
1932	
24. April	Bei den Landtagswahlen in Wien, Niederösterreich und Salzburg müssen die Koalitionspartner der Christlichsozialen, Heimatblock und Großdeutschen Volkspartei große Verlust einstecken. Die NSDAP verzeichnet Zugewinne. Aufgrund des Vertrauensverlustes der Regierung stellt die Sozialdemokratische Arbeiterpartei (SDAP) den Antrag, den Nationalrat neu zu wählen. Stattdessen tritt aber die Regierung zurück, und Engelbert Dollfuß, der bislang Landwirtschaftsminister war, übernimmt nun die Hauptrolle auf der politischen Bühne.
20. Mai	Gemeinsam mit dem Landbund und dem Heimatblock (Partei der Heimwehren) bildet Engelbert Dollfuß, bislang Landwirtschaftsminister, im Auftrag des Bundespräsidenten eine Koalition, die nur über einer Stimme Mehrheit im Nationalrat verfügt. Ein Machtverlust bei den nächsten Wahlen ist daher zu befürchten, weshalb die Regierung – unterstützt von Benito Mussolini – zunehmend mit der Errichtung einer Diktatur liebäugelt.
1933	
30. Jänner	Adolf Hitler wird zum deutschen Reichskanzler ernannt.
1. März	Streik österreichischer Eisenbahner, weil das Gehalt in Raten ausbezahlt werden soll. Es kommt zu Verhaftungen und Disziplinarmaßnahmen.
4. März	Außerordentliche Nationalversammlung wegen des Streiks der Eisenbahner. Bei der Abstimmung gibt es einen Formfehler. Die drei Präsidenten des Nationalrates treten hintereinander zurück. Die in der Verfassung verankerten Möglichkeiten zur Wiedereinberufung des Nationalrates werden von dem Bundeskanzler nicht genutzt. Dollfuß beruft sich in der Folge auf das Kriegswirtschaftliche Ermächtigungsgesetz von 1917 und regiert mit Notverordnungen autoritär.
	Der „Österreichische Heimatdienst" wird mit der Aufgabe gegründet, für die austrofaschistische Regierung Propaganda zu betreiben. Er nimmt Einfluss auf Zeitungen und Zeitschriften, Rundfunk und Film.
15. März	Deutschnationale und sozialdemokratisch Abgeordnete versuchen, die am 4. März unterbrochene Sitzung des Nationalrates wieder aufzunehmen. Sie werden unter Androhung von Waffengewalt vom Betreten des Parlaments abgehalten.
31. März	Verbot des Republikanischen Schutzbundes.
21. April	Streikverbot.
5. Mai	Unterzeichnung des Konkordats zwischen Österreich und dem Vatikan.

20. Mai	Gründung der Einheitsbewegung „Vaterländische Front".
26. Mai	Verbot der Kommunistischen Partei.
27. Mai	Die „Tausend-Mark-Sperre" der nationalsozialistischen Regierung sieht für deutsche Reisende eine Gebühr von tausend Mark bei der Einreise nach Österreich vor. Der österreichische Tourismus soll damit geschwächt werden.
19. Juni	Verbot der Nationalsozialistischen Deutschen Arbeiterpartei (NSDAP) und des radikalen Zweigs des Steirischen Heimatschutzes, der mit den Nationalsozialisten engen Kontakt hat.
28. Juli–31. August	Die Salzburger Festspiele finden statt, obwohl eine Absage diskutiert wurde. Sie gelten als „kulturpolitische Front" gegen den Nationalsozialismus. Max Reinhardts barocke „Faust"-Inszenierung wird zu einem einschlagenden Erfolg.
11. September	„Trabrennplatzrede" von Engelbert Dollfuß, bei der er die Ziele der Vaterländischen Front verkündet und das austrofaschistische System in seinen Grundzügen umreißt.
21. September	Ernennung des Heimwehrführers Emil Fey, Landesführer des „Wiener Heimatschutzes", zum Vizekanzler. Er fordert ein radikales Vorgehen gegen die Sozialdemokratie.
23. September	Die Regierung beschließt die Errichtung von „Anhaltelagern", um Oppositionelle zu internieren.
1934	
12.–16. Februar	Waffensuche im Linzer Arbeiterheim Hotel Schiff, Widerstand der Linzer Sozialdemokraten unter Richard Bernaschek. Die Kämpfe weiten sich auf andere Regionen und Bundesländer aus. Einsatz von schweren Waffen durch die Exekutive, unterstützt durch Militär, Heimwehr und Ostmärkische Sturmscharen, Anwendung des Standrechts und Hinrichtung von sozialdemokratischen Aufständischen, Massenverhaftungen, Verbot der Sozialdemokratischen Arbeiterpartei (SDAP), Auflösung der Freien Gewerkschaften.
2. März	Errichtung einer Einheitsgewerkschaft durch Notverordnung.
30. April	Einberufung des „Rumpfparlaments", zusammengesetzt aus regierungstreuen Abgeordneten. Das Bundesverfassungsgesetz über außerordentliche Maßnahmen im Bereich der Verfassung („Ermächtigungsgesetz") wird verabschiedet, der National- und der Bundesrat aufgelöst und ihre Befugnisse auf die Regierung übertragen.
1. Mai	Proklamation der Verfassung von 1934. Der Tag ist absichtlich gewählt, weil er dem Ersten Mai als Feiertag der sozialistischen Arbeiterbewegung entgegengesetzt werden soll. Der 1. Mai wird zum österreichischen Staatsfeiertag.
	Ernst Rüdiger Starhemberg wird anstelle von Emil Fey zum Vizekanzler ernannt.
19. Juni	Das Verfassungsübergangsgesetz zur schrittweisen Inkraftsetzung der Maiverfassung wird beschlossen. Weiterhin kann mit dem Ermächtigungsgesetz regiert werden.
	Die Todesstrafe wird wieder eingeführt.
25. Juli	Nationalsozialistischer Putschversuch und Ermordung von Bundeskanzler Dollfuß. Polizei und rechtsextreme Wehrverbände schlagen den Putschversuch nieder.
	Ernst Rüdiger Starhemberg wird Führer der Vaterländischen Front, Kurt Schuschnigg sein Stellvertreter.
30. Juli	Kurt Schuschnigg übernimmt das Amt des Bundeskanzlers.
28. September	Die Christlichsoziale Partei löst sich selbst auf.
Oktober	Zeitungen und Zeitschriften, die mindestens einmal im Monat erscheinen, benötigen eine behördliche Bewilligung.
1935	
3.–20. April	Schutzbundprozess gegen 21 führende Angehörige des Republikanischen Schutzbundes.
18. Oktober	Umbildung der österreichischen Regierung, der Heimwehrführer Emil Fey wird entmachtet.

1936	
16.–23. März	Im Großen Sozialistenprozess werden 28 Revolutionäre Sozialisten und zwei Kommunisten angeklagt und zum Teil zu schweren Kerkerstrafen verurteilt.
14. Mai	Entmachtung der Heimwehr. Starhemberg wird als Bundesführer der Vaterländischen Front von Schuschnigg abgelöst. Schuschnigg ist nun Bundeskanzler und Bundesführer der Vaterländischen Front.
11. Juli	„Juliabkommen" zwischen Österreich und dem Dritten Reich. Hitler erkennt die Souveränität Österreichs offiziell an und verzichtet – freilich nur auf dem Papier – auf die Einmischung in innerösterreichische Angelegenheiten. Im Gegenzug verpflichtet sich Österreich, Nationalsozialisten mit politischen Funktionen zu betrauen, inhaftierte Nationalsozialisten zu amnestieren und verbotene deutsche Zeitschriften zuzulassen.
Oktober	Johannes Messner publiziert das Buch „Die berufsständische Ordnung". Er grenzt sich dabei zum Teil von Othmar Spanns Überlegungen zur ständischen Gesellschaft ab, vor allem, indem er seine Ausführungen religiös fundiert. Für ihn gibt es ein von Gott gegebenes „Gemeinwohl", nach dem sich die „Glieder der Gesellschaft" zu orientieren haben. Der christlich-katholischen Orientierung des Austrofaschismus kommt er damit entgegen.
10. Oktober	Auflösung aller Wehrverbände und somit Ende der Heimwehr als legaler Verband.
14. Oktober	Gründung der „Frontmiliz" der Vaterländischen Front.
3. November	Bildung einer neuen Regierung ohne Heimwehrvertreter.
1937	
14. Juli	Die „Frontmiliz" der Vaterländischen Front wird ins Militär eingegliedert.
Dezember	Johannes Messner schließt die Überarbeitung seines Buches „Die soziale Frage" ab, die in fünfter Auflage erscheinen wird. Der dritte Teil über die „christliche Sozialreform" wurde erweitert. Darin beschreibt Messner im Detail die ständische Ordnung und das Autoritätsprinzip. Der Austrofaschismus bezieht sich zum Teil auf diese Überlegungen.
1938	
12. Februar	Treffen zwischen Schuschnigg und Hitler im Berghof in Berchtesgaden. Schuschnigg macht weitreichende Zugeständnisse, u. a. die Ernennung von Arthur Seyß-Inquart zum Innen- und Sicherheitsminister, Zulassung von Nationalsozialisten und Sympathisanten zur Vaterländischen Front.
9. März	Schuschnigg kündigt eine Volksbefragung für ein unabhängiges Österreich für den 13. März an.
10. März	Hitler stellt ein Ultimatum zur Absetzung der Volksbefragung.
11. März	Schuschnigg und sein Kabinett treten zurück. Hitler gibt den Befehl zum Einmarsch in Österreich. Bundespräsident Miklas akzeptiert die Regierung Seyß-Inquarts und tritt danach zurück.
13. März	„Anschluss" Österreichs an das Deutsche Reich.
10. April	Volksabstimmung über den vollzogenen Anschluss (beinahe hundert Prozent „Ja"-Stimmen).
1938–1945	
	Nationalsozialistische Herrschaft. Österreich wird in Ostmark umbenannt, später Aufteilung in sieben Gaue (Kärnten, Niederdonau, Oberdonau, Salzburg, Steiermark, Tirol, Wien) unter der Bezeichnung „Alpen- und Donaureichsgaue".
	Am 1. September 1939 beginnt der Zweite Weltkrieg mit dem Angriff des Deutschen Reiches auf Polen.

1945	
27. April	Proklamation über die Unabhängigkeit Österreichs durch die – zunächst nur von der Sowjetunion anerkannte – Provisorische Staatsregierung (SPÖ, ÖVP und KPÖ). Österreich wird als demokratische Republik bezeichnet, und die Verfassung von 1920 soll als Grundlage dienen. Jede politische Mitverantwortung der österreichischen Gesellschaft am Nationalsozialismus wird abgelehnt (Grundlegung des „Opfermythos").
	Beginn der Identitätsarbeit im Zuge des „nation building".
8. Mai	Kapitulation des Deutschen Reiches.
9. Juli	Einrichtung des Alliierten Rates bestehend aus vier Hochkommissaren. Der Alliierte Rat übt oberste Regierungsgewalt aus. Festlegung der vier Besatzungszonen.
20. Oktober	Anerkennung der Provisorischen Staatsregierung durch den Alliierten Rat.
25. November	Erste Nationalratswahl der Zweiten Republik. Die ÖVP geht mit 49,80 Prozent als Sieger hervor, gefolgt von der SPÖ mit 44,60 Prozent. Die KPÖ erreicht nur 5,42 Prozent.
1949	
25./26. März	Gründung des Verbandes der Unabhängigen (VdU) als Sammelpartei ehemaliger Nationalsozialisten. Der VdU kann als Vorgängerpartei der Freiheitlichen Partei Österreichs (FPÖ) bezeichnet werden.
1955	
15. Mai	Unterzeichnung des Staatsvertrages.
26. Oktober	Verfassungsgesetz über die Neutralität wird im Nationalrat verabschiedet. 1965 beschließt der Nationalrat das Bundesgesetz über den österreichischen Nationalfeiertag, der nun an diesem Tag begangen wird.

Anmerkungen

Die Nebel lichten – eine Einleitung

1 Unser Österreich. 1945–1955, Wien 1955, S. 25.
2 Menasse, Robert: Die Geschichte vom Haus der Geschichte, in: Ders.: Erklär mit Österreich. Essays zur österreichischen Geschichte, Frankfurt a. M. 2000, S. 96.
3 Zur Neueren Kulturgeschichte siehe u. a.: Oexle, Otto Gerhard, Geschichte als Historische Kulturwissenschaft. In: Wehler, Hans-Ulrich/Hardtwig, Wolfgang (Hg.): Kulturgeschichte Heute, Göttingen 1996, S. 14–40; Conrad, Christoph/Kessel, Martina: Blickwechsel: Moderne, Kultur, Geschichte, in: Dies. (Hg.): Kultur & Geschichte. Neue Einblicke in eine alte Beziehung, Stuttgart 1998, S. 9–40; Daniel, Ute: Kompendium Kulturgeschichte. Theorien, Praxis, Schlüsselwörter, 4., verbesserte und erg. Auflage, Frankfurt a. M. 2004; Tschopp, Silvia Serena: Die Neue Kulturgeschichte – eine (Zwischen-)Bilanz, in: Historische Zeitschrift, 289 (2009), S. 593–594.
4 Als Überblick siehe u. a.: Tálos, Emmerich/Neugebauer, Wolfgang (Hg.): Austrofaschismus. Politik – Ökonomie – Kultur 1933–1938, 7. Aufl., Wien/Berlin 2014; Dreidemy, Lucile/Wenninger, Florian (Hg.): Das Dollfuß/Schuschnigg-Regime. Vermessung eines Forschungsfeldes, Wien/Köln/Weimar 2013.
5 Erste Anregungen dazu im Zusammenhang mit dem Austrofaschismus siehe bei: Pfoser, Alfred/Rásky, Béla/Schlösser, Hermann: Maskeraden. Kulturgeschichte des Austrofaschismus, Salzburg 2024.
6 Zur Identitätsbildung siehe grundlegend: Erikson, Erik H.: Identität und Lebenszyklus. Drei Aufsätze. Unter Mitarbeit von Kate Hugel. Frankfurt am Main 1973; Keupp, Heiner u. a.: Identitätskonstruktionen. Das Patchwork der Identitäten in der Spätmoderne, 3. Aufl., Reinbek bei Hamburg 2006. Zur Problematik von „kollektiver Identität" siehe auch: Hellmuth, Thomas: Regionale Identitäten. Von der Möglichkeit eines unmöglichen Begriffs, in: Dirninger, Christian/Ders./Thuswaldner, Anton (Hg.): Salzkammergut schauen. Ein Blick ins Ungewisse, Wien/Köln/Weimar 2015, S. 10–17.
7 Montzka, Heinrich: Die Bildungs- und Erziehungsaufgaben des Geschichtsunterrichts, Wien/Leipzig 1936, S. 20.
8 Zur austrofaschistischen Ideologie siehe v. a.: Staudinger, Anton: Austrofaschistische „Österreich"-Ideologie, in: Tálos, Emmerich/Neugebauer, Wolfgang (Hg.): Austrofaschismus. Politik – Ökonomie – Kultur. 1933–1938, 7. Aufl., Wien/Berlin 2014, S. 28–53; Staudinger, Anton: Zur „Österreich-Ideologie" des Ständestaates, in: Jedlicka, Ludwig/Neck, Rudolf (Hg.): Das Juliabkommen von 1936. Vorgeschichte, Hintergründe und Folgen, Wien 1976, S. 198–240.

1. Konkurrenz der Systeme – eine Vorgeschichte

1 Volksabstimmung über die Wahl des Bundespräsidenten. Eine Ankündigung des Bundeskanzlers Dr. Seipel, in: Reichspost, 28. November 1928.
2 Der austrofaschistische Begriff der „Formaldemokratie" ist von der „formalen Demokratie", wie die von Colin Crouch beschriebene „Postdemokratie" auch bezeichnet wird, zu unterscheiden. Bei dieser würden, wie Crouch schreibt, die formalen Strukturen der bürgerlich-liberalen Demokratie weiter bestehen, während sich zugleich politische Verfahren und die Regierungen in die gegensätzliche Richtung entwickelten. (Crouch, Colin: Postdemokratie, Frankfurt a. M. 2008) Im Gegensatz dazu meint der austrofaschistische Begriff der „Formaldemokratie", dass Entscheidungen von Regierungen an einen Mehrheitswillen gebunden sind, der sich aus einem vermeintlich falschen, dem aufgeklärten Gleichheitsgrundsatz ergibt. Dieser Mehrheitswille sei von „Zufälligkeiten" sowie Parteien bzw. „Parteiegoismen" bestimmt. Die ‚wahre' Demokratie würde sich dagegen an einem natürlich vorgegebenen, d. h. gottgegebenen „Gemeinwohl" orientieren. Wahlen seien daher kein geeignetes Mittel, um das Gemeinwohl zu garantieren. (Messner, Johannes: Die soziale Frage. Eine Einführung, 5., durchgearb. und erw. Aufl., Innsbruck/Wien/München 1938, S. 175–177.)
3 Zu den Begriffen „autoritäre" und „organische Demokratie" siehe: Messner, Die soziale Frage, S. 176.
4 Klahr, Alfred: Zur nationalen Frage in Österreich. Wien 1994 (Erstauflage: 1937).
5 Bruckmüller, Ernst: Staatsvertrag und Österreichbewusstsein, in: Müller, Wolfgang/Stourzh, Gerald/Suppan, Arnold (Hg.): Der österreichische Staatsvertrag 1955. Internationale Strategie, rechtliche Relevanz, nationale Identität, Wien 2005, S. 926.
6 Stadler, Karl R.: Die SDAP in der Ersten Republik, in: Fröschl, Erich/Zoitl, Helge (Hg.): Der 12. Februar 1934. Ursachen, Fakten, Folgen, Wien 1984, S. 167.
7 Gesetz vom 12. November 1918 über die Staats- und Regierungsform von Deutschösterreich, in: Staatsgesetzblatt für den Staat Deutschösterreich. Ausgegeben am 15. November 1918, 1. Stück, Wien 1918, S. 4–8.
8 Lönne, Karl-Egon: Der politische Katholizismus im 19. und 20. Jahrhundert, Frankfurt a. M. 1986.
9 Böhm, Anton: Geist und Erscheinung des österreichischen Katholizismus, in: Katholischer Glaube und Deutsches Volkstum in Österreich, Salzburg 1933, S. 64.
10 Kleine Volkszeitung, 7. April 1922.
11 Seipel, Ignaz: Der Kampf um die österreichische Verfassung, Wien/Leipzig 1930, S. 49.
12 Nipperdey, Thomas: Wie das Bürgertum die Moderne fand, Stuttgart 1988, S. 71; Assmann, Aleida: Erinnerungsräume. Formen und Wandlungen des kulturellen Gedächtnisses, München 1999, S. 109–111.
13 Hanisch, Ernst: Der lange Schatten des Staates. Österreichische Gesellschaftsgeschichte im 20. Jahrhundert, Wien 1994, S. 270.
14 Pogatschnigg, Paul: Warum die Ausweisung Nichtdeutscher hintertrieben wird, in: Ostdeutsche Rundschau, 1. Mai 1919; Die Reinigung der deutsch-österreichischen Beamtenschaft,

in: Salzburger Chronik für Stadt und Land, 16. Jänner 1919. Zum Begriff „Postwenzel" siehe: Garstenauer, Therese: Unravelling Multinational Legacies: National Affiliations of Government Employees in Post-Habsburg Austria, in: Chovanec, Johanna/Heilo, Olof (Hg.): Narrated Empires. Perceptions of Late Habsburg and Ottoman Multinationalism, London 2021, S. 214, 220, 213–236.

15 Klösch, Christian: Zerrieben zwischen Nationalsozialismus und Austrofaschismus. Landbund und Großdeutsche Volkspartei und das Ende der deutschnationalen Mittelparteien am Beispiel von Franz Winkler und Viktor Mittermann, in: Wenninger, Florian/Dreidemy, Lucille (Hg.): Das Dollfuß/Schuschnigg-Regime 1933–1938. Vermessung eines Forschungsfeldes, Wien/Köln/Weimar 2013, S. 91–92.

16 Hellmuth, Thomas/Tolar-Hellmuth, Karin: Der frühe Nationalsozialismus. Gesellschaftliche Grundlagen, Aufstieg und Illegalität, in: Kalliauer, Günter (Hg.): Wels im Nationalsozialismus, Bd. 2, Wels 2012, S. 12.

17 Welser Anzeiger, 14. Mai 1930.

18 O. S.: Wehrlos – Ehrlos. Ein Mahnwort an unsere Jugend, in: Villacher Zeitung, 8. Dezember 1926.

19 Salzburger Volksblatt, 8. Oktober 1934.

20 Villacher Zeitung, 8. Dezember 1926.

21 Neue Eisenstädter Zeitung, 27. April 1930.

22 Die alte Linke, in: Arbeiter-Zeitung, 12. Juli 1920.

23 Marx, Karl/Engels, Friedrich: Das Kommunistische Manifest, in: Dies.: Ausgewählte Werke in sechs Bänden, Bd. 1, Berlin [Ost] 1989, S. 416–429.

24 Die alte Linke, in: Arbeiter-Zeitung, 12. Juli 1920.

25 Kepplinger, Brigitte/Weidenholzer, Josef/Hummer, Hubert: Februar 1934: Vergangenheit, die endliche vergehen soll?, in: Kepplinger, Brigitte/Weidenholzer, Josef (Hg.): Februar 1934 in Oberösterreich. „Es wird nicht mehr verhandelt …", Weitra 2009, S. 25–26.

26 Rundschreiben unseres heiligen Vaters Pius X., Freiburg im Breisgau/Wien 1909.

27 Pelinka, Anton: Sozialdemokratie und Antisemitismus, in: Österreichische Zeitschrift für Geschichtswissenschaft (ÖZG), 4 (1992), S. 540–542; Reiter, Margit: Die österreichische Sozialdemokratie und Antisemitismus. Politische Kampfansage mit Ambivalenzen, in: Enderle-Burcel, Gertrude/Reiter-Zatloukal, Ilse (Hg.): Antisemitismus in Österreich 1933–1938, Wien/Köln/Weimar 2018, S. 361–380.

28 Aly, Götz: Europa gegen die Juden 1880–1945, Frankfurt a. M. 2017, S. 353.

29 Mosse, George L.: Geschichte des Rassismus in Europa, Frankfurt a. M. 1990, S. 47–48, 91; Hellmuth, Thomas: Was bedeutet Rassismus eigentlich?, in: Informationen zur politischen Bildung, 49 (2021), S. 5–6.

30 O. S.: Wehrlos – Ehrlos. Ein Mahnwort an unsere Jugend, in: Villacher Zeitung, 8. Dezember 1926.

31 Pfoser, Alfred: Die Intellektuellen und die Zerstörung der Demokratie, in: Ders./Rásky, Bela/Schlösser, Hermann: Maskeraden. Eine Kulturgeschichte des Austrofaschismus, Salzburg/Wien 2024, S. 15–20. Zu Zweig siehe: Zweig, Stefan: Revolte gegen die Langsamkeit. Epilogue

aux elections allemandes, in: Ders.: Die schlaflose Welt. Aufsätze und Vorträge aus den Jahren 1909–1941, Frankfurt a. M. 1983, S. 179.

32 Richtung und Gesetz des Heimatschutzes (Korneuburger Eid, 18. Mai 1930), abgebildet in: Weidenholzer, Josef: Bedeutung und Hintergrund des 12. Februar 1934, in: Kepplinger/Ders. (Hg.), Februar 1934, S. 140.

33 Wladika, Michael: Hitlers Vätergeneration. Die Ursprünge des Nationalsozialismus in der k. u. k. Monarchie, Wien/Köln/Weimar 2005, S. 520, 524, 526–527, 529; Carsten, F[rancis] L.: Faschismus in Österreich. Von Schönerer zu Hitler, München 1978, S. 31–32, 176–177; Nolte, Ernst: Der Faschismus in seiner Epoche, München 1963, S. 367–368; Thamer, Hans-Ulrich: Der Nationalsozialismus, Stuttgart 2002, S. 27.

34 Die Verfassung 1934, in: Adamovich, Ludwig/Froehlich, Georg (Hg.): Die neue österreichische Verfassung samt Ausführungs- und Nebengesetzen, 4. Aufl., Wien 1934, S. 1.

35 Kende, Oskar: Lehrbuch der Geschichte, 4. Teil für die vierte Klasse. Geschichte der Neuzeit in Bildern vom Wiener Kongreß bis zur Gegenwart und Bürgerkunde, Wien 1934, S. 88.

36 Huber, Gerhard/Schröckenfuchs, Elfriede: einst und heute 7, Wien 2001, S. 115.

37 Botz, Gerhard: Gewalt in der Politik. Attentate, Zusammenstöße, Putschversuche, Unruhen in Österreich 1918–1938, 2. Aufl., München 1983, S. 141–160; Hanisch, Der lange Schatten, S. 288–289.

38 Der Bericht über die Bluttaten, in: Arbeiterwille, 19. August 1929.

39 Hanisch, Ernst: Der Politische Katholizismus als ideologischer Träger des „Austrofaschismus", in: Tálos, Emmerich/Neugebauer, Wolfgang (Hg.): Austrofaschismus. Politik – Ökonomie – Kultur 1933–1938, 7. Aufl., Wien/Berlin 2014, S. 55.

40 Seipel, Ignaz: Die demokratische Verfassung, in: Reichspost, 21. November 1918.

41 Seipel, Ignaz: Das Volk und die künftige Staatsform, in: Reichspost, 23. November 1918. Der Artikel ist neuerlich abgedruckt in: Seipel, Der Kampf, S. 63–66.

42 Volksabstimmung über die Wahl des Bundespräsidenten. Eine Ankündigung des Bundeskanzlers Dr. Seipel, in: Reichspost, 28. November 1928.

43 Seipel, Der Kampf, S. 59–60. Seipel hatte diese Überlegungen bereits 1918 in einem Artikel der Reichspost publiziert: Die demokratische Verfassung, in: Reichspost, 21. November 1918.

44 Seipel, Ignaz: Die demokratische Verfassung, in: Reichspost, 21. November 1918.

45 Quadragesimo anno (Pius XI. 1931), in: Texte zur katholischen Soziallehre. Die sozialen Rundschreiben der Päpste und andere kirchliche Dokumente, 5., erw. Aufl., Kevelaer 1982, 134.

46 Kinsky, Rudolf: Entwurf einer ständischen Verfassung, Wien 1931.

47 Richtung und Gesetz des Heimatschutzes (Korneuburger Eid, 18. Mai 1930), in: Weidenholzer, Bedeutung und Hintergrund, S. 140.

48 Seipel, Ignaz: Warum Reform des Parlaments und des Parteiwesens? Der christlichsoziale Führer in einer Massenversammlung auf der Landstraße, in: Reichspost, 29. Jänner 1930.

49 Kepplinger/Weidenholzer/Hummer, Februar 1934, S. 32.

50 Maier, Michaela: Engelbert Dollfuß – Benito Mussolini: eine verhängnisvolle Allianz, in: Hachleitner, Bernhard u. a. (Hg.): Die Zerstörung der Demokratie. Katalog zur Ausstellung „Österreich. März 1933 bis Februar 1934", Salzburg/Wien 2023, S. 118–121.

51 Maderthaner, Wolfgang/Maier, Michaela (Hg.): „Der Führer bin ich selbst". Engelbert Dollfuß – Benito Mussolini. Briefwechsel, Wien 2004, S. 46.

52 Hasiba, Gernot D.: Das Kriegswirtschaftliche Ermächtigungsgesetz (KWEG) von 1917. Seine Entstehung und Anwendung vor 1933, in: Mayer-Maly, Dorothea: Aus Österreichs Rechtsleben in Geschichte und Gegenwart. Festschrift für Ernst C. Hellbling zum 80. Geburtstag, Berlin 1981, S. 543–565; Leidinger, Hannes/Moritz, Verena: Das Kriegswirtschaftliche Ermächtigungsgesetz (KWEG) vor dem Hintergrund der österreichischen Verfassungsentwicklung, in: Wenninger/Dreidemy (Hg.), Das Dollfuß/Schuschnigg-Regime, S. 449–470.

53 Bundesgesetzblatt für die Republik Österreich, Stück 74, Nr. 240. Verordnung der Bundesregierung vom 19. Juni 1933, womit der Nationalsozialistischen Deutschen Arbeiterpartei (Hitlerbewegung) und dem Steirischen Heimatschutz (Führung Kammerhofer) jede Betätigung in Österreich verboten wird.

2. Deutsch, christlich, universal – die Ideologie des Austrofaschismus

1 Pfoser, Alfred/Rásky, Béla/Schlösser, Hermann: Maskeraden. Kulturgeschichte des Austrofaschismus, Salzburg 2024.

2 Srbik, Heinrich Ritter von: Gesamtdeutsche Geschichtsauffassung, Leipzig/Berlin 1932, S. 5, 7, 9.

3 Nadler, Josef: Literaturgeschichte der deutschen Stämme und Landschaften, Bd. 1. Die Altstämme 800–1600, Regensburg 1912, S. 152.

4 Nadler, Josef/Srbik, Heinrich von (Hg.): Österreich. Erbe und Sendung im deutschen Raum, Salzburg/Leipzig 1936. Siehe dazu auch: Heiss, Gernot: Im „Reich der Unbegreiflichkeiten". Historiker als Konstrukteure Österreichs, in: Österreichische Zeitschrift für Geschichtswissenschaft (ÖZG), 7/4 (1996), S. 459–460.

5 Nadler, Josef/Srbik, Heinrich von: Vom Sinn dieses Buches, in: Dies. (Hg.), Österreich, S. V–VI.

6 Keyserling, Hermann: Das Spektrum Europas, Stuttgart/Berlin 1931, S. 154–155.

7 Staudinger, Anton: Zur „Österreich-Ideologie" des Ständestaates, in: Jedlicka, Ludwig/Neck, Rudolf (Hg.): Das Juliabkommen von 1936. Vorgeschichte, Hintergründe und Folgen, Wien 1976, S. 239.

8 Schuschnigg, Kurt: Dreimal Österreich, 3. Aufl., Wien 1938, S. 22.

9 Das Werk des Bundeskanzlers, in: Die Stunde, 27. November 1937.

10 Benda, Oskar: Österreichisch. Zwei kulturkundliche Besinnungen an Stelle eine Vorworts, in: Lohan, Robert/Neuwirth, Walter Maria/Trautzl, Viktor (Hg.): Das Herz Europas. Ein österreichisches Vortragsbuch, Wien o. J. [1935], S. 71–72.

11 Andrian, Leopold: Oesterreich im Prisma der Ideen. Katechismus der Fuehrenden, Graz 1937, S. 15.
12 Dollfuß, Engelbert: Österreichs deutsche Sendung [Rede im Stadtsaal in Innsbruck, 22. April 1938], in: Weber, Edmund (Hg.) Dollfuß an Österreich. Eines Mannes Wort und Ziel, Wien/Leipzig 1935, S. 77.
13 Die österreichische Staatsidee, in: Innsbrucker Nachrichten, 23. März 1936.
14 Hinner, Alois u. a.: Vaterlandskunde. Geschichte, Geographie und Bürgerkunde Österreichs für die achte Klasse der Mittelschulen, Wien 1938, S. 146.
15 Hospitalitas Salisburgensis, in: Österreichische Kunst, 5/7–8 (1934), S. 7.
16 Staudinger, Anton: Austrofaschistische „Österreich"-Ideologie, in: Tálos, Emmerich/Neugebauer, Wolfgang (Hg.): Austrofaschismus. Politik – Ökonomie – Kultur. 1933–1938, 7. Aufl., Wien/Berlin 2014, S. 28–53, S. 33.
17 Tzöbl, Josef A.: Vaterländische Erziehung, Wien 1933, S. 33–34.
18 Die österreichische Staatsidee, in: Innsbrucker Nachrichten, 23. März 1936.
19 Dostal, Thomas: Intermezzo – Austrofaschismus in Linz, in: Mayrhofer, Fritz/Schuster, Walter (Hg.): Linz im 20. Jahrhundert. Beiträge, Bd. 2, Linz 2010, S. 732.
20 Radenius, Udo: Von Bühne zu Bühne, in: Österreichische Kunst, 7/11 (1936), S. 30.
21 Dolberg, Richard: Richtlinien zur Führerausbildung, hg. von der Vaterländischen Front, Wien 1935, S. 108–116.
22 Böhm, Anton: Geist und Erscheinung des österreichischen Katholizismus, in: Katholische Glaube und Deutsches Volkstum in Österreich, hg. vom volksdeutschen Arbeitskreis österreichischer Katholiken, Salzburg 1933, S. 42.
23 Messner, Johannes: Die berufsständische Ordnung, Innsbruck/Wien/München 1936, S. 243.
24 Taschwer, Klaus: Geheimsache Bärenhöhle. Wie ein antisemitisches Professorenkartell der Universität Wien nach 1918 jüdische und linke Forscherinnen und Forscher vertrieb, in: Fritz, Regina/Rossoliński-Liebe, Grzegorz/Sarke, Jana (Hg.): Alma mater antisemitica. Akademisches Milieu, Juden und Antisemitismus an den Universitäten Europas zwischen 1918 und 1939, Bd. 3, Wien 2016, S. 221–242.
25 Fellner, Günther: Die österreichische Geschichtswissenschaft vom „Anschluss" zum Wiederaufbau. In: Stadler, Friedrich (Hg.): Kontinuität und Bruch. 1938 – 1945 – 1955. Beiträge zur österreichischen Kultur- und Wissenschaftsgeschichte. Wien u. a. 1988, S. 135–155.
26 Meissl, Sebastian: Der „Fall Nadler" 1945–1950, in: Ders./Mulley, Klaus-Dieter/Rathkolb, Oliver (Hg.): Verdrängte Schuld, verfehlte Sühne. Entnazifizierung in Österreich 1945–1955, Wien 1986, S. 281–301.
27 Kriegleder, Wynfrid: Benda, Oskar, in: König, Christoph (Hg.): Internationales Germanistenlexikon 1800–1950. Bd. 1., Berlin/New York 2003, S. 130–131.
28 Gahlings, Ute: Hermann Graf Keyserling. Ein Lebensbild, Darmstadt 1996, S. 243–271.
29 Keyserling, Das Spektrum Europas, S. 381.
30 Ebenda, S. 381, 383.
31 Deutschlands ältester Kulturtypus, in: Tages-Post, 22. April 1932.
32 Das wahre Gesicht Österreichs, in: Tiroler Anzeiger, 29. September 1933.

33 Ottokar (gest. 1278) hatte als König von Böhmen, Herzog von Österreich, Herzog der Steiermark und Herzog von Kärnten und Krain eine relativ große Macht angehäuft. Nicht zuletzt darauf resultierten seine Ambitionen, auch Kaiser des Heiligen Römischen Reiches zu werden.
34 Hinner u. a., Vaterlandskunde, S. 71.
35 Siehe dazu u. a.: Messner, Johannes: Die soziale Frage. Eine Einführung, 5., durchgearb. und erw. Aufl., Innsbruck/Wien/München 1938, S. 502–510.
36 Hellmuth, Thomas: Frankreich im 19. Jahrhundert. Eine Kulturgeschichte, Wien/Köln/Weimar 2020, S. 14–22.
37 Herbart, Johann Friedrich: Über die ästhetische Darstellung der Welt als das Hauptgeschäft der Erziehung, in: Beutler, Kurt/Horster, Detlef (Hg.): Pädagogik und Ethik, Stuttgart 1996, S. 48–49.
38 Messner, Die soziale Frage, S. 476.
39 Quadragesimo anno (Pius XI. 1931), in: Texte zur katholischen Soziallehre. Die sozialen Rundschreiben der Päpste und andere kirchliche Dokumente, 5., erw. Auflage, Köln 1982, S. 122–123.
40 Bundeskanzler Dr. Dollfuß, N.-ö. Landesbauernrat in Wien, 9. März 1934, in: Unser Staatsprogramm. Führerworte, Wien 1935, S. 60.
41 Schuschnigg, Dreimal Österreich, S. 292.
42 Messner, der den Nationalsozialismus ablehnte, musste aufgrund des „Anschlusses" im Jahr 1938 nach England flüchten, wo er seine Studien zum „Naturrecht" vertiefte. Sein jahrelanges Exil in England und das Scheitern des „Christlich-deutschen Bundesstaates auf berufsständischer Grundlage" ließen ihn vermutlich über die „organischen Demokratie" reflektieren. So stellte er etwa in seinem 1961 publizierte Buch „Der Funktionär" die pluralistische Demokratie nicht mehr in Frage: Messner, Johannes: Der Funktionär. Seine Schlüsselstellung in der heutigen Gesellschaft, Innsbruck/Wien/München 1961.
43 Darauf verweist etwa: Wohnout, Helmut: Regierungsdiktatur oder Ständeparlament? Gesetzgebung im autoritären Österreich, Wien/Köln/Graz 1993.
44 Rumpler, Helmut: Der Ständestaat ohne Stände. Johannes Messner als „Programmator" der berufsständischen Idee in der Verfassung des Jahres 1934, in: Krammer, Reinhard/Kühberger, Christoph/Schausberger, Franz (Hg.): Der forschende Blick. Beiträge zur Geschichte Österreichs im 20. Jahrhundert, Wien/Köln/Weimar 2010, S. 230–231. Die Verlagsanstalt Tyrolia bewarb Messners Werk „Die soziale Frage der Gegenwart" (1934) mit der Bedeutung des Autors als „Interpret des katholischen Aufbauwillens der der österreichischen Regierung". Das Buch würde u. a. „Grundlegendes über den berufsständischen Neubau der Gesellschaft" bieten (Correspondenz-Blatt für den katholischen Clerus Österreichs, 10. Mai 1934). Die von Messner herausgegebenen „Monatszeitschrift für Kultur und Politik" sollte „mithelfen und mitbauen, daß Oesterreichs erhabene Sendung […] in Europa verwirklicht wird" (Salzburger Kirchenblatt, 30. Januar 1936). In einer Besprechung seines Buches „Dollfuß" weist der „Tiroler Anzeiger" darauf hin, „dass der verstorbene Bundeskanzler den ideenreichen

Vorkämpfer einer gesellschaftlichen Neuordnung wiederholt als Berater heranzog" (Dr. Meßners Buch über Dollfuß, in: Tiroler Anzeiger, 20. Dezember 1934).

45 Messner, Die berufsständische Ordnung, S. 5.
46 Messner, Die soziale Frage, S. 468–469.
47 Spann, Othmar: Der wahre Staat. Vorlesung über Abbruch und Neubau der Gesellschaft, 3., neu durchges. Aufl., Jena 1931, S. 15.
48 Messner, Die soziale Frage, S. 504.
49 Spann, Der wahre Staat, S. 26–27.
50 Messner, Die berufsständische Ordnung, S. 5.
51 Messner, Die soziale Frage, S. 63.
52 Spann, Der wahre Staat, S. 155–156.
53 Messner, Die berufsständische Ordnung, S. 58. Siehe dazu auch: Messner, Die soziale Frage, S. 500–502.
54 Spann, Der wahre Staat, S. 165.
55 Ebenda, S. 166.
56 Messner, Die soziale Frage, S. 176.
57 Messner, die berufsständische Ordnung, S. V.
58 Dollfuß, Engelbert: Wir wollen das neue Österreich [„Trabrennplatzrede", 1933], in: Weber (Hg.), Dollfuß an Österreich, S. 20–21.
59 Ebenda, S. 32.
60 Böhm, Geist und Erscheinung, S. 42.
61 Wolfring, Mina: Mutter und Volk, in: Frauenjahrbuch 1933, Wien 1933, S. 146.
62 Seipel, Ignaz: Das Frauenwahlrecht, in: Reichspost, 13. Dezember 1917. Wieder abgedruckt in: Ders.: Der Kampf um die österreichische Verfassung, Wien 1930, S. 30–37, hier S. 33.
63 Starhemberg, Fanny: Die katholische Frau in der Landwirtschaft, in: Frauenjahrbuch 1933, S. 152.
64 Zur Kontinuität geschlechtlicher Rollenbilder siehe: Mesner, Maria: Geburtenkontrolle. Reproduktionspolitik im 20. Jahrhundert, Wien/Köln/Weimar 2010, S. 152–154.
65 Campe, Johann Heinrich: Väterlicher Rat für meine Tochter. Ein Gegenstück zum Theophron, in: Lange, Sigrid (Hg.): Ob die Weiber Menschen sind. Geschlechterdebatten um 1800, Leipzig 1992, S. 26.
66 Rousseau, Jean-Jacques: Discours sur l'origine et les fondements de'inégalité parmi les hommes, Amsterdam 1755, S. XLV–XLVI. „Pourrais- je oublier cette précieuse moitié de la République qui fait le bonheur de l'autre, & dont la douceur & la sagesse y maintiens tiennent le paix & les bonnes moeurs?"
67 Freis, Rudolf: Bundeskanzler Dr. Dollfuß und das neue Österreich, in: Gorbach, Alfons: Vorträge über vaterländische Erziehung, Wien/Graz 1935, S. 18.
68 Starhemberg, Fanny: Die katholische Frau in der Landwirtschaft, in: Frauenjahrbuch 1933, S. 149.

69 Bandhauer-Schöffmann, Irene: Der „Christliche Ständestaat" als Männerstaat? Frauen- und Geschlechterpolitik im Austrofaschismus, in: Tálos/Neugebauer (Hg.), Austrofaschismus, S. 256.
70 Starhemberg, Die katholische Frau, S. 150–151.
71 Seipel, Ignaz: Das Frauenwahlrecht, in: Reichspost, 13. Dezember 1917.
72 Ebenda.
73 Kende, Oskar: Lehrbuch der Geschichte, 4. Teil für die vierte Klasse. Geschichte der Neuzeit in Bildern vom Wiener Kongreß bis zur Gegenwart und Bürgerkunde, Wien 1934, S. 124–125.
74 Die Verfassung 1934, in: Adamovich, Ludwig/Froehlich, Georg (Hg.): Die neue österreichische Verfassung samt Ausführungs- und Nebengesetzen, 4. Aufl., Wien 1934, Art. 16 (2), S. 11.
75 Bei, Neda: Austrofaschistische Geschlechterpolitik durch Recht: Die „Doppelverdienerverordnung", in: Reiter-Zatloukal, Ilse/Rothländer, Christiane/Schölnberger, Pia (Hg.): Österreich 1933–1938. Interdisziplinäre Annäherung an das Dollfuß-/Schuschnigg-Regime, Wien/Köln/Weimar 2012, S. 197–200. Das Gesetz sah einige Ausnahmen vor. So kam die Doppelverdienerverordnung nur zur Anwendung, wenn der Mann eine gewisse Einkommenshöhe – je nach Ausbildung zwischen 340 und 460 Schilling im Monat – erreichte. Auch bei Schauspielerinnen, Arbeiterinnen der Tabakfabriken sowie land- und forstwirtschaftlichen Arbeiterinnen konnten Ausnahmen genehmigt werden, ebenso für weibliche Lehrkräfte an der Staatsakademie für Musik und darstellende Kunst.
76 Die Doppelverdienerfrage, in: Arbeiter-Zeitung, 13. Dezember 1933.
77 Die Stellungnahme der organisierten Frauen zur Doppelverdienerverordnung, in: Frauen-Briefe, 98 (Februar 1934), S. 2–3.
78 Ebenda, S. 2.
79 Dr. Alberta: Die Frau im christlichen Staat, in: Der Christliche Ständestaat, 1/6 (Jänner 1934), S. 19.
80 Bandhauer-Schöffmann, Männerstaat, S. 259.
81 Helfert, Veronika: Der Kampf um die Moderne: wider die Säkularisierung und Demokratisierung von Sexualmoral, Familienverhältnissen und Erziehung, in: Hachleitner, Bernhard u. a. (Hg.): Die Zerstörung der Demokratie. Katalog zur Ausstellung „Österreich. März 1933 bis Februar 1934", Salzburg/Wien 2023, S. 61–62.
82 Moser, Karin: Die Demokratie hat ausgedient, in: Moritz, Verena/Leidinger, Hannes/Dies.: Kampfzone Kino. Film in Österreich 1918–1938, Wien 2008, S. 318–320.
83 Helfert, Der Kampf um die Moderne, S. 59–60.
84 Moser, Karin: Machtspiele, in: Moritz/Dies./Leidinger, Kampfzone Kino, S. 309–310.
85 1. Mai – der neue österreichische Staatsfeiertag [Abdruck der Ansprache Dollfuß' an die Jugend Österreichs], in: Kärntner Tagblatt, 3. Mai 1934.
86 Die Verfassung 1934, in: Adamovich/Froehlich (Hg.), Die neue österreichische Verfassung, Art 1, S. 1.
87 Schuschnigg, Dreimal Österreich, S. 293.

88 Die Verfassung 1934, in: Adamovich/Froehlich (Hg.), Die neue österreichische Verfassung, Art. 1, S. 1–2.
89 Wohnout, Helmut: Das Ermächtigungsgesetz 1934 und seine Handhabung in Österreich, in: Beiträge zur Rechtsgeschichte Österreichs, 2 (2018), S. 371–384.
90 Kanzler Dollfuß an das Volk Österreichs, in: Kärntner Tagblatt, 3. Mai 1934.
91 Déroulède, Paul: La République intangible, in: Ders.: Qui vive? France quand même! Notes et discours 1883–1910, Paris 1910, S. 261. „Mais autre chose est de vouloir arracher la République au joug des Parlementaires, autre chose de vouloir la renverser. L'un est même le contraire absolu de l'autre."
92 Déroulède, Paul: La République républicaine. Gouernement Direct du Peuple, in: Ders.: Qui vive? France quand même! Notes et discours 1883–1910, Paris 1910, S. 257.
93 Radikaldemokratische Ideen sind stark direktdemokratisch orientiert, sind aber nicht auf eine metaphysische Einheit zwischen „Volk" und „Führer" ausgerichtet. Zudem zeichnen sie sich durch Inklusion und nicht durch Exklusion aus, während die „plebiszitäre Demokratie" bestimmte Bevölkerungsgruppen als „Volk" definiert und daher andere ausschließt. Siehe dazu: Comtesse, Dagmar u. a. (Hg.): Radikale Demokratietheorie. Ein Handbuch, Berlin 2019; Flügel-Martinsen, Oliver: Radikale Demokratietheorien zur Einführung, Hamburg 2020.
94 Hermet, Guy: Les populismes dans le monde. Une histoire sociologique XIXe-XXe siècle, Paris 2001, S. 190–191; Winock, Michel: Nationalisme, antisémitisme et fascisme en France, Paris 1982, S. 231; Hellmuth, Frankreich im 19. Jahrhundert, S. 247–248.
95 Barrès, Maurice: Scènes et doctrines du nationalisme, Paris o. J. [um 1895], S. 88. Siehe dazu auch: Sternhell, Zeev: Maurice Barrès et le nationalisme français, Paris 1975.
96 Messner, Die berufsständische Ordnung, S. 260.
97 Bundeskanzler Dr. Schuschnigg. Interview eines Vertreters der „Agenzia Stefani", August 1934, in: Unser Staatsprogramm, S. 68.
98 Bundeskanzler Dr. Schuschnigg, Gedächtnisfeier für Doktor Seipel in Wartberg a. Krems, 8. Oktober 1933, in: Unser Staatsprogramm, S. 68.
99 Tiefenbacher, Oswald: Am Grab des Kanzlers, in: Tiroler Anzeiger, 1. August 1934.
100 Ebenda.
101 Zenker, Franz: Geschichtsunterricht und vaterländische Erziehung, in: Gorbach, Alfons: Vorträge über vaterländische Erziehung, Graz/Wien 1935, S. 88.
102 Böhm, Geist und Erscheinung, S. 62–63
103 Vizekanzler Fürst Starhemberg, Trauerkundgebung der V. F. Wien am Heldenplatz, 8. August 1934, in: Unser Staatsprogramm, S. 67.
104 Dollfuß, Wir wollen das neue Österreich [„Trabrennplatzrede"], in: Weber (Hg.), Dollfuß an Österreich, S. 31.
105 Messner, Die soziale Frage, S. 501–502.
106 Guido Zernatto, Mitglied des Bundeskulturrats, Mitbegründer des Frontwerks „Neues Leben" und seit 1936 Generalsekretär der Vaterländischen Front, glaubte, genau mit dieser Unterscheidung, das austrofaschistische Österreich vom Nationalsozialismus trennen zu

können (Zernatto, Guido: Die Wahrheit über Österreich, New York/Toronto 1938, S. 36–37). Tatsächlich handelt es sich bei beiden Systemen um zwei Seiten einer Medaille.
107 Bundesgesetzblatt für den Bundesstaat Österreich 1934, Stück 4, Nr. 4. Bundesgesetz vom 1. Mai 1934, betreffend die „Vaterländische Front", § 2.
108 Die Vaterländischen Front wurde vielfach beschrieben. Zur Übersicht siehe u. a.: Tálos, Emmerich: Das austrofaschistische Österreich 1933–1938, Wien 2017, S. 70; Tálos, Emmerich/Manoschek, Walter: Aspekte der politischen Struktur des Austrofaschismus: (Verfassungs-)rechtlicher Rahmen – politische Wirklichkeit – Akteure, in: Tálos/Neugebauer (Hg.), Austrofaschismus, S. 123–161; Hufschmid, Richard/Wirth, Maria: Die Vaterländische Front: Entwicklung, Anspruch und Wirklichkeit, in: Hachleitner u. a. (Hg.), Die Zerstörung der Demokratie, S. 160–163.
109 Tálos, Emmerich: Das austrofaschistische Österreich 1933–1938, Wien 2017, S. 68.
110 Bundesgesetzblatt für den Bundesstaat Österreich 1936, 72. Stück, 293. Bundesgesetz über die vaterländische Erziehung außerhalb der Schule, § 2.
111 Tálos, Das austrofaschistische Österreich, S. 67–68.
112 Jungvolk und jüdische Jugend, in: Der Wiener Tag, 7. Jänner 1938.
113 Welser Anzeiger, 2. Juni 1934.
114 Bundeskanzler Dr. Schuschnigg, Kundgebung der V. F. und der Soldatenfront in Innsbruck, 10. Dezember 1934, in: Unser Staatsprogramm, S. 122–123.
115 Zernatto, Die Wahrheit über Österreich, S. 91.
116 Die folgenden Ausführungen orientieren sich an: Tálos, Das austrofaschistische Österreich, S. 49–60; Tálos/Manoschek, Aspekte der politischen Struktur, S. 123–161.
117 Die ständische Ordnung, in: Tiroler Anzeiger, 29. September 1933.
118 Tálos, Das austrofaschistische Österreich, S. 54–58.

3. Vergangenheit in der Gegenwart – österreichische Identitätsbausteine

1 Hinner, Alois u. a.: Vaterlandskunde. Geschichte, Geographie und Bürgerkunde Österreichs für die achte Klasse der Mittelschulen, Wien 1938, S. 99.
2 Dollfuß, Engelbert: Wir wollen das neue Österreich [„Trabrennplatzrede", 11. September 1933], in: Weber, Edmund (Hg.): Dollfuß an Österreich. Eines Mannes Wort und Ziel, Wien 1935, S. 20.
3 Dollfuß, Engelbert: Rundfunkansprache über die Columbia-Broadcasting. Sender New York, 21. Mai 1933, in: Weber (Hg.), Dollfuß an Österreich, S. 65–66.
4 Bundeskanzler Dr. Schuschnigg, Vaterländische Kundgebung in Salzburg, 20. Jänner 1935, in: Unser Staatsprogramm. Führerworte, Wien 1935, S. 58.
5 Ludwig, Eduard: Österreichs Sendung im Donauraum. Die letzten Dezennien österreichischer Innen- und Außenpolitik, Wien 1954, S. 173.
6 Erlaftal-Bote, 17. Mai 1936.
7 Badener Zeitung, 14. April 1934.

8 Badener Zeitung, 2. Dezember 1936; Badener Zeitung, 20. November 1935; Erlaftal-Bote, 17. Mai 1936.
9 Als Beispiel siehe etwa den Kameradschaftsverein in St. Georgen am Steinfelde: Wiener Neustädter Zeitung, 29. Juni 1935.
10 Suppanz, Werner: Österreichische Geschichtsbilder. Historische Legitimationen in Ständestaat und Zweiter Republik, Köln/Weimar/Wien 1998, S. 135–155.
11 Fidelis, Otto Maria: Österreichs europäische Sendung. Ein außenpolitischer Überblick, Wien 1935, S. 36.
12 Lux, Joseph August: Das Goldene Buch der Vaterländischen Geschichte für Jugend und Volk Österreichs, Wien 1934, S. 18–20.
13 Suppanz, Österreichische Geschichtsbilder, S. 142, 144–145.
14 Hantsch, Hugo: Geschichte Österreichs, Bd. 1. Bis 1648, Innsbruck/Wien/München 1937, S. 88.
15 Hinner u. a., Vaterlandskunde, S. 86
16 Dietrich, Berthold: „Heiliges Römisches Reich deutscher Nation"?, in: Vaterland, 11 (1937/38), S. 134.
17 Dollfuß, Rundfunkansprache über die Columbia-Broadcasting, in: Weber (Hg.), Dollfuß an Österreich, S. 68.
18 Suppanz, Österreichische Geschichtsbilder, S. 192.
19 Starhemberg, Ernst Rüdiger: Rede auf einer Vaterländischen Kundgebung in Klagenfurt, 8. Dezember 1934, in: Unser Staatsprogramm, S. 57–58.
20 Baldass, Alfred von: Die Baukunst des Hochbarock, in: Helden der Ostmark, Wien 1937, S. 80.
21 Schuschnigg, Kurt: Rede auf einer Vaterländischen Kundgebung in Salzburg, 20. Jänner 1935, in: Unser Staatsprogramm, S. 58.
22 Ebenda,. Dieses Zitat findet sich auch einem „Jungbürgerbuch" aus dem 1950/60er Jahren: Österreich, unser Vaterland. Jungbürgerbuch, 4. Aufl., Wien 1961, S. 10.
23 Schuschnigg, Kurt: Dreimal Österreich. 3. Aufl., Wien 1938, S. 240.
24 Schuschnigg, Kurt: Rede vor der Völkerbundversammlung, 12. September 1934, in: Unser Staatsprogramm, S. 57.
25 Schuschnigg, Kurt: Rede auf einer Vaterländischen Kundgebung in Salzburg, 20. Jänner 1935, in: Unser Staatsprogramm, S. 50.
26 Starhemberg, Ernst Rüdiger: Rede auf einer Kundgebung des Wiener Heimatschutzes in der Nordwestbahnhalle, 30. August 1935, in: Unser Staatsprogramm, S. 54.
27 Böhm, Anton: Geist und Erscheinung des österreichischen Katholizismus, in: Katholische Glaube und Deutsches Volkstum in Österreich, hg. vom volksdeutschen Arbeitskreis österreichischer Katholiken, Salzburg 1933, S. 48.
28 Ebenda, S. 43.
29 Ebenda, S. 49–50, 64.
30 Bundeskanzler Kurt Schuschnigg, Katechetentagung in Mariazell, 29. August 1934, in: Unser Staatsprogramm, S. 62.

31 Vizekanzler Fürst Starhemberg, Bezirksappell der V. F., Wiener Landstraße, 4. Dezember 1934, in: Unser Staatsprogramm, S. 118.
32 Hildebrand, Dietrich von: Nationalismus – der Todfeind Europas, in: Burgenländisches Volksblatt, 11. Juli 1936.
33 Böhm, Geist und Erscheinung, S. 58.
34 Heilig, Konrad Josef: Reichsidee und österreichische Idee bis 1806, in: Wolf, Julius/Heilig, Konrad Josef/Görgen, Hermann Matthias: Österreich und die Reichsidee, Wien 1937, S. 152.
35 Günther, Felix: Das Wiener Barock-Lied, in: Österreichische Kunst, V/9 (1934), S. 31.
36 Leb, Josef: Der österreichische Mensch, Wien 1933, S. 7.
37 Böhm, Geist und Erscheinung, S. 61.
38 Dollfuß, Wir wollen das neue Österreich [„Trabrennplatzrede"], in: Weber (Hg.), Dollfuß an Österreich, S. 19.
39 Ein österreichischer Bauerndichter. Gespräch mit Guido Zernatto, in: Neues Wiener Journal, 9. Oktober 1934.
40 Zernatto, Guido: Sinnlose Stadt. Roman eines einfachen Menschen, Leipzig 1934, S. 267–268.
41 Pfoser, Alfred/Renner, Gerhard: „Ein Toter führt uns an!" Anmerkungen zur kulturellen Situation im Austrofaschismus, in: Tálos, Emmerich/Neugebauer, Wolfgang (Hg.): Austrofaschismus. Politik – Ökonomie – Kultur 1933–1938, 7. Aufl., Wien/Berlin 2014, S. 352.
42 Neue Arbeiten der Gmundner Keramik, in: Österreichische Kunst, 7/11 (1936), S. 14–15.
43 Ueber die Tonindustrie in Scheibbs, in: Erlaftal-Bote, 17. Mai 1936.
44 Dolberg, Richard: Richtlinien zur Führerausbildung, hg. von der Vaterländischen Front, Wien 1935, S. 108–116.
45 Ginzkey, Franz Karl: Salzburg, sein Volk und seine Trachten, in: Österreichische Kunst, 5/7–9 (1934), S. 33.
46 Ebenda, S. 33.
47 Neues Österreich, in: Reichspost, 12. September 1933.
48 Wallnöfer, Elsbeth: Tracht Macht Politik, Innsbruck/Wien 2020; Hellmuth, Thomas: Die Erzählungen des Salzkammerguts. Entschlüsselung einer Landschaft, in: Binder, Dieter A./Konrad, Helmut/Staudinger, Eduard G. (Hg.): Die Erzählung der Landschaft, Wien/Köln/Weimar 2011, S. 50–55.
49 Alte Trachten werden neu belebt, in: Österreichische Kunst, 5/7–9 (1934), S. 8.
50 Künstler aufs Land, in: Erlaftal-Bote, 17. Mai 1936.
51 Ginzkey, Salzburg, S. 32.
52 Ebenda, S. 36.
53 Amann, Klaus: Zur „Österreich"-Ideologie der völkisch-nationalen Autoren in den dreißiger Jahren, in: Ders./Berger, Albert (Hg.): Österreichische Literatur der dreißiger Jahre. Ideologische Verhältnisse, institutionelle Voraussetzungen, Fallstudien, 2. Aufl. Wien/Köln 1990, S. 60–78.
54 Carry-Hauser-Ausstellungen zeigen: Ausschnitte aus einem Lebenswerk, in: Der neue Mahnruf, 2/38 (1985), S. 6.
55 Die Stunde, 25. Oktober 1935.

56 „Wiener Madonna", in: Moderne Welt, 14/12 (1933), S. 42; Csokor, Franz-Theodor: Gesellschaft der Menschenrechte. Stück um Georg Büchner, Berlin/Wien/Leipzig 1929.
57 Siehe z. B.: Aus der Vaterländischen Front, in: Neue Eisenstädter Zeitung, 24. Januar 1937; Dritte Spielfahrt der Oesterreichischen Länderbühne, in: Freie Stimme, 31. Dezember 1936; Kärntner Zeitung, 19. Jänner 1937.
58 Volksliedpflege, in: Das deutsche Volkslied, 36/7 (1934) S. 99–100.
59 Cabuk, Cornelia: Aspekte des Politischen. Engagierter Realismus bei Carry Hauser, in: Gleis, Ralph (Hg.): O. R. Schatz & Carry Hauser. Im Zeitalter der Extreme, Salzburg/Wien 2016, S. 26.
60 Dolberg, Richtlinien zur Führerausbildung, S. 112.
61 Dollfuß, Engelbert: Rede bei der großen vaterländischen Kundgebung am 22. April 1933, in: Weber (Hg.), Dollfuß an Oesterreich, S. 72.
62 Gruber, Rudl: 25jähriges Gründungsfest des 1. österr. Reichsverbandes für alpine, Volks- und Gebirgstr.-Erh.-Vereine, in: Oeseterreichische Gebirgs- und Volks-Trachten Zeitung, 1. September 1933, S. 69.
63 F. Z.: „Grüezi!" (Brief eines Burgenländers aus der Schweiz), in: Burgenländisches Volksblatt, 23. Februar 1935.
64 Ranftl, Johann: Nachbemerkungen zu Handel-Mazzettis neuem Roman, in: Grazer Volksblatt, 16. April 1935.
65 Kolb, Franz: Die Stubaier. Eine freundnachbarliche Würdigung, in: Tiroler Anzeiger, 4. Juli 1936.
66 Seipel, Ignaz: Der Kampf um die österreichische Verfassung, Wien/Leipzig 1930, S. 56.
67 Die Internationale Frauenkonferenz, in: Arbeiter-Zeitung, 24. Juli 1931. Siehe dazu auch: Arbeiterinnen! Arbeiterfrauen! Angestellte!, in: Die Frau. Sozialdemokratische Monatsschrift, 41/4 (April 1932), S. 3.
68 Arbeiter-Zeitung, 21. Juli 1933.
69 Nie wieder Krieg! Gedenkfeier für die Kriegsgefallenen, in: Arbeiter-Zeitung, 1. August 1933.
70 Kurt Schuschnigg auf einer Kundgebung der V. F. und der Soldatenfront in Innsbruck, 10. Dezember 1934, in: Unser Staatsprogramm, S. 123.
71 Vizekanzler Fürst Starhemberg, Weihestunde für Pater Marcus d'Aviano und Dr. Dollfuß, Wien, 14. September 1934, in: Unser Staatsprogramm, S. 124.
72 Bundeskanzler Dr. Schuschnigg, Gedenkfeier für Dr. Dollfuß in Tulln, 15. November 1935, in: Unser Staatsprogramm, S. 124.
73 Bundeskanzler Dr. Schuschnigg, Vaterländische Kundgebung in Salzburg, 20. Jänner 1935, in: Unser Staatsprogramm, S. 50.
74 Vizekanzler Fürst Starhemberg, Bezirksappell der V. F. in Wien Landstraße, 4. Dezember 1934, in: Unser Staatsprogramm, S. 118.
75 Vizekanzler Fürst Starhemberg, Heimweihe des Kraftfahrkorps des Wiener Heimatschutzes, 23. Oktober 1934, in: Unser Staatsprogramm, S. 119.

76 Welser Anzeiger, 2. Juni 1934. Die Kleinstadt Wels dient hier nur als Beispiel. Die hohlen Phrasen wiederholten sich in mehr oder weniger abgewandelter Form bei ähnlichen Veranstaltungen in ganz Österreich.
77 Welser Anzeiger, 9. November 1935.
78 Ebenda.
79 Welser Anzeiger, 30. April 1937.
80 Hinner u. a., Vaterlandskunde, S. 164, 166, 168–174.
81 Ebenda, S. 177.
82 Oberwarther Sonntags-Zeitung, 17. Juni 1934.
83 Podbrecky, Inge: Unsichtbare Architektur. Bauen im Austrofaschismus: 1933/34–1938, Wien/Innsbruck 2020, S. 43–53; Hufschmied, Richard: Die Weihe des Österreichischen Heldendenkmals am 9 September 1934. Geschichtspolitische Legitimierung der „Ständestaat"-Diktatur, in: Uhl, Heidemarie/Hufschmid, Richard/Binde, Dieter A. (Hg.): Gedächtnisort der Republik. Das Österreichische Heldendenkmal im Äußeren Burgtor der Wiener Hofburg. Geschichte – Kontroversen – Perspektiven, Wien/Köln/Weimar 2021; S. 191–214; Suppanz, Österreichische Geschichtsbilder, S. 108.
84 Oesterreichische Ehrentage, in: Reichspost, 12. Juni 1933.
85 Arbeiter-Zeitung, 28. November 1933.
86 Ebenda.
87 Mosser, Ingrid: Der Legitimismus und die Frage der Habsburger-Restauration in der innenpolitischen Zielsetzung des autoritären Regimes in Österreich (1933–1938). Dissertation, Wien 1979, S. 113–114.
88 Ehnl, Maximilian: Die historischen Namensträger der Truppenkörper des Bundesheeres, Wien 1936, S. 1. Siehe dazu auch Suppanz, Österreichische Geschichtsbilder, S. 109.
89 Lux, Das goldene Buch, S. 11.
90 Nikolaus Heinrich, in: Der Christliche Ständestaat, 2 (1934), S. 9–11, zit. bei: Suppanz, Österreichische Geschichtsbilder, S. 157–158.
91 Lux, Das goldene Buch, S. 328.
92 Lux, Joseph August: Wie sieht Österreich in unseren Schulbüchern aus?!, Graz 1933, S. 32–33.
93 Ehnl, Die historischen Namensträger, S. 30–32.
94 Hinner u. a., Vaterlandskunde, S. 131.
95 Ein Kaffeehausumbau des Arch. Z.V. Ing. A. Ortner, in: Österreichische Kunst, 7/11 (1936), S. 19.

4. Der Versuch, das Bewusstsein zu beherrschen – Instrumentarien der Manipulation

1 Bundeskanzler Dr. Schuschnigg, Interview eines Vertreters der „Agenzia Stefani", August 1934, in: Unser Staatsprogramm. Führerworte, Wien 1935, S. 17–18.

2   Siehe z. B.: Weber, Edmund (Hg.): Dollfuß an Österreich. Eines Mannes Wort und Ziel, Wien 1935; Unser Staatsprogramm. Führerworte, hg. vom Bundeskommissariat für Heimatdienst, Wien 1935.
3   Bundeskommissär Walter Adam im Rundfunk, 20. Juli 1934, in: Unser Staatsprogramm, S. 143.
4   Bundeskanzler Dr. Schuschnigg, Vaterländische Kundgebung in Salzburg, 20. Jänner 1935, in: Unser Staatsprogramm, S. 114.
5   Ebenda, S. 114.
6   Schill, Rudolf: Begriff und Organisation der vaterländischen Erziehung, in: Gorbach, Alfons: Vorträge über Vaterländische Erziehung, Graz/Wien 1935, S. 24.
7   Erlaß Nr. 33, 19. Mai 1933, Z. 13573, betreffend die Aufhebung des Erlasses vom 10. April 1919 über die Teilnahme der Schuljugend an religiösen Übungen, in: Volkserziehung. Amtlicher Teil, 15 (1933), S. 53.
8   Wimmer, Rudolf: Schule und Politische Bildung, Bd. 1. Die historische Entwicklung der Politischen Bildung in Österreich, Klagenfurt 1979, S. 116.
9   Erlaß Nr. 23 (Novelle des Hauptschulgesetzes), 23. März 1934, in: Volkserziehung. Amtlicher Teil, 16 (1934), S. 53.
10 Mittelschullehrplan, in: Verordnungsblatt des Bundesministeriums für Unterricht, Nr. 30 (1935), zit. nach: Dachs, Herbert: Politische Bildung in Österreich – ein historischer Rückblick, in: Klepp, Cornelia/Rippitsch, Daniela (Hg.): 25 Jahre Universitätslehrgang Politische Bildung in Österreich, Wien 2008, S. 21.
11 Hänsel, Ludwig: Vaterländische Erziehung, in: Schriften des pädagogischen Institutes der Stadt Wien, 6 (1935), S. 9.
12 Bundeskanzler Dr. Schuschnigg, Vaterländischer Appell in Hubertendorf, 31. Jänner 1934, in: Unser Staatsprogramm, S. 116.
13 Erlaß Nr. 6, 8. Jänner 1934, z. 466, betreffend die vaterländische Erziehung und den Beitritt der Lehrer zur Vaterländischen Front, in: Volkserziehung. Amtlicher Teil, 16 (1934), S. 7.
14 Justizminister Schuschnigg, Vaterländischer Appell in Hubertendorf, 31. Jänner 1934, in: Unser Staatsprogramm, S. 117.
15 Dachs, Herbert: Schule und Politik. Die politische Erziehung an den österreichischen Schulen 1918 bis 1938, Wien 1982, S. 260.
16 Schuschnigg, Kurt: Was Österreich von seiner Lehrerschaft erwartet!, in: Österreichische Pädagogische Warte, 29 (1934), S. 2.
17 Jahresbericht des Akademischen Gymnasiums, Graz 1933/34, S. 58–59.
18 Erlaß, 8. Jänner 1934, Z. 466, zit. nach: Schermaier, Josef: Geschichte und Gegenwart des allgemeinbildenden Schulwesens in Österreich unter besonderer Berücksichtigung der Allgemeinbildenden Höheren Schulen (AHS), Wien 1990, S. 202–203.
19 Schier, Wilhelm: Die Geschichtsauffassung in den neuen Lehrplänen unserer Mittelschulen, in: Österreichische Pädagogische Warte, 31/4 (1936), S. 99.

20 Lux, Joseph Aug[ust]: Wie sieht Österreich in unseren Schulbüchern aus?! Eine große, ruhmreiche Geschichte entstellt, besudelt, verleugnet – im Herzen der neuen Generation ausgelöscht! Eine Revision, Graz 1933, S. 7, 11, 13–14;

21 Jarka, Horst: Zur Literatur- und Theaterpolitik im „Ständestaat", in Kadrnoska, Franz (Hg.): Aufbruch und Untergang. Österreichische Kultur zwischen 1918 und 1938, Wien 1981, S. 67.

22 Hinner, Alois u. a.: Vaterlandskunde. Geschichte, Geographie und Bürgerkunde Österreichs für die achte Klasse der Mittelschulen, Wien 1938, S. 107.

23 Suppanz, Werner: Österreichische Geschichtsbilder. Historische Legitimationen in Ständestatt und Zweiter Republik, Wien 1998, S. 165–166.

24 Verordnungsblatt des Stadtschulrates für Wien, Stück XII, Kundmachungen, 15. Juni 1933, S. 53.

25 Suppanz, Österreichische Geschichtsbilder, S. 164.

26 Verordnung: Festsetzung des Lehrplans für die Hauptschulen. BGBl. Nr. 237, ausgegeben am 21. Juni 1935, in: Verordnungsblatt für den Dienstbereich des Bundesministeriums für Unterricht. Jahrgang 1935, Wien 1936. S. 99

27 Verordnung: Festsetzung der Lehrpläne die Mittelschulen. BGBl. Nr. 285, ausgegangen am 11. Juli 1935, in: Verordnungsblatt für den Dienstbereich des Bundesministeriums für Unterricht. Jahrgang 1935, Wien 1936, S. 207.

28 Dachs, Schule und Politik, S. 356–357.

29 Welser Anzeiger, 9. November 1935.

30 Justizminister Schuschnigg, Vaterländischer Appell in Hubertendorf, 31. Jänner 1934, in: Unser Staatsprogramm. Führerworte, Wien 1935, S. 116–117.

31 Ebenda, S. 117.

32 Tálos, Emmerich: Das austrofaschistische Österreich 1933–1938, Wien 2017, S. 67–68.

33 Engelbrecht, Helmut: Geschichte des österreichischen Bildungswesens. Erziehung und Unterricht auf dem Boden Österreichs, Bd. 5, Wien 1988, S. 273.

34 Staudigl-Ciechowicz, Kamila: Zum rechtlichen Rahmen für die Personalpolitik an den österreichischen Universitäten im Austrofaschismus, in: Enderle-Burcel, Gertrude/Reiter-Zatloukal, Ilse (Hg.): Antisemitismus in Österreich 1933–1938, Wien 2018, S. 731–732.

35 Ceipek, Eug./Buchner, Rob.: Der Bau des Auditorium Maximum an der Wiener Universität, in: Österreichische Kunst, 7/11 (1936), S. 23.

36 Erker, Linda: Die Universität Wien im Austrofaschismus. Österreichische Hochschulpolitik 1933 bis 1938. Ihre Vorbedingungen und langfristigen Nachwirkungen. Göttingen 2021, S. 9–10.

37 Ehs, Tamara: Der neue „österreichische Mensch". Erziehungsziele und studentische Lager in der Ära Schuschnigg 1934–1938, in: Vierteljahreshefte für Zeitgeschichte, 62/3 (2014), S. 377–396.

38 Dollfuß, Engelbert: Wir wollen das neue Österreich [„Trabrennplatzrede", 11. September 1933], in: Weber (Hg.), Dollfuß an Österreich, S. 19, 44.

39 Riesenkundgebung auf dem Trabrennplatz, in: Kleine-Volkszeitung, 12. September 1933.

40 Henz, Rudolf: Festliche Dichtung. Gesammelte Sprüche und Spiele, Wien 1935, S. 9.

41 Janke, Pia: Politische Massenfestspiele in Österreich zwischen 1918 und 1938, Wien/Köln/Weimar 2010, S. 268–269.
42 Kostel [tschechisch: Kirche]: Der Katholikentag, in: Die Leuchtrakete, 1/2 (Juli 1923), S. 7.
43 Katholikentag, in: Reichspost, 28. Juni 1932.
44 Wien im Zeichen des Katholikentages, in: Salzburger Chronik, 7. September 1933.
45 Das Geleitwort des Kardinalerzbischofs Innitzer zum Katholikentag, in: Salzburger Chronik, 7. September 1933.
46 Ein heiliges Jahr der Deutschen. Allgemeiner deutscher Katholikentag in Wien, 7.–12. September 1933, Wien 1933, S. 2.
47 Mitterauer, Michael (1982): Politischer Katholizismus, Österreichbewusstsein und Türkenfeindbild. Zur Aktualisierung von Geschichte bei Jubiläen. In: Beiträge zur historischen Sozialkunde, 4 (1982), S. 111–120; Liebmann, Maximilian: Die geistige Konzeption der österreichischen Katholikentage in der Ersten Republik. In: Ackerl, Isabella (Hg.): Geistiges Leben im Österreich der Ersten Republik, Wien 1986, 125–175.
48 Festführer zum Allgemeinen Deutschen Katholikentag in Wien. 7. bis 12. September 1933, Wien 1933, S. 2, 24. Siehe dazu auch: Janke, Politische Massenfestspiele, S. 290.
49 Nadler, Josef: Deutsche Heimat in Mitteleuropa, in: Festführer, S. 61–68.
50 Janke, Politische Massenfestspiele, S. 287–306.
51 Vizekanzler Fürst Starhemberg, Bezirksappell der V. F. in Wien Landstraße, 4. Dezember 1934, in: Unser Staatsprogramm, S. 118.
52 Janke, Politische Massenfestspiele, 306–317.
53 Zit. nach: : Ecker, Alois u. a., Politische Festkultur am Beispiel des Ersten Mai, in: historisch-politische bildung, 3 (2011), S. 86 (M 16).
54 Der 1. Mai 1934 [Rede bei der „Kinderhuldigung" im Wiener Praterstadion], in: Weber (Hg.), Dollfuß an Österreich, S. 52.
55 Die Stunde, 1. Mai 1934.
56 Befreites Wien feiert den 1. Mai, in: Neues Wiener Journal, 2. Mai 1934.
57 Ebenda.
58 Die Knechte und die Freien, in: Arbeiter-Zeitung, 6. Mai 1934.
59 Nachklänge zum 1. Mai, in: Illustrierte Kronen-Zeitung, 3. Mai 1934.
60 Grundlegend zum Dollfuß-Mythos siehe: Dreidemy, Lucile: Der Dollfuß-Mythos – Eine Biographie des Posthumen, Wien/Köln/Weimar 2014.
61 Tiefenbacher, Oswald: Am Grab des Kanzlers, in: Tiroler Anzeiger, 1. August 1934.
62 Reichspost, 12. September 1934.
63 Podbrecky, Inge: Unsichtbare Architektur. Bauen im Austrofaschismus: 1933/34–1938, Wien/Innsbruck 2020.S. 52, 61–66.
64 Schlösser, Hermann: Sinngebung des Todes, in: Pfoser, Alfred/Rásky, Béla/Schlösser, Hermann: Maskeraden. Kulturgeschichte des Austrofaschismus, Salzburg/Wien 2024, S. 126.
65 Podbrecky, Unsichtbare Architektur, S. 94–102.
66 Pawlowsky, Verena: Staatsmonument von kurzer Dauer. Zu den Bedeutungszusammenhängen eine Wiener Vorstadtkirche der 1930er Jahre, in: zeitgeschichte, 29/1 (2002), S. 3–24.

67 Podbrecky, Unsichtbare Architektur, S. 94–102
68 Neugebauer, Wolfgang: Repressionsapparat und -maßnahmen 1933–1938, in: Tálos, Emmerich/Neugebauer, Wolfgang (Hg.): Austrofaschismus. Politik – Ökonomie – Kultur 1933–1938, 7. Aufl., Wien /Berlin 2014, S. 302–303.
69 Ginzkey, Franz Karl: Begegnung in der fremden Stadt, in: Ders.: Sternengast. Neue Gedichte, Berlin/Wien/Leipzig 1937. S. 20.
70 Ginzkey, Franz Karl: Großglockner-Hochalpenstraße, in: Ders., Sternengast, S. 41, 44–45.
71 Ginzkey, Franz Karl: Heldendenkmal, in: Ders., Sternengast, S. 58.
72 Aspetsberger, Friedbert: Literarisches Leben im Austrofaschismus. Der Staatspreis, Königstein/Ts. 1980, S. 3–4, 92–93.
73 Volsansky, Gabriele: Die „Affaire Wenter". Zum Verhältnis austrofaschistischer Kulturpolitik und Nationalsozialismus, in: Haider-Pregler, Hilde/Reiterer, Beate (Hg.): Verspielte Zeit. Österreichisches Theater der dreißiger Jahre, Wien 1997, S. 54.
74 Aspetsberger, Literarisches Leben, S. 93, 119; Volsansky, Die „Affaire Wenter", S. 47–59.
75 Wolf, Norbert Christian: Die österreichischen Reaktionen auf die NS-Bücherverbrennungen des Jahres 1933 und die Spaltung des österreichischen PEN-Clubs, in: Hachleitner u. a. (Hg.), Die Zerstörung der Demokratie, S. 150–151; Lunzer, Heinz/Lunzer-Talos, Victoria: Gang nach Ragusa. Felix Saltens PEN Club-Präsidentschaft, in: Atze, Marcel (Hg.): Im Schatten von Bambi. Felix Salten entdeckt die Wiener Moderne. Leben und Werk, Salzburg 2020, S. 257–258.
76 Renner, Gerhard: Österreichische Schriftsteller und der Nationalsozialismus (1933–1940). Der „Bund der deutschen Schriftsteller Österreichs" und der Aufbau der Reichsschrifttumskammer in der ‚Ostmark', Frankfurt am Main 1986, S. 296–217.
77 Herterich, Franz: Regie von heute, in: Österreichische Kunst, 7/11 (1936), S. 29.
78 Jarka, Zur Literatur- und Theaterpolitik, S. 516.
79 Aspetsberger, Literarisches Leben, S. 120; Dostal, Thomas: Intermezzo – Austrofaschismus in Linz, in: Mayrhofer, Fritz/Schuster, Walter (Hg.): Linz im 20. Jahrhundert. Beiträge, Bd. 2, Linz 2010, S. 728; Salzburger Volksblatt, 14. Oktober 1935.
80 Baldauf, Franz: Der „Kanzler von Tirol", in: Allgemeiner Tiroler Anzeiger, 28. Februar 1938.
81 Dostal, Intermezzo, S. 729; Danielczyk, Julia: Selbstinszenierung. Vermarktungsstrategien des österreichischen Erfolgsdramatikers Hermann Heinz Ortner, Wien 2003.
82 Aspetsberger, Literarisches Leben, S. 117.
83 Csokor, Franz Theodor: Kommendes Drama, in: Österreichische Kunst, 5/7–8 (1934), S. 20–21.
84 Ebenda, S. 20.
85 3. November 1918, in: Der Wiener Film, 16. März 1937.
86 Röbbeling, Hermann: Csokors Burgtheatererfolg, in: Neues Wiener Journal, 13. April 1937.
87 Csokor über sein neues Burgtheaterstück, in: Neues Wiener Tagblatt, 7. März 1937.
88 Stadler, Georg: Von der Kavalierstour zum Sozialtourismus. Kulturgeschichte des Salzburger Fremdenverkehrs, Salzburg 1975, S. 280.

89 Pfoser, Alfred: Salzburger Festspiele – zweimal knapp an der Absage vorbei, in: Ders./Rásky/Schlösser, Maskeraden, S. 40–42.
90 Werba, Robert: Oper im Ständestaat. Die Auswirkungen der NS-Kulturpolitik auf das Opernleben in Wien und bei den Salzburger Festspielen, in: Haider-Pregler, Hilde/Reiterer, Beate (Hg.): Verspielte Zeit. Österreichisches Theater der dreißiger Jahre, Wien 1997, S. 90.
91 Die völkerverbindende Mission, in: Der Wiener Tag, 12. August 1935.
92 Donau, Grete: Salzburger Festspiele, in: Österreichische Kunst, IV/7 (15. August 1933), S. 6.
93 Gregor, Joseph: Max Reinhardts „Sommernachtstraum"-Film, in: profil, 12 (1935), S. 564.
94 Ein Sommernachtstraum, in: Der gute Film, 12. November 1935.
95 Zum Salzburger Faust 1933, in: Österreichische Kunst, IV/7 (15. August 1933), S. 8.
96 Pfoser, Salzburger Festspiele, S. 43.
97 Zum Salzburger Faust 1933, in: Österreichische Kunst, IV/7 (15. August 1933), S. 8.
98 Kammerhofer-Aggermann, Ulrike: Kulturmetropole Salzburg. Der Festspieltourismus der Zwischenkriegszeit, in: Haas, Hanns/Hoffmann, Robert/Luger, Kurt (Hg.): Weltbühne und Naturkulisse. Zwei Jahrhunderte Salzburg-Tourismus, Salzburg 1994, S. 117–118.
99 Hanisch, Ernst: Wirtschaftswachstum ohne Industrialisierung. Fremdenverkehr und sozialer Wandel 1918–1938, in: Haas/Hoffmann/Luger (Hg.), Weltbühne und Naturkulisse, S. 109.
100 Pfoser, Salzburger Festspiele, S. 46.
101 R. A.: Die ersten „Meistersinger" in Salzburg, in: Salzburger Volksblatt, 10. August 1936.
102 Die Verfassung 1934, in: Adamovich/Froehlich (Hg.), Die neue Österreichische Verfassung samt Ausführungs- und Nebengesetze, Art. 26 (1), (2), S. 16.
103 Moser, Karin: „Mit Rücksicht auf die Notwendigkeiten des Staates …". Autoritäre Propaganda und mediale Repression im austrofaschistischen „Ständestaat", in: Karmasin, Matthias/Oggolder, Christian (Hg.): Österreichische Mediengeschichte, Bd. 2. Von Massenmedien zu sozialen Medien (1918 bis heute), Wiesbaden 2019, S. 37–59.
104 Ebneth, Rudolf: Die österreichische Wochenschrift „Der christliche Ständestaat". Deutsche Emigration in Österreich 1933–1938, Mainz 1976.
105 Österreichische Woche, 5. Jänner 1934.
106 Moser, Mit Rücksicht, S. 43; Tálos, Das austrofaschistische Österreich, S. 101.
107 Moser, Mit Rücksicht, S. 47; Ergert, Viktor: 50 Jahre Rundfunk in Österreich, Bd. 1. 1924–1945, Wien 1974, S. 130.
108 Venus, Theodor: Bis zum Ende gespielt – Zur Geschichte des Reichssenders Wien, in: Rathkolb, Oliver/Duchkowitsch, Wolfgang/Hausjell, Fritz (Hg.): Die veruntreute Wahrheit. Hitlers Propagandisten in Österreich '38, Salzburg 1988, S. 120.
109 Wochenprogramm von Radio Wien, in: Der Bezirksbote für den politischen Bezirk Bruck an der Leitha, 1. August 1937.
110 Schuster, Walter: Franz Resl, in: Daurer, Cornelia u. a. (Hg.): Bericht der Linzer Straßenkommission, Linz 2022, S. 1409–1433.
111 Battista, Ludwig: Die österreichische Note im Schulfunk, in: Radio Wien. 1. Sonderheft. Der österreichische Schulfunk (1932), S. 6.
112 Ebenda.

113 Ein Jahr Institut für Filmkultur, in: Der gute Film, 12. November 1935, S. 2.
114 Moser, Mit Rücksicht, S. 51; Schwarz, Werner Michael: Kino und Kinos in Wien. Eine Entwicklungsgeschichte bis 1934, Wien 1992, S. 53.
115 Moser, Karin: Die Demokratie hat ausgedient, in: Moritz, Verena/Dies./Leidinger, Hannes: Kampfzone Kino. Film in Österreich 1918–1933, Wien 2008, S. 288.
116 Ebenda, S. 297–301.
117 Ebenda, S. 302.
118 Salzburger Volksblatt, 17. Dezember 1935.
119 Kleine Volks-Zeitung, 24. Dezember 1935.
120 Moser, Karin: Machtspiele, in: Moritz, Verena/Dies./Leidinger, Hannes: Kampfzone Film. Film in Österreich 1918–1938, Wien 2008, S. 309–310.
121 Ein Jahr Institut für Filmkultur, in: Der gute Film, 12. November 1935, S. 2.
122 Der gute Film, 2. Dezember 1934.
123 Ebenda.
124 Der gute Film, 12. November 1935.
125 Moser, Karin: Der „gute" Film, in: Moritz/Dies./Leidinger Kampfzone Kino, S. 357.
126 Der gute Film, 197 (1937), S, 10–11.
127 Goebbels, Joseph: Tagebücher 191924–1945, Bd. 3. 1935–1939, 3. Aufl., München 2003, S. 1009 (16. November 1936).
128 Ein Jahr Institut für Filmkultur, in: Der gute Film, 12. November 1935, S. 1–3.
129 Moser, Mit Rücksicht, S. 55–56.

5. Das große Scheitern der Identitätswerkstatt

1 Die ständische Ordnung, in: Tiroler Anzeiger, 29. September 1933.
2 Broszat, Martin: Der Nationalsozialismus. Weltanschauung, Programm und Wirklichkeit, Stuttgart 1990, S. 21.
3 Marx, Karl/Engels, Friedrich: Das Kommunistische Manifest, in: Dies.: Ausgewählte Werke in sechs Bänden, Bd. 1, Berlin [Ost] 1989, S. 451.
4 Pfoser, Alfred/Rásky, Bela/Schlösser, Hermann: Einleitung, in: Dies.: Maskeraden. Eine Kulturgeschichte des Austrofaschismus, Salzburg/Wien 2024, S. 11.
5 Von den Bodenständigen, in: Die Stunde, 23. Februar 1937.
6 Interview mit Berta Hellmuth (1923–2011), 12. Februar 2009; Knickerbocker, H[ubert] R[enfro]: Kommt Krieg in Europa?, Berlin 1934, S. 50.
7 Zum Dollfuß-Mythos siehe grundlegend: Dreidemy, Lucile: Der Dollfuß-Mythos – Eine Biographie des Posthumen, Wien/Köln/Weimar 2014.
8 Arbeiter-Zeitung, 2. August 1936.
9 Wilson, Catherine: An Encyclopedia of Continental Women Writers, Bd. 2, New York 1991, S. 763.
10 Malir, Helena: Der Weg zum Film, in: Der Wiener Tag, 7. Jänner 1938.

11 Herczeg, Franz: Zweimal in einem Jahr, in: Der Wiener Tag, 7. Jänner 1938.
12 Moser, Karin: Die Demokratie hat ausgedient, in: Moritz, Verena/Dies./Leidinger, Hannes: Kampfzone Kino. Film in Österreich 1918–1938, S. 301, 304.
13 Duschek, Viktor: Meine Erfahrungen mit Lehr- und Kulturfilmen, in: Der gute Film, 12. November 1935, S. 3–4.
14 Aspetsberger, Friedbert: Literarisches Leben im Austrofaschismus. Der Staatspreis, Hain 1990, S. 172–177.
15 Appell der Vaterländischen Front, Wien, 9. Juni 1936, zit. bei: Suppanz, Werner: Österreichische Geschichtsbilder. Historische Legitimation in Ständestaat und Zweiter Republik, Köln/Weimar/Wien 1998, S. 49.
16 Bundeskanzler Dr. Schuschnigg, Vaterländische Kundgebung in Salzburg, 20. Jänner 1935, in: Unser Staatsprogramm. Führerworte, Wien 1935, S. 114.
17 Arbeiter-Zeitung, 4. August 1935.
18 Nachklänge zum 1. Mai, in: Illustrierte Kronen-Zeitung, 3. Mai 1934.
19 Neugebauer, Wolfgang: Repressionsapparat und -maßnahmen 1933–1938, in: Tálos, Emmerich/Ders. (Hg.): Austrofaschismus. Politik – Ökonomie – Kultur 1933–1938, Wien/Berlin 2014, S. 311–315.
20 K. F. G.: Die Drohung von Osten, in: Salzburger Chronik, 20. Oktober 1936.
21 Welser Anzeiger, 14. April 1934.
22 Botz, Gerhard: Gewalt in der Politik. Attentate, Zusammenstöße, Putschversuche, Unruhen in Österreich 1918–1938, 2. Aufl., München 1983, S. 368.
23 Riesenkundgebung auf dem Trabrennplatz, in: Kleine-Volkszeitung, 12. September 1933.
24 Jagschitz, Gerhard: Der Putsch. Die Nationalsozialisten 1934 in Österreich, Graz 1976; Botz, Gewalt in der Politik, S. 266–275.
25 Welser Anzeiger, 17. März 1934.
26 Hofmann, Gustav u. a.: Gutachten zur Frage des Amtes der Oö. Landesregierung, „ob der Namensgeber der Landes-Nervenklinik Julius Wagner-Jauregg als historisch belastet angesehen werden muss". Manuskript, Linz 2005, S. 89–91.
27 Hanisch, Ernst: Der lange Schatten des Staates. Österreichische Gesellschaftsgeschichte im 20. Jahrhundert, Wien 1994. S. 321.
28 Welser Anzeiger, 12. Juni 1937. Zum Frontsoldaten-Treffen in Wels siehe auch: Hellmuth, Thomas/Tolar-Hellmuth, Karin: Der frühe Nationalsozialismus. Gesellschaftliche Grundlagen, Aufstieg und Illegalität, in: Kalliauer, Günther (Hg.): Nationalsozialismus in Wels, Bd. 2, Wels 2012, S. 47–50.
29 Welser Anzeiger, 24. Juli 1937.
30 Wels Anzeiger, 31. Juli 1937.
31 Schuschnigg, Kurt: Ein Requiem in Rot-Weiß-Rot, Wien 1978.
32 Stadler, Karl R.: Die SDAP in der Ersten Republik, in: Fröschl, Erich/Zoitl, Helge (Hg.): Der 12. Februar 1934. Ursachen, Fakten, Folgen. Beiträge zum wissenschaftlichen Symposium des Dr.-Karl-Renner-Instituts vom 13. bis 15. Februar 1984 in Wien, Wien 1984, S. 167.
33 Linzer Tagblatt, 20. Oktober 1922.

34 Riesenkundgebung auf dem Trabrennplatz, in: Kleine-Volkszeitung, 12. September 1933.
35 Rásky, Béla: Mit dem Rücken zur Wand: die Februarkämpfe 1934, in: Hachleitner, Bernhard u. a. (Hg.): Die Zerstörung der Demokratie. Katalog zur Ausstellung „Österreich. März 1933 bis Februar 1934", Salzburg/Wien 2023, S. 246–269; Wenninger, Florian: Die gewalttätige Niederschlagung des Aufstands, in: Hachleitner u. a. (Hg.), Zerstörung der Demokratie, S. 272–273.
36 Kykal, Inez/Stadler Rudolf K.: Richard Bernaschek – Odyssee eines Rebellen, Wien 1976, S. 207-208.
37 Soyfer, Jura: Illegales Flugblatt der KPÖ, 1936/37, in: Ders.: Werksausgabe, Bd. III. So starb eine Partei. Prosa, 2. Aufl., Wien/Frankfurt a. M. 2002, S. 92.
38 Der Prozeß gegen den größten Teil der Bevölkerung Österreichs, in: Arbeiter-Zeitung, 25. März 1936. Bei diesem Prozess handelt sich um den „Sozialistenprozess" von 1936.
39 Sandner, Günther: Sozialdemokratie in Österreich. Von den Anfängen der Arbeiter:innenbewegung zur modernen Sozialdemokratie, 4., erg. Aufl., Wien 2024, S. 39.
40 Der Prozeß gegen den größten Teil der Bevölkerung Österreichs, in: Arbeiter-Zeitung, 25. März 1936.
41 Marschalek, Manfred: Der Wiener Sozialistenprozess 1936, in: Stadler, Karl R. (Hg.): Sozialistenprozesse, Politische Justiz in Österreich 1870–1936, Wien/München/Zürich 1986, S. 429–490.
42 Zernatto, Guido: Die Wahrheit über Österreich, New York/Toronto 1938, S. 9.
43 Die Verfassung 1934, in: Adamovich, Ludwig/Froehlich, Georg (Hg.): Die neue österreichische Verfassung samt Ausführungs- und Nebengesetzen, 4. Aufl., Wien 1934, S. 16–18.
44 Königseder, Angelika: Antisemitismus 1933–1938, in: Tálos/Neugebauer (Hg.), Austrofaschismus, S. 55; Wohnout, Helmut: Politischer Katholizismus und Antisemitismus, in: Enderle-Burcel, Gertrude/Reiter-Zatloukal, Ilse (Hg.): Antisemitismus in Österreich 1933–1938, Wien 2018, S. 167–194.
45 Burger, Hannelore: Heimatrecht und Staatsbürgerschaft österreichischer Juden. Vom Ende des 18. Jahrhunderts bis in die Gegenwart, Wien 2014, S. 141–145.
46 Neubauer-Czettl, Alexandra: Juden – (k)ein Thema im Ministerrat?, in: Enderle-Burcel/Reiter-Zatloukal (Hg.), Antisemitismus in Österreich, S. 153–165.
47 Bundesgesetzblatt 1934, Stück 72, Nr. 208. Bundesgesetz vom 7. August 1934, betreffend Maßnahmen an Hochschulen.
48 Staudigl-Ciechowicz, Kamila: Zum rechtlichen Rahmen für die Personalpolitik an den österreichischen Universitäten im Austrofaschismus, in: Enderle-Burcel/Reiter-Zatloukal (Hg.), Antisemitismus in Österreich, S. 739–740, 743.
49 Loacker, Armin: Anschluss im Dreivierteltakt. Filmproduktion und Filmpolitik in Österreich 1930–1938, Trier 1999.
50 „Salto in die Seligkeit" (1934, Regie: Fritz Schulz), „Ein Stern fällt vom Himmel" (1934, Regie: Max Neufeld), „Bretter, die die Welt bedeuten" (1935, Regie: Kurt Gerron), „Letzte Liebe" (1935, Regie: Fritz Schulz), „Alles für die Firma" (1935, Regie: Rudolf Meinert), „Heut' ist der schönste Tag in meinem Leben" (1935, Regie: Richard Oswald), „Tagebuch der Geliebten"

(1935, Regie: Hermann Kosterlitz, nach der Emigration: Henry Koster), „Katharina, die letzte" (1935, Regie: Hermann Kosterlitz), „Singende Jugend" (1936, Regie: Max Neufeld), „Silhouetten" (1936, Regie: Walter Reisch), „Fräulein Lilli" (1936, Regie: Hans Behrendt, Max Neufeld und Robert Wohlmuth) und „Der Pfarrer von Kirchfeld" (1937, Regie: Jakob und Luise Fleck).

51 Siehe dazu einige Beispiele: Wovon der unabhängige Film abhängig bleibt, in: Der Wiener Film, 23. März 1937; Ist eine „unabhängige Filmproduktion" möglich? Ein Streifzug rund um ein heikles Thema, in: Der Wiener Film, 11. Jänner 1938; Ist der unabhängige Film möglich. „Pfarrer von Kirchfeld" – die Probe aufs Exemple, in: Der Wiener Film, 14. September 1937.
52 Radenius, Udo: Von Bühne zu Bühne, in: Österreichische Kunst, 7/11 (1936), S. 30.
53 Haben wir noch einen unabhängigen Film?, in: Die Stunde, 26. April 1935.
54 Loacker, Anschluss im Dreivierteltakt, S. 167–169.
55 Knoll, Johannes: „Die Vernichtung der jüdischen Lehr- und Lerntätigkeit". Antisemitismus an den wissenschaftlichen Hochschulen in Wien bis zum „Anschluss" Österreichs, in: Enderle-Burcel/Reiter-Zatloukal (Hg.), Antisemitismus in Österreich, S. 832–841.
56 Eine detaillierte Darstellung findet sich bei: Enderle-Burcel/Reiter-Zatloukal (Hg.), Antisemitismus in Österreich 1933–1938.
57 Franz Theodor Csokor, zit. nach Jarka, Horst: Zur Literatur- und Theaterpolitik im „Ständestaat", in: Kadrnoska, Franz (Hg.): Aufbruch und Untergang. Österreichische Kultur zwischen 1918 und 1938, Wien 1981, S. 504.
58 Staudinger, Anton: Zur „Österreich-Ideologie" des Ständestaates, in: Jedlicka, Ludwig/Neck, Rudolf (Hg.): Das Juliabkommen von 1936. Vorgeschichte, Hintergründe und Folgen. Protokoll des Symposiums in Wien am 10. und 11. Juni 1976, Wien 1976, S. 45.
59 Czermak, Emmerich: Verständigung mit dem Judentum, in: Ders./Karbach, Oskar (Hg.): Ordnung in der Judenfrage, Wien o. J. [1933], S. 3–71. Siehe dazu auch: Meysels, Lucian O.: Der Austrofaschismus. Das Ende der Ersten Republik und ihr letzter Kanzler, Wien 1992, S. 54–55.
60 Gföllner, Johannes Maria: Hirtenbrief über wahren und falschen Nationalismus, in: Benz, Wolfgang (Hg.): Handbuch des Antisemitismus. Judenfeindschaft in Geschichte und Gegenwart, Bd. 6. Publikationen, Berlin/München 2013, S. 269–270.
61 Klieber, Rupert: Katholischer Antisemitismus im „Christlichen Ständestaat", in: Enderle-Burcel/Reiter-Zatloukal (Hg.), Antisemitismus in Österreich, S. 239–240.
62 Zum Antisemitismus im Fremdenverkehrsregionen siehe u. a. das Beispiel Salzkammergut: Hellmuth, Thomas: Vielfalt in de Einheit? Soziale und kulturelle Aspekte regionaler Identität(en), in: Dirninger, Christian/Ders./Thuswaldner, Anton: Salzkammergut schauen. Ein Blick ins Ungewisse, Wien/Köln/Weimar 2015, S. 127–128.
63 Steinmair, Jürgen: Johannes Maria Gföllner und der Ständestaat, Porträt eines ungemütlichen Bischofs, in: Oberösterreich 1918–1938, Bd. III, Linz 2015, S. 279–318; Hannot, Walter: Die Judenfrage in der katholischen Tagespresse Deutschlands und Österreichs 1923–1933, Mainz 1990, S. 185–186.

64 Schlagt die Nazis und die Juden tot! Die Parole eines Kirchenfürsten – Ein Hirtenbrief des Linzer Bischofs Dr. Gföllner gegen den Nationalsozialismus, in: Der Wiener Tag, 24. Jänner 1933.
65 Jungvolk und jüdische Jugend, in: Der Wiener Tag, 7. Jänner 1938.
66 Ebenda..
67 Der Begriff „wissenschaftlicher Antisemitismus" ist auf die Widersprüche der Aufklärung zurückzuführen. Der aufgeklärte Rationalismus führte dazu, dass die Natur und somit auch der Mensch vermessen und kategorisiert wurden. Daraus resultierte auch eine biologisch begründete Hierarchie: die Definition von „Rassen". Aus heutiger Sicht handelt es sich freilich um eine pseudowissenschaftliche Kategorisierung, die „Rassenlehre" ist eine soziokulturelle Konstruktion, die zur Ausgrenzung von Menschen dient. Siehe dazu u. a.: Mosse, George L.: Geschichte des Rassismus in Europa, Frankfurt a. M. 1990.
68 Geistiger Bolschewismus unterm Hakenkreuzbanner, in: Reichspost, 28. Juli 1935.
69 Staudinger, Zur „Österreich-Ideologie", S. 44–45.
70 Messner, Johannes: Die soziale Frage. Eine Einführung, 5., durchgearb. und erw. Aufl., Innsbruck/Wien/München 1938, S. 591–592. Siehe dazu auch: Kepplinger, Brigitte/Weidenholzer, Josef/Hummer, Hubert: Februar 1934: Vergangenheit, die endliche vergehen soll?, in: Dies./Weidenholzer, Josef (Hg.): Februar 1934 in Oberösterreich. „Es wird nicht mehr verhandelt …", Weitra 2009, S. 36–37.

6. Spuren, Kontinuitäten und (Auf-)Brüche

1 Weinzierl, Erika: Vor- und Frühgeschichte der Zweiten Republik, in: Pelinka, Anton/Steininger, Rolf (Hg.): Österreich und die Sieger, Wien 1986, S. 109–129.
2 Unser Österreich. 1945–1955, Wien 1955, S. 21.
3 Luža, Radomir: Der Widerstand in Österreich 1938–1945, Wien 1985; Hanisch, Ernst: Der lange Schatten des Staates. Österreichische Gesellschaftsgeschichte im 20. Jahrhundert, Wien 1994, S. 389–394.
4 Proklamation der Unabhängigkeit, in: Staatsgrundgesetzblatt für die Republik Österreich, 1. Mai 1945, in: Lyon, Dirk (Hg.): Österreich „bewust"sein – bewußt Österrreicher sein? Materialien zur Entwicklung des Österreichbewußtseins seit 1945, Wien 1985, S. 16.
5 Renner, Karl: Mai-Botschaft 1949 an das österreichische Volk, Wien 1949, S. 1.
6 Figl, Leopold: Erinnern – besinnen!, in: Die österreichische Nation, 17/5 (1965), S. 66–68.
7 Programmatische Leitsätze der Österreichischen Volkspartei, Wien 1946.
8 Frölich-Steffen, Susanne: Die österreichische Identität im Wandel, Wien 2003, S. 61–62.
9 Ausseer Programm (1954), in: Berchtold, Klaus (Hg.): Österreichische Parteiprogramme 1868–1966, Wien 1967, S. 488.
10 Bruckmüller, Ernst: Die Entwicklung des Österreichbewusstseins, in: Kriechbaumer, Robert (Hg.): Österreichische Nationalgeschichte nach 1945. Die Spiegel der Erinnerung: Die Sicht von innen, Wien/Köln/Weimar 1998, S. 378.

11 Frölich-Steffen, Die österreichische Identität, S. 58–59.
12 Die programmatischen Leitsätze der österreichischen Volkspartei, Wien 1959, S. 3.
13 Bruckmüller, Die Entwicklung des Österreichbewusstseins, S. 378.
14 O. P.: Sind wir Oesterreicher?, in: Arbeiter-Zeitung, 20. Februar 1946.
15 Thirring, Hans: Die Aufgabe der Friedenswilligen, in: Arbeiter-Zeitung, 1. Juni 1948.
16 O. P.: Sind wir Oesterreicher?, in: Arbeiter-Zeitung, 20. Februar 1946.
17 Neumayr, Ursula J.: Nationalbewußtsein in der frühen Zweiten Republik am Beispiel des Salzburger Pinzgaus – oder: Warum lieb' ich mein Österreich?", in: Mitteilungen der Gesellschaft für Salzburger Landeskunde, 136 (1996), S. 281.
18 Frölich-Steffen, Die österreichische Identität, S. 70.
19 Sillaber, Alois: Straßennamen. Wegweiser zur Identität, in: Riesenfellner, Stefan (Hg.): Steinernes Bewusstsein, Bd. 1, Wien/Köln/Weimar 1998, S. 600–602.
20 Pfoser, Alfred: „O du mein Österreich" im Wiener Stadttheater, in: Hachleitner, Bernhard u. a. (Hg.): Die Zerstörung der Demokratie, Salzburg/Wien 2023, S. 218–221.
21 Österreichische Film- und Kinozeitung, 23. März 1957, zit. bei: Steiner, Waltraud: Die Heimatmacher. Kino in Österreich 1946–1966, Wien 1987.
22 Die programmatischen Leitsätze, S. 3.
23 Bundesgesetzblatt für die Republik Österreich, Stück 56, Nr. 195. Vertrag zwischen dem Heiligen Stuhl und der Republik Österreich zur Regelung von vermögensrechtlichen Beziehungen.
24 Bundesgesetzblatt für die Republik Österreich, Stück 72, Nr. 273. Vertrag zwischen dem Heiligen Stuhl und der Republik Österreich zur Regelung von mit dem Schulwesen zusammenhängenden Fragen samt Schlußprotokoll vom 9. Juli 1962.
25 Kepplinger, Brigitte/Weidenholzer, Josef/Hummer, Hubert: Februar 1934: Vergangenheit, die endlich vergehen soll?, in: Kepplinger, Brigitte/Weidenholzer, Josef (Hg.): Februar 1934 in Oberösterreich. „Es wird nicht mehr verhandelt …", Weitra 2009, S. 44.
26 Unser Österreich, S. 6, 9.
27 Freis, Rudolf: Bundeskanzler Dr. Dollfuß und das neue Österreich, in: Gorbach, Alfons: Vorträge über vaterländische Erziehung, Wien/Graz 1935, S. 14.
28 Frölich-Steffen, Die österreichische Identität, S. 189–190.
29 Sandgruber, Roman: Ökonomie und Politik. Österreichische Wirtschaftsgeschichte vom Mittelalter bis zur Gegenwart, Wien 1995, S. 399–400, 410.
30 Suppanz, Werner: Das „katholische Österreich" – ein Narrativ der österreichischen Geschichtswissenschaft und Identitätspolitik, in: Schweizerische Zeitschrift für Religions- und Kulturgeschichte – Revue suisse d'histoire religieuse et culturelle – Rivista svizzera di storia religiosa e culturale, 100 (2006), S. 164.
31 Böhm, Wilhelm: Deutschnationalismus einst und jetzt, in: Österreichische Monatshefte, 5 (1949/50), S. 164–165.
32 Böhm, Anton: Geist und Erscheinung des österreichischen Katholizismus, in: Katholischer Glaube und Deutsches Volkstum in Österreich, hg. vom volksdeutschen Arbeitskreis österreichischer Katholiken, Salzburg 1933, S. 50, 54.

33 Unser Österreich, S. 9.
34 Böhm, Geist und Erscheinung, S. 58.
35 Iller, Peter: Salzkammergut, Bad Ischl 1947, S. 13–14.
36 Hellmuth, Thomas: Vielfalt in de Einheit? Soziale und kulturelle Aspekte regionaler Identität(en), in: Dirninger, Christian/Ders./Thuswaldner, Anton: Salzkammergut schauen. Ein Blick ins Ungewisse, Wien/Köln/Weimar 2015, S. 95–141.
37 Tálos, Emmerich: Das austrofaschistische Österreich 1933–1938, Wien/Berlin 2017, S. 52–53.
38 Böhm, Deutschnationalismus, S. 128.
39 Klaus, Josef: Salzburgs Kulturaufgabe, in: Salzburger Landeszeitung, 2. Dezember 1950.
40 Siehe dazu u. a.: Wallnöfer, Elsbeth: Tracht Macht Politik, Innsbruck/Wien 2020; Hellmuth, Thomas: Trachten heute – mehr als ein modischer Spleen?, in. Public History Weekly, 2 (2014) 2, DOI: dx.doi.org/10.1515/phw-2014-1192.
41 Klaus, Josef: Salzburgs Kulturaufgabe, in: Salzburger Landeszeitung, 2. Dezember 1950.
42 Unser Österreich, S. 6.
43 Rathkolb, Oliver: Die paradoxe Republik. Österreich 1945 bis 2005, Wien 2005, S. 403.
44 Weidenholzer, Josef: Bedeutung und Hintergrund des 12. Februar 1934, in: Kepplinger/Ders. (Hg.), Februar 1934, S. 123.
45 Zernatto, Guido: Die Wahrheit über Österreich, New York/Toronto 1938, S. 102.
46 Wimmer, Rudolf: Schule und Politische Bildung, Bd. 1, Klagenfurt 1979, S. 126.
47 Allgemeine Richtlinien für Erziehung und Unterricht an den österreichischen Schulen. Erlaß des Staatsamtes für Volksaufklärung für Unterricht und Erziehung und für Kultusangelegenheiten vom 3. September 1945, ZL. 4690/IV/45 (veröffentlicht nur im Verordnungsblatt des Stadtschulrates für Wien, VO 15/1945), zit. nach: Wimmer, Schule und Politische Bildung, S. 125.
48 Erlass zur staatsbürgerlichen Erziehung. Verordnungsblatt des BUMfUK, Nr. 83, 1. August 1949, S. 2. Siehe dazu auch: Dachs, Herbert: Politische Bildung in Österreich – ein historischer Rückblick, in: Klepp, Cornelia/Rippitsch, Daniela (Hg.): 25. Jahre Universitätslehrgang Politische Bildung in Österreich, Wien 2008, S. 23–25; Wassermann, Heinz P.: Verfälschte Geschichte im Unterricht. Nationalsozialismus und Österreich nach 1945, Innsbruck/Wien/München/Bozen 2004, S. 28.
49 Heilsberg, Franz/Korger, Friedrich: Staatsbürgerkunde, 5., durchgesehene Auflage, Wien 1960, S. 40–41, 50.
50 Lange, Dirk: Historisch-politische Didaktik. Zur Begründung historisch-politischen Lernens, Schwalbach/Ts. 2004, S. 46–51; Hellmuth, Thomas: Die dunklen Seiten der Macht. Propaganda, Manipulation und politische Sinnbildung, in: Informationen zur Politischen Bildung, 31 (2009), S. 69f, 71.
51 Unser Österreich, S. 9.
52 Sebastian Kurz, zit. bei: Rauscher, Hans: Kurz geht nicht ins Parlament, er startet seine Wiederauferstehung, in: Der Standard, 29. Mai 2019.
53 Menasse, Robert: Erklär mir Österreich, in: Ders.: Erklär mir Österreich. Essays zur österreichischen Geschichte, Frankfurt a. M. 2000, S. 12.

Demokratie als Maßstab – Reflexion anstelle eines Resümees

1   Kracauer, S[iegfried]: Film, Volk und Kritiker, in: Der gute Film, 2. Dezember 1934, S. 1–2.
2   Wittstock, Uwe: Marseille 1940. Die große Flucht der Literatur, München 2024, S. 33–36.
3   Pfoser, Alfred: Die Intellektuellen und die Zerstörung der Demokratie, in: Ders./Rásky, Bela/Schlösser, Hermann: Maskeraden. Eine Kulturgeschichte des Austrofaschismus, Wien/Salzburg 2024, S. 17.
4   Cabuk, Cornelia: Aspekte des Politischen. Engagierter Realismus bei Carry Hauser, in: Gleis, Ralph (Hg.): O. R. Schatz & Carry Hauser. Im Zeitalter der Extreme, Salzburg/Wien 2016, S. 26.
5   Carry-Hauser-Ausstellungen zeigen: Ausschnitte aus einem Lebenswerk, in: Der neue Mahnruf, 38/2 (1985), S. 6.
6   Er war ein großer Humanist. In: Arbeiter-Zeitung. Wien 29. Oktober 1985.
7   Rathkolb, Oliver: Die paradoxe Republik. Österreich 1945 bis 2005, Wien 2005, S. 403–404.
8   Siehe dazu u. a. die kompakte Übersicht bei: Leidinger, Hannes: Diktatur, Faschismus, Ständestaat, in: Moos, Carlo (Hg.): Austrofaschismus? Studien zum Herrschaftssystem 1933–1938, Wien 2021, S. 178–191.
9   Scheuer, Georg: Genosse Mussolini. Wurzeln und Wege des Ur-Faschismus, Wien 1985.
10 Dipper, Christoph/Hudemann, Rainer/Petersen, Jens: Vergleichende Faschismusforschung – Schwerpunkte, Tendenzen, Hypothesen, in: Dippe, Christoph (Hg.): Faschismus und Faschismen im Vergleich. Wolfgang Schieder zum 60. Geburtstag, Köln 1998, S. 9–21.
11 Payne, Stanley: Geschichte des Faschismus. Aufstieg und Fall einer europäischen Bewegung, Berlin 2001, S. 13. Siehe dazu auch: Wippermann, Wolfgang: Europäischer Faschismus im Vergleich, 3. Aufl., Frankfurt a. M. 1991.
12 Ernst Hanisch gerät in diese ‚Falle', wenn er die politische Realität an einer Faschismustheorie misst und nicht die austrofaschistische Ideologie: Hanisch, Ernst: Der lange Schatten des Staates. Österreichische Gesellschaftsgeschichte im 20. Jahrhundert, Wien 1994, S. 320–315.
13 Dollfuß, Engelbert: Rede beim Vaterländischen Festabend in der Industriehalle zu Graz, 19. November 1933, in: Weber, Edmund (Hg.): Dollfuß an Österreich. Eines Mannes Wort und Ziel, Wien 1935, S 89.
14 Gleiches Wollen, gemeinsames Werk, in: Reichspost, 26. Februar 1934.
15 Dollfuß, Engelbert: Wir wollen das neue Österreich [„Trabrennplatzrede", 11. September 1933], in: Weber (Hg.), Dollfuß an Österreich, S. 10.
16 Tálos, Emmerich: Das austrofaschistische Österreich 1933–1938, Wien 2017, S. 72.
17 Leitsätze für die Arbeit in der Vaterländischen Front, in: Salzburger Chronik, 15. Februar 1937.
18 Zernatto, Guido: Die Wahrheit über Österreich, New York/Toronto 1938, S. 37.
19 Behal, Brigitte: Kontinuitäten und Diskontinuitäten deutsch-nationaler katholischer Eliten im Zeitraum 1930–1965. Ihr Weg und Wandel in diesen Jahren am Beispiel Dr. Anton Böhms, Dr. Theodor Veiters und ihrer katholischen und politischen Netzwerke. Dissertation, Wien 2009.

20 Jagschitz, Gerhard: Der Putsch. Die Nationalsozialisten 1934 in Österreich, Graz/Wien/Köln 1976.
21 Penning, Christoph: Josef Friedrich Perkonig – der zwiespältige Kärntner, in: Düsterberg, Rolf (Hg.): Dichter für das „Dritte Reich", Bd. 4, Bielefeld 2018, S. 318; Kodek, Günter K.: Die Kette der Herzen bleibt geschlossen. Mitglieder der österreichischen Freimaurer-Logen 1945 bis 1985, Wien 2014, S. 182.
22 Göllner, Siegfried: Franz Karl Ginzkey, in: Nach NS-belasteten Personen benannte Straßen in der Stadt Salzburg. Schlussbericht des Fachbeirats „Erläuterungen von Straßennamen", Teil B. Biografien, Salzburg 2021, S. 159–169.
23 Schuschnigg, Kurt: Dreimal Österreich, Wien 1938, S. 291.
24 Hermet, Guy: Les populismes dans le monde. Une histoire sociologique XIXe–XXe siècle, Paris 2001, S. 190–191; Winock, Michel: Nationalisme, antisémitisme et fascisme en France, Paris 1982, S. 231; Hellmuth, Thomas: Frankreich im 19. Jahrhundert. Eine Kulturgeschichte, Wien/Köln/Weimar 2020, S. 247–248.
25 Messner, Johannes: Die berufsständische Ordnung, Innsbruck/Wien/München 1936, S. 4.
26 Spann, Othmar: Der wahre Staat. Vorlesungen über Abbruch und Neubau der Gesellschaft, 3., neu durchg. Aufl., Jena 1931, S. 11, 14.
27 Seipel, Ignaz: Der Kampf um die österreichische Verfassung, Wien/Leipzig 1930, S. 60. Seipel hat diese Auffassung bereits 1918 in einem Artikel in der „Reichspost" formuliert: Seipel, Ignaz: Die demokratische Verfassung, in: Reichspost, 21. November 1918.
28 Bauman, Zygmunt: Dialektik der Ordnung. Die Moderne und der Holocaust, Hamburg 2002; Ders.: Moderne und Ambivalenz. Das Ende der Eindeutigkeit, Hamburg 1992.
29 Neugebauer, Wolfgang: Repressionsapparat und -maßnahmen 1933–1938, in: Tálos, Emmerich/Neugebauer, Wolfgang (Hg.): Austrofaschismus. Politik – Ökonomie – Kultur, 7. Aufl., Wien/Berlin 2014, S. 298–319; Kepplinger, Brigitte/Weidenholzer, Josef/Hummer, Hubert: Februar 1934: Vergangenheit, die endlich vergehen soll?, in: Kepplinger, Brigitte/Weidenholzer, Josef (Hg.): Februar 1934 in Oberösterreich. „Es wird nicht mehr verhandelt", Weitra 2009, S. 19.

Quellen- und Literaturverzeichnis

Zeitungen und Zeitschriften

Arbeiterwille 1929; Arbeiter-Zeitung 1920, 1931, 1933, 1934, 1935, 1936, 1946, 1948, 1985; Allgemeiner Tiroler Anzeiger 1938; Badener Zeitung 1934, 1935, 1936; Burgenländisches Volksblatt 1935, 1936; Correspondenz-Blatt für den katholischen Clerus Österreichs 1934; Das deutsche Volkslied 1934; Der Standard 2019; Der Bezirksbote für den politischen Bezirk Bruck an der Leitha 1937; Der Christliche Ständestaat 1934; Der gute Film 1934, 1935, 1937; Der neue Mahnruf 1985; Der Wiener Film 1937, 1938; Der Wiener Tag 1938; Die Frau 1932; Die Leuchtrakete 1923; Die Stimme 1937; Die Stunde 1934, 1935; Erlaftal-Bote 1936; Frauen-Briefe 1934; Freie Stimme 1936; Illustrierte Kronen-Zeitung 1934; Kärntner Tagblatt 1934; Kärntner Zeitung 1937; Kleine Volks-Zeitung 1933, 1935; Linzer Tagblatt 1922; Moderne Welt 1933, 1934, 1937; Neue Eisenstädter Zeitung 1937; Neues Wiener Tagblatt 1937; Neues Wiener Journal 1934; Oberwarther Sonntags-Zeitung 1934; Oesterreichische Arbeiter-Zeitung 1935, 1937; Oesterreichische Gebirgs- und Volks-Trachten Zeitung 1933; Österreichische Kunst 1933, 1934, 1936; Österreichische Woche 1934; profil 1935; Reichspost 1917, 1918, 1928, 1930, 1932, 1933, 1934; Salzburger Chronik 1933, 1936, 1937; Salzburger Kirchenblatt 1936; Salzburger Landeszeitung 1950; Salzburger Volksblatt 1935, 1936; Tages-Post 1932; Tiroler Anzeiger 1933, 1934, 1936; Villacher Zeitung 1926; Welser Anzeiger 1930, 1934, 1935, 1937; Wiener Neustädter Zeitung 1935

Zeitgenössische Literatur / Literatur als Quelle

Adamovich, Ludwig/Froehlich, Georg (Hg.): Die neue österreichische Verfassung samt Ausführungs- und Nebengesetzen, 4. Aufl., Wien 1934.
Andrian, Leopold: Oesterreich im Prisma der Ideen. Katechismus der Fuehrenden, Graz 1937.
Ansprache des Bundeskanzlers Ing. Dr. h. c. Leopold Figl, in: Festakt anlässlich der 1. Jahrestagung der verfassungsmäßigen Konstituierung der Zweiten Republik Österreich in der Präsidentschaftskanzlei am 20. Dezember 1946, Wien 1946.
Arbeiterinnen! Arbeiterfrauen! Angestellte!, in: Die Frau. Sozialdemokratische Monatsschrift, 41/4 (April 1932), S. 2–3.
Ausseer Programm (1954), in: Berchtold, Klaus (Hg.): Österreichische Parteiprogramme 1868–1966, Wien 1967.
Baldass, Alfred von: Die Baukunst des Hochbarock, in: Helden der Ostmark, Wien 1937.
Barrès, Maurice: Scènes et doctrines du nationalisme, Paris o. J. [um 1895].

Battista, Ludwig: Die österreichische Note im Schulfunk, in: Radio Wien. 1. Sonderheft. Der österreichische Schulfunk (1932), S. 6.

Benda, Oskar: Österreichisch. Zwei kulturkundliche Besinnungen an Stelle eines Vorworts, in: Lohan, Robert/Neuwirth, Walter Maria/Trautzl, Viktor (Hg.): Das Herz Europas. Ein österreichisches Vortragsbuch, Wien o. J. [1935], S. 11–74.

Böhm, Wilhelm: Deutschnationalismus einst und jetzt, in: Österreichische Monatshefte, 5 (1949/50).

Dietrich, Berthold: „Heiliges Römisches Reich deutscher Nation"?, in: Vaterland. Blätter für katholisches Österreichtum, 11 (1937/38).

Böhm, Anton: Geist und Erscheinung des österreichischen Katholizismus, in: Katholischer Glaube und Deutsches Volkstum in Österreich, hg. vom volksdeutschen Arbeitskreis österreichischer Katholiken, Salzburg 1933, S. 41–73.

Bundesgesetzblatt 1933 für die Republik Österreich, Stück 74, Nr. 240. Verordnung der Bundesregierung vom 19. Juni 1933, womit der Nationalsozialistischen Deutschen Arbeiterpartei (Hitlerbewegung) und dem Steirischen Heimatschutz (Führung Kammerhofer) jede Betätigung in Österreich verboten wird.

Bundesgesetzblatt für den Bundesstaat Österreich 1934, Stück 4, Nr. 4. Bundesgesetz vom 1. Mai 1934, betreffend die „Vaterländische Front".

Bundesgesetzblatt 1934, Stück 72, Nr. 208. Bundesgesetz vom 7. August 1934, betreffend Maßnahmen an Hochschulen.

Bundesgesetzblatt für den Bundesstaat Österreich 1936, Stück 72, Nr. 293. Bundesgesetz über die vaterländische Erziehung außerhalb der Schule.

Bundesgesetzblatt für die Republik Österreich, Stück 56, Nr. 195. Vertrag zwischen dem Heiligen Stuhl und der Republik Österreich zur Regelung von vermögensrechtlichen Beziehungen.

Bundesgesetzblatt für die Republik Österreich, Stück 72, Nr. 273. Vertrag zwischen dem Heiligen Stuhl und der Republik Österreich zur Regelung von mit dem Schulwesen zusammenhängenden Fragen samt Schlußprotokoll vom 9. Juli 1962.

Bundesverfassungsgesetz vom 30. April 1934 (BGBl. I, Nr. 255, über außerordentliche Maßnahmen im Bereich der Verfassung), in: Adamovich, Ludwig/Froehlich, Georg (Hg.): Die neue österreichische Verfassung samt Ausführungs- und Nebengesetzen, 4. Aufl., Wien 1934, S. 1–147.

Campe, Johann Heinrich: Väterlicher Rat für meine Tochter. Ein Gegenstück zum Theophron, in: Lange, Sigrid (Hg.): Ob die Weiber Menschen sind. Geschlechterdebatten um 1800, Leipzig 1992, S. 24–37.

Carry-Hauser-Ausstellungen zeigen: Ausschnitte aus einem Lebenswerk, in: Der neue Mahnruf, 38/2 (1985), S. 6.

Ceipek, Eug./Buchner, Rob.: Der Bau des Auditorium Maximum an der Wiener Universität, in: Österreichische Kunst, 7/11 (1936), S. 23.

Czermak, Emmerich: Verständigung mit dem Judentum, in: Ders./Karbach, Oskar (Hg.): Ordnung in der Judenfrage, Wien o. J. [1933], S. 3–71.

Csokor, Franz-Theodor: Gesellschaft der Menschenrechte. Stück um Georg Büchner, Berlin/Wien/Leipzig 1929.

Csokor, Franz Theodor: Kommendes Drama, in: Österreichische Kunst, 5/7–8 (1934), S. 21.

Déroulède, Paul: La République intangible, in: Ders.: Qui vive? France quand même! Notes et discours 1883–1910, Paris 1910, S. 257–259.

Déroulède, Paul: La République républicaine. Gouvernement Direct du Peuple, in: Ders.: Qui vive? France quand même! Notes et discours 1883–1910, Paris 1910, S. 260–266.

Die Programmatischen Leitsätze der österreichischen Volkspartei, Wien 1958.

Dolberg, Richard: Richtlinien zur Führerausbildung, hg. von der Vaterländischen Front, Wien 1935.

Dollfuß, Engelbert: Wir wollen das neue Österreich [„Trabrennplatzrede", 11. September 1933], in: Weber, Edmund (Hg.): Dollfuß an Österreich. Eines Mannes Wort und Ziel, Wien 1935, S. 19–45.

Dollfuß, Engelbert: Österreichs europäische Aufgabe [Rundfunkansprache über die Columbia-Broadcasting. Sender New York, 21. Mai 1933], in: Weber, Edmund (Hg.): Dollfuß an Österreich. Eines Mannes Wort und Ziel, Wien/Leipzig 1935, S. 63–69.

Dollfuß, Engelbert: Österreichs deutsche Sendung [Rede im Stadtsaal in Innsbruck, 22. April 1938], in: Weber, Edmund (Hg.) Dollfuß an Österreich. Eines Mannes Wort und Ziel, Wien/Leipzig 1935, S. 77–78.

Dr. Alberta: Die Frau im christlichen Staat, in: Der Christliche Ständestaat, 1/6 (Jänner 1934), S. 17–19.

Duchek, Viktor: Meine Erfahrungen mit Lehr- und Kulturfilmen, in: Der gute Film, 12. November 1935, S. 3–4.

Ehnl, Maximilian: Die historischen Namensträger der Truppenkörper des Bundesheeres, Wien 1936.

Ein heiliges Jahr der Deutschen. Allgemeiner deutscher Katholikentag in Wien, 7.–12. September 1933. Wien 1933.

Ein Jahr Institut für Filmkultur, in: Der gute Film, 12. November 1935, S. 1–3.

Ein Kaffeehausumbau des Arch. Z.V. Ing. A. Ortner, in: Österreichische Kunst, 7/11 (1936), S. 18–19.

Erlaß Nr. 33, 19. Mai 1933, Z. 13573, betreffend die Aufhebung des Erlasses vom 10. April 1919 über die Teilnahme der Schuljugend an religiösen Übungen, in: Volkserziehung. Nachrichten des Bundesministeriums für Unterricht. Amtlicher Teil, 15 (1933).

Erlaß Nr. 6, 8. Jänner 1934, z. 466, betreffend der vaterländischen Erziehung und den Beitritt der Lehrer zur Vaterländischen Front, in: Volkserziehung. Nachrichten des Bundesministeriums für Unterricht. Amtlicher Teil, 16 (1934).

Erlaß Nr. 23 (Novelle des Hauptschulgesetzes), 23. März 1934, in: Volkserziehung. Nachrichten des Bundesministeriums für Unterricht. Amtlicher Teil, 16 (1934).

Festführer zum Allgemeinen Deutschen Katholikentag in Wien. 7. bis 12. September 1933, Wien 1933.

Fidelis, Otto Maria: Österreichs europäische Sendung. Ein außenpolitischer Überblick, Wien 1935.

Figl, Leopold: Erinnern – besinnen!, in: Die österreichische Nation, 17/5 (1965), S. 66–68.

Freis, Rudolf: Bundeskanzler Dr. Dollfuß und das neue Österreich, in: Gorbach, Alfons: Vorträge über vaterländische Erziehung, Wien/Graz 1935, S. 12–19.

Gesetz vom 12. November 1918 über die Staats- und Regierungsform von Deutschösterreich, in: Staatsgesetzblatt für den Staat Deutschösterreich. Ausgegeben am 15. November 1918, 1. Stück, Wien 1918, S. 4–8.

Ginzkey, Franz Karl: Sternengast. Neue Gedichte, Berlin/Wien/Leipzig 1937.

Goebbels, Joseph: Tagebücher 1924–1945, Bd. 3. 1935–1939, hg. von Georg Reuth, 3. Aufl., München 2003.

Gföllner, Johannes Maria: Hirtenbrief über wahren und falschen Nationalismus, in: Benz, Wolfgang (Hg.): Handbuch des Antisemitismus. Judenfeindschaft in Geschichte und Gegenwart, Bd. 6. Publikationen, Berlin/München 2013, S. 269–270.

Ginzkey, Franz Karl: Salzburg, sein Volk und seine Trachten, in: Österreichische Kunst, 5/7–9 (1934), S. 25–44.

Gregor, Joseph: Max Reinhardts „Sommernachtstraum"-Film, in: profil, 12 (1935), S. 564–566.

Gruber, Rudl: 25jähriges Gründungsfest des 1. österr. Reichsverbandes für alpine, Volks- und Gebirgstr.-Erh.-Vereine, in: Oesterreichische Gebirgs- und Volks-Trachten Zeitung, 1. September 1933, S. 68–70.

Hantsch, Hugo: Geschichte Österreichs, Bd. 1. Bis 1648, Innsbruck/Wien/München 1937.

Hänsel, Ludwig: Vaterländische Erziehung, in: Schriften des pädagogischen Institutes der Stadt Wien, 6 (1935), S. 5–19.

Heilig, Konrad Josef: Reichsidee und österreichische Idee bis 1806, in: Wolf, Julius/Heilig, Konrad Josef/Görgen, Hermann Matthias: Österreich und die Reichsidee, Wien 1937, S. 35–170.

Heilsberg, Franz/Korger, Friedrich: Staatsbürgerkunde, 5., durchgesehene Auflage, Wien 1960.

Heimatschutz in Österreich, Wien 1934.

Henz, Rudolf: Festliche Dichtung. Gesammelte Sprüche und Spiele, Wien 1935.

Herbart, Johann Friedrich: Über die ästhetische Darstellung der Wels als das Hauptgeschäft der Erziehung, in: Beutler, Kurt/Horster, Detlef (Hg.): Pädagogik und Ethik, Stuttgart 1996, S. 45–60.

Herterich, Franz: Regie von heute, in: Österreichische Kunst, 7/11 (1936), S. 29.

Hinner, Alois/Kende, Oskar/Montzka, Heinrich/Uhlirz, Mathilde: Vaterlandskunde. Geschichte, Geographie und Bürgerkunde Österreichs für die achte Klasse der Mittelschulen, Wien 1938.

Huber, Gerhard/Schröckenfuchs, Elfriede: einst und heute 7, Wien 2001.

Iller, Peter: Salzkammergut, Bad Ischl 1947.

Jahresbericht des Akademischen Gymnasiums, Graz 1933/34.

Kende, Oskar: Lehrbuch der Geschichte, 4. Teil für die vierte Klasse. Geschichte der Neuzeit in Bildern vom Wiener Kongreß bis zur Gegenwart und Bürgerkunde, Wien 1934.

Kinsky, Rudolf: Entwurf einer ständischen Verfassung, Wien 1931.

Keyserling, Hermann: Das Spektrum Europas, 5., erw. Aufl., Stuttgart/Berlin 1931.

Klahr, Alfred: Zur nationalen Frage in Österreich. Mit einem Beitrag von Günther Grabner, Wien 1994 [Erstauflage: 1937].

Knickerbocker, H[ubert] R[enfro]: Kommt Krieg in Europa?, Berlin 1934.

Kracauer, S[iegfried]: Film, Volk und Kritiker, in: Der gute Film, 2. Dezember 1934, S. 1–2.

Leb, Josef: Der österreichische Mensch, Wien 1933.

Lux, Joseph August: Wie sieht Österreich in unseren Schulbüchern aus?!, Graz 1933.

Lux, Joseph August: Das Goldene Buch der Vaterländischen Geschichte für Jugend und Volk Österreichs, Wien 1934.

Marx, Karl/Engels, Friedrich: Das Kommunistische Manifest, in: Dies.: Ausgewählte Werke in sechs Bänden, Bd. 1, Berlin [Ost] 1989, S. 415–451.

Messner, Johannes: Die berufsständische Ordnung, Innsbruck/Wien/München 1936.

Messner, Johannes: Die soziale Frage. Eine Einführung, 5., durchgearb. und erw. Aufl., Innsbruck/Wien/München 1938.

Messner, Johannes: Der Funktionär. Seine Schlüsselstellung in der heutigen Gesellschaft, Innsbruck/Wien/München 1961.

Montzka, Heinrich: Die Bildungs- und Erziehungsaufgaben des Geschichtsunterrichts, Wien/Leipzig 1936.

Nadler, Josef: Literaturgeschichte der deutschen Stämme und Landschaften, Bd. 1. Die Altstämme 800–1600, Regensburg 1912.

Nadler, Josef/Srbik, Heinrich von (Hg.): Österreich. Erbe und Sendung im deutschen Raum, Salzburg/Leipzig 1936.

Nadler, Josef: Literaturgeschichte der deutschen Stämme und Landschaften, Bd. 1. Die Altstämme 800–1600, Regensburg 1912.

Nadler, Josef: Deutsche Heimat in Mitteleuropa, in: Festführer zum Allgemeinen Deutschen Katholikentag in Wien. 7. bis 12. September 1933, Wien 1933, S. 61–68.

Nadler, Josef/Srbik, Heinrich von: Vom Sinn dieses Buches, in: Dies. (Hg.): Österreich. Erbe und Sendung im deutschen Raum, Salzburg/Leipzig 1936.

Programmatische Leitsätze der Österreichischen Volkspartei, Wien 1946. Proklamation der Unabhängigkeit, in: Staatsgrundgesetzblatt für die Republik Österreich, 1. Mai 1945, in: Lyon, Dirk u. a. (Hg.): Österreich „bewust"sein – bewußt Österrreicher sein? Materialien zur Entwicklung des Österreichbewußtseins seit 1945, Wien 1985, S. 16-17.

Quadragesimo anno (Pius XI. 1931), in: Text zur katholischen Soziallehre. Die sozialen Rundschreiben der Päpste und andere kirchliche Dokumente, hg. vom Bundesverband der Katholischen Arbeitnehmer-Bewegung (KAB) Deutschland, 5., erw. Aufl., Kevelaer 1982, 91–152.

Richtung und Gesetz des Heimatschutzes (Korneuburger Eid, 18. Mai 1930), in: Weidenholzer, Josef: Bedeutung und Hintergrund des 12. Februar 1934, in: Kepplinger, Brigitte/Ders. (Hg.): Februar 1934 in Oberösterreich. „Es wird nicht mehr verhandelt …", Weitra 2009, S. 140.

Rundschreiben unseres Heiligen Vaters Pius X., durch göttliche Vorsehung Papst, Freiburg im Breisgau/Wien 1909.

Schier, Wilhelm: Die Geschichtsauffassung in den neuen Lehrplänen unserer Mittelschulen, in: Österreichische Pädagogische Warte, 31/4 (1936).

Schill, Rudolf: Begriff und Organisation der vaterländischen Erziehung, in: Gorbach, Alfons (Hg.): Vorträge über vaterländische Erziehung, Graz/Wien 1935, S. 20–46.

Schuschnigg, Kurt: Was Österreich von seiner Lehrerschaft erwartet!, in: Österreichische Pädagogische Warte, 29 (1934).

Schuschnigg, Kurt: Dreimal Österreich, 3. Aufl., Wien 1938.

Schuschnigg, Kurt: Ein Requiem in Rot-Weiß-Rot, Wien 1978.

Seipel, Ignaz: Der Kampf um die österreichische Verfassung, Wien/Leipzig 1930.

Soyfer, Jura: Illegales Flugblatt der KPÖ, 1936/37, in: Ders.: Werksausgabe, Bd. III. So starb eine Partei. Prosa, 2. Aufl., Wien/Frankfurt a. M. 2002, S. 89–93.

Spann, Othmar: Der wahre Staat. Vorlesung über Abbruch und Neubau der Gesellschaft, 3., neu durchges. Aufl., Jena 1931.

Srbik, Heinrich Ritter von: Gesamtdeutsche Geschichtsauffassung, Leipzig/Berlin 1932.

Srbik, Heinrich Ritter von: Deutsche Einheit. Idee und Wirklichkeit vom Heiligen Römischen Reich bis Königgrätz, München 1940 [Erstauflage: 1935], S. 30–31.

Starhemberg, Fanny: Die katholische Frau in der Landwirtschaft, in: Frauenjahrbuch 1933, Wien 1933, S. 149–162.

Tzöbl, Josef A.: Vaterländische Erziehung. Mit einem Geleitwort von Kurt Schuschnigg, Wien 1933.

Unser Österreich. 1945–1955, Wien 1955.

Unser Staatsprogramm. Führerworte, hg. vom Bundeskommissariat für Heimatdienst, Wien 1935.

Verordnung. Festsetzung des Lehrplans für die Hauptschulen. BGBl. Nr. 237, ausgegeben am 21. Juni 1935, in: Verordnungsblatt für den Dienstbereich des Bundesministeriums für Unterricht. Jahrgang 1935, Wien 1936.

Verordnung: Festsetzung der Lehrpläne die Mittelschulen. BGBl. Nr. 285, ausgegangen am 11. Juli 1935, in: Verordnungsblatt für den Dienstbereich des Bundesministeriums für Unterricht. Jahrgang 1935, Wien 1936.

Verordnungsblatt des Stadtschulrates für Wien, Stück XII, Kundmachungen, 15. Juni 1933.

Wolfring, Mina: Mutter und Volk, in: Frauenjahrbuch 1933, Wien 1933, S. 146–148.

Zernatto, Guido: Sinnlose Stadt. Roman eines einfachen Menschen, Leipzig 1934.

Zernatto, Guido: Die Wahrheit über Österreich, New York/Toronto 1938.

Bibliographie

Amann, Klaus: Zur „Österreich"-Ideologie der völkisch-nationalen Autoren in den dreißiger Jahren, in: Ders./Berger, Albert (Hg.): Österreichische Literatur der dreißiger Jahre. Ideologische Verhältnisse, institutionelle Voraussetzungen, Fallstudien, 2. Aufl. Wien/Köln 1990, S. 60–78.

Aspetsberger, Friedbert: Literarisches Leben im Austrofaschismus. Der Staatspreis, Hain 1990.

Assmann, Aleida: Erinnerungsräume. Formen und Wandlungen des kulturellen Gedächtnisses, München 1999.

Bandhauer-Schöffmann, Irene: Der „Christliche Ständestaat" als Männerstaat? Frauen- und Geschlechterpolitik im Austrofaschismus, in: Tálos, Emmerich/Neugebauer, Wolfgang (Hg.): Austrofaschismus. Politik – Ökonomie – Kultur 1933–1938, 7. Aufl., Wien/Berlin 2014, S. 255–280.

Bauman, Zygmunt: Moderne und Ambivalenz. Das Ende der Eindeutigkeit, Hamburg 1992.

Bauman, Zygmunt: Dialektik der Ordnung. Die Moderne und der Holocaust, Hamburg 2002.

Behal, Brigitte: Kontinuitäten und Diskontinuitäten deutsch-nationaler katholischer Eliten im Zeitraum 1930 -1965. Ihr Weg und Wandel in diesen Jahren am Beispiel Dr. Anton Böhms, Dr. Theodor Veiters und ihrer katholischen und politischen Netzwerke. Dissertation, Wien 2009.

Bei, Neda: Austrofaschistische Geschlechterpolitik durch Recht: Die „Doppelverdienerverordnung", in: Reiter-Zatloukal, Ilse/Rothländer, Christiane/Schölnberger, Pia (Hg.): Österreich 1933–1938. Interdisziplinäre Annäherung an das Dollfuß-/Schuschnigg-Regime, Wien/Köln/Weimar 2012, S. 197–206.

Botz, Gerhard: Gewalt in der Politik. Attentate, Zusammenstöße, Putschversuche, Unruhen in Österreich 1918–1938, 2. Aufl., München 1983.

Breuss, Susanne/Liebhart, Karin/Pribersky, Andreas: Inszenierungen. Stichwörter zu Österreich, Wien 1995.

Broszat, Martin: Der Nationalsozialismus. Weltanschauung, Programm und Wirklichkeit, Stuttgart 1990.

Bruckmüller, Ernst: Staatsvertrag und Österreichbewusstsein, in: Müller, Wolfgang/Stourzh, Gerald/Suppan, Arnold (Hg.): Der österreichische Staatsvertrag 1955. Internationale Strategie, rechtliche Relevanz, nationale Identität, Wien 2005, S. 926.

Bruckmüller, Ernst: Die Entwicklung des Österreichbewusstseins, in: Kriechbaumer, Robert (Hg.): Österreichische Nationalgeschichtsschreibung nach 1945. Die Spiegel der Erinnerung: Die Sicht von innen, Wien/Köln/Weimar 1998, S. 369–396.

Burger, Hannelore: Heimatrecht und Staatsbürgerschaft österreichischer Juden. Vom Ende des 18. Jahrhunderts bis in die Gegenwart, Wien 2014.

Cabuk, Cornelia: Aspekte des Politischen. Engagierter Realismus bei Carry Hauser, in: Gleis, Ralph (Hg.): O. R. Schatz & Carry Hauser. Im Zeitalter der Extreme. Katalog der 407. Sonderausstellung des Wien Museum, 28. Jänner 2016 bis 15. Mai 2016, Salzburg/Wien 2016, S. 26–33.

Carsten, F[rancis] L.: Faschismus in Österreich. Von Schönerer zu Hitler, München 1978.

Comtesse, Dagmar/Flügel-Martinsen, Oliver/Martinsen, Franziska/Nonhoff, Martin (Hg.): Radikale Demokratietheorie. Ein Handbuch, Berlin 2019.

Conrad, Christoph/Kessel, Martina: Blickwechsel: Moderne, Kultur, Geschichte, in: Dies. (Hg.): Kultur & Geschichte. Neue Einblicke in eine alte Beziehung, Stuttgart 1998, S. 9–40.

Crouch, Colin: Postdemokratie, Frankfurt a. M. 2008.

Dachs, Herbert: Schule und Politik. Die politische Erziehung an den österreichischen Schulen 1918 bis 1938, Wien 1982.

Dachs, Herbert: Politische Bildung in Österreich – ein historischer Rückblick, in: Klepp, Cornelia/Rippitsch, Daniela (Hg.): 25 Jahre Universitätslehrgang Politische Bildung in Österreich, Wien 2008, S. 23–25.

Daniel, Ute: Kompendium Kulturgeschichte. Theorien, Praxis, Schlüsselwörter, 4., verb. und erg. Auflage, Frankfurt a. M. 2004.

Danielczyk, Julia: Selbstinszenierung. Vermarktungsstrategien des österreichischen Erfolgsdramatikers Hermann Heinz Ortner. Wien 2003.

Dipper, Christoph/Hudemann, Rainer/Petersen, Jens: Vergleichende Faschismusforschung – Schwerpunkte, Tendenzen, Hypothesen, in: Dippe, Christoph (Hg.): Faschismus und Faschismen im Vergleich. Wolfgang Schieder zum 60. Geburtstag, Köln 1998, S. 9–21.

Dostal, Thomas: Intermezzo – Austrofaschismus in Linz, in: Mayrhofer, Fritz/Schuster, Walter (Hg.): Linz im 20. Jahrhundert. Beiträge, Bd. 2, Linz 2010, S. 619–781.

Dreidemy, Lucile: Der Dollfuß-Mythos – Eine Biographie des Posthumen, Wien/Köln/Weimar 2014.

Dreidemy, Lucile/Wenninger, Florian (Hg.): Das Dollfuß/Schuschnigg-Regime. Vermessung eines Forschungsfeldes, Wien/Köln/Weimar 2013.

Ebneth, Rudolf: Die österreichische Wochenschrift „Der christliche Ständestaat". Deutsche Emigration in Österreich 1933–1938, Mainz 1976.

Ehs, Tamara: Der neue „österreichische Mensch". Erziehungsziele und studentische Lager in der Ära Schuschnigg 1934–1938, in: Vierteljahreshefte für Zeitgeschichte, 62/3 (2014), S. 377–396.

Ehs, Tamara: Außeruniversitäre Wissenschaft. Verdrängt seit 1365, in: Enderle-Burcel, Gertrude/Reiter-Zatloukal, Ilse (Hg.): Antisemitismus in Österreich 1933–1938, Wien 2018, S. 851–865.

Enderle-Burcel, Gertrude/Reiter-Zatloukal, Ilse (Hg.): Antisemitismus in Österreich 1933–1938, Wien 2018.

Engelbrecht, Helmut: Geschichte des österreichischen Bildungswesens. Erziehung und Unterricht auf dem Boden Österreichs, Bd. 5. Von 1918 bis zur Gegenwart, Wien 1988.

Erker, Linda: Die Universität Wien im Austrofaschismus. Österreichische Hochschulpolitik 1933 bis 1938. Ihre Vorbedingungen und langfristigen Nachwirkungen. Schriften des Archivs der Universität Wien, Göttingen 2021.

Erikson, Erik H.: Identität und Lebenszyklus. Drei Aufsätze. Unter Mitarbeit von Käte Hügel. Frankfurt am Main 1973.

Fellner, Günther: Die österreichische Geschichtswissenschaft vom „Anschluss" zum Wiederaufbau. In: Stadler, Friedrich (Hg.): Kontinuität und Bruch. 1938 – 1945 - 1955. Beiträge zur österreichischen Kultur- und Wissenschaftsgeschichte. Wien u. a. 1988, S. 135–155.

Flügel-Martinsen, Oliver: Radikale Demokratietheorien zur Einführung, Hamburg 2020.

Frölich-Steffen, Susanne: Die österreichische Identität im Wandel, Wien 2003.

Gahlings, Ute: Hermann Graf Keyserling. Ein Lebensbild, Darmstadt 1996.

Garstenauer, Therese: Unravelling Multinational Legacies. National Affiliations of Government Employees in Post-Habsburg Austria, in: Chovanec, Johanna/Heilo, Olof (Hg.): Narrated Empires. Perceptions of Late Habsburg and Ottoman Multinationalism, London 2021, 213–236.

Göllner, Siegfried: Franz Karl Ginskey, in: Nach NS-belasteten Personen benannte Straßen in der Stadt Salzburg. Schlussbericht des Fachbeirats „Erläuterungen von Straßennamen", Teil B. Biografien, Salzburg 2021, S. 159–169.

Hanisch, Ernst: Der lange Schatten des Staates. Österreichische Gesellschaftsgeschichte im 20. Jahrhundert, Wien 1994.

Hanisch, Ernst: Wirtschaftswachstum ohne Industrialisierung. Fremdenverkehr und sozialer Wandel 1918–1938, in: Haas, Hanns/Hoffmann, Robert/Luger, Kurt (Hg.): Weltbühne und Naturkulisse. Zwei Jahrhunderte Salzburg-Tourismus, Salzburg 1994, S. 104–112.

Hanisch, Ernst: Der Politische Katholizismus als ideologischer Träger des „Austrofaschismus", in: Tálos, Emmerich/Neugebauer, Wolfgang (Hg.): Austrofaschismus. Politik – Ökonomie – Kultur 1933–1938, 7. Aufl., Wien/Berlin 2014, S. 67–87.

Hannot, Walter: Die Judenfrage in der katholischen Tagespresse Deutschlands und Österreichs 1923–1933, Main 1990.

Hasiba, Gernot D.: Das Kriegswirtschaftliche Ermächtigungsgesetz (KWEG) von 1917. Seine Entstehung und Anwendung vor 1933, in: Mayer-Maly, Dorothea: Aus Österreichs Rechtsleben in Geschichte und Gegenwart. Festschrift für Ernst C. Hellbling zum 80. Geburtstag, Berlin 1981, S. 543-565.

Hufschmid, Richard/Wirth, Maria: Die Vaterländische Front: Entwicklung, Anspruch und Wirklichkeit, in: Hachleitner, Bernhard/Pfoser, Alfred/Prager, Katharina/Schwarz, Werner Michael (Hg.): Die Zerstörung der Demokratie. Katalog zur Ausstellung „Österreich. März 1933 bis Februar 1934", Salzburg/Wien 2023, S. 160–163.

Heiss, Gernot: Im „Reich der Unbegreiflichkeiten". Historiker als Konstrukteure Österreichs, in: Österreichische Zeitschrift für Geschichtswissenschaft, 7/4 (1996), S. 455–478.

Helfert, Veronika: Der Kampf um die Moderne: wider die Säkularisierung und Demokratisierung von Sexualmoral, Familienverhältnissen und Erziehung, in: Hachleitner, Bernhard/Pfoser, Alfred/Prager, Katharina/Schwarz, Werner Michael (Hg.): Die Zerstörung der Demokratie. Katalog zur Ausstellung „Österreich. März 1933 bis Februar 1934", Salzburg/Wien 2023, S. 59–65.

Hellmuth, Thomas: Die dunklen Seiten der Macht. Propaganda, Manipulation und politische Sinnbildung, in: Informationen zur Politischen Bildung, 31 (2009), S. 63–75.

Hellmuth, Thomas: Die Erzählungen des Salzkammerguts. Entschlüsselung einer Landschaft, in: Binder, Dieter A./Konrad, Helmut/Staudinger, Eduard G. (Hg.): Die Erzählung der Landschaft, Wien/Köln/Weimar 2011, S. 43–68.

Hellmuth, Thomas: Trachten heute – mehr als ein modischer Spleen?, in. Public History Weekly, 2 (2014) 2, DOI: dx.doi.org/10.1515/phw-2014-1192.

Hellmuth, Thomas: Hellmuth, Thomas: Regionale Identitäten. Von der Möglichkeit eines unmöglichen Begriffs, in: Dirninger, Christian/Ders./Thuswaldner, Anton: Salzkammergut schauen. Ein Blick ins Ungewisse, Wien/Köln/Weimar 2015, S. 10–17.

Hellmuth, Thomas: Vielfalt in de Einheit? Soziale und kulturelle Aspekte regionaler Identität(en), in: Dirninger, Christian/Ders./Thuswaldner, Anton: Salzkammergut schauen. Ein Blick ins Ungewisse, Wien/Köln/Weimar 2015, S. 95–141.

Hellmuth, Thomas: Frankreich im 19. Jahrhundert. Eine Kulturgeschichte, Wien/Köln/Weimar 2020.

Hellmuth, Thomas: Was bedeutet Rassismus eigentlich?, in: Informationen zur politischen Bildung, 49 (2021), S. 5–9.

Hellmuth, Thomas/Tolar-Hellmuth, Karin: Der frühe Nationalsozialismus. Gesellschaftliche Grundlagen, Aufstieg und Illegalität, in: Kalliauer, Günter (Hg.): Wels im Nationalsozialismus, Bd. 2, Wels 2012, S. 11–52.

Hermet, Guy: Les populismes dans le monde. Une histoire sociologique XIXe-XXe siècle, Paris 2001.

Hofmann, Gustav/Kepplinger, Brigitte/Marckhgott Gerhard/Hartmut Reese: Gutachten zur Frage des Amtes der Oö. Landesregierung, „ob der Namensgeber der Landes-Nervenklinik Julius Wagner-Jauregg als historisch belastet angesehen werden muss". Manuskript, Linz 2005.

Hufschmied, Richard: Die Weihe des Österreichischen Heldendenkmals am 9. September 1934. Geschichtspolitische Legitimierung der „Ständestaat"-Diktatur, in: Uhl, Heidemarie/Hufschmid, Richard/Binde, Dieter A. (Hg.): Gedächtnisort der Republik. Das Österreichische Heldendenkmal im Äußeren Burgtor der Wiener Hofburg. Geschichte – Kontroversen – Perspektiven, Wien/Köln/Weimar 2021, S. 191–214.

Jagschitz, Gerhard: Der Putsch. Die Nationalsozialisten 1934 in Österreich, Graz 1976.

Janke, Pia: Politische Massenfestspiele in Österreich zwischen 1918 und 1938, Wien/Köln/Weimar 2010.

Jarka, Horst: Zur Literatur- und Theaterpolitik im „Ständestaat", in: Kadrnoska, Franz (Hg.): Aufbruch und Untergang. Österreichische Kultur zwischen 1918 und 1938, Wien 1981, S. 499–538.

Kammerhofer-Aggermann, Ulrike: Kulturmetropole Salzburg. Der Festspieltourismus der Zwischenkriegszeit, in: Haas, Hanns/Hoffmann, Robert/Luger, Kurt (Hg.): Weltbühne und Naturkulisse. Zwei Jahrhunderte Salzburg-Tourismus, Salzburg 1994, S. 113–119.

Kepplinger, Brigitte/Weidenholzer, Josef/Hummer, Hubert: Februar 1934: Vergangenheit, die endliche vergehen soll?, in: Kepplinger, Brigitte /Weidenholzer, Josef (Hg.): Februar 1934 in Oberösterreich. „Es wird nicht mehr verhandelt …", Weitra 2009, S. 9–49.

Keupp, Heiner u. a.: Identitätskonstruktionen. Das Patchwork der Identitäten in der Spätmoderne, 3. Aufl., Reinbek bei Hamburg 2006.

Klieber, Rupert: Katholischer Antisemitismus im „Christlichen Ständestaat", in: Enderle-Burcel, Gertrude/Reiter-Zatloukal, Ilse (Hg.): Antisemitismus in Österreich 1933–1938, Wien 2018, S. 237–258.

Kodek, Günter K.: Die Kette der Herzen bleibt geschlossen. Mitglieder der österreichischen Freimaurer-Logen 1945 bis 1985, Wien 2014.

Königseder, Angelika: Antisemitismus 1933–1938, in: Tálos, Emerich/Neugebauer, Wolfgang (Hg.): Austrofaschismus. Politik – Ökonomie – Kultur 1933–1938, 7. Aufl., Wien/Berlin 2014, S. 54–65.

Klösch, Christian: Zerrieben zwischen Nationalsozialismus und Austrofaschismus. Landbund und Großdeutsche Volkspartei und das Ende der deutschnationalen Mittelparteien am Beispiel von Franz Winkler und Viktor Mittermann, in: Wenninger, Florian/Dreidemy, Lucille (Hg.):

Das Dollfuß/Schuschnigg-Regime 1933–1938. Vermessung eines Forschungsfeldes, Wien/Köln/Weimar 2013, S. 87–104.

Knoll, Johannes: „Die Vernichtung der jüdischen Lehr- und Lerntätigkeit". Antisemitismus an den wissenschaftlichen Hochschulen in Wien bis zum „Anschluss" Österreichs, in: Enderle-Burcel, Gertrude/Reiter-Zatloukal, Ilse (Hg.): Antisemitismus in Österreich 1933–1938, Wien 2018, S. 823–849.

Kriegleder, Wynfrid: Benda, Oskar, in: König, Christoph (Hg.): Internationales Germanistenlexikon 1800–1950. Bd. 1., Berlin/New York 2003, S. 130–131.

Kykal, Inez/Stadler Rudolf K.: Richard Bernaschek – Odyssee eines Rebellen, Wien 1976.

Lange, Dirk: Historisch-politische Didaktik. Zur Begründung historisch-politischen Lernens, Schwalbach/Ts. 2004.

Leidinger, Hannes: Diktatur, Faschismus, Ständestaat, in: Moos, Carlo (Hg.): (K)ein Austrofaschismus? Studien zum Herrschaftssystem 1933–1938, Wien 2021, S. 178–191.

Leidinger, Hannes/Moritz, Verena: Das Kriegswirtschaftliche Ermächtigungsgesetz (KWEG) vor dem Hintergrund der österreichischen Verfassungsentwicklung, in: Wenninger, Florian/Dreidemy, Lucile (Hg.): Das Dollfuß/Schuschnigg-Regime 1933-1938. Vermessung eines Forschungsfeldes, Wien/Köln/Weimar 2013, S. 449-470.

Liebmann, Maximilian: Die geistige Konzeption der österreichischen Katholikentage in der Ersten Republik. In: Ackerl, Isabella (Hg.): Geistiges Leben im Österreich der Ersten Republik. Auswahl der bei den Symposien in Wien vom 11. bis 13. November 1980 und am 27. und 28. Oktober 1982 gehaltenen Referate. Wien 1986, 125–175.

Loacker, Armin: Anschluss im Dreivierteltakt. Filmproduktion und Filmpolitik in Österreich 1930–1938, Trier 1999.

Lönne, Karl-Egon: Der politische Katholizismus im 19. und 20. Jahrhundert, Frankfurt a. M. 1986.

Ludwig, Eduard: Österreichs Sendung im Donauraum. Die letzten Dezennien österreichischer Innen- und Außenpolitik, Wien 1954.

Lunzer, Heinz/Lunzer-Talos, Victoria: Gang nach Ragusa. Felix Saltens PEN Club-Präsidentschaft, in: Atze, Marcel (Hg.): Im Schatten von Bambi. Felix Salten entdeckt die Wiener Moderne. Leben und Werk. Unter Mitarbeit von Tanja Gausterer, Salzburg 2020.

Maderthaner, Wolfgang/Maier, Michaela (Hg.): „Der Führer bin ich selbst". Engelbert Dollfuß – Benito Mussolini. Briefwechsel, Wien 2004.

Maier, Michaela: Engelbert Dollfuß – Benito Mussolini: eine verhängnisvolle Allianz, in: Hachleitner, Bernhard/Pfoser, Alfred/Prager, Katharina/Schwarz, Werner Michael (Hg.): Die Zerstörung der Demokratie. Katalog zur Ausstellung „Österreich. März 1933 bis Februar 1934", Salzburg/Wien 2023, S. 118–121.

Marschalek, Manfred: Der Wiener Sozialistenprozess 1936, in: Stadler, Karl R. (Hg.): Sozialistenprozesse, Politische Justiz in Österreich 1870–1936, Wien/München/Zürich 1986, S. 429–490.

Meissl, Sebastian: Der „Fall Nadler" 1945–1950, in: Ders./Mulley, Klaus-Dieter/Rathkolb, Oliver (Hg.): Verdrängte Schuld, verfehlte Sühne. Entnazifizierung in Österreich 1945–1955. Symposion des Instituts für Wissenschaft und Kunst. Wien, März 1985, Wien 1986, S. 281–301.

Menasse, Robert: Erklär mir Österreich. Essays zur österreichischen Geschichte, Frankfurt a. M. 2000.

Mesner, Maria: Geburtenkontrolle. Reproduktionspolitik im 20. Jahrhundert, Wien/Köln/Weimar 2010.

Meysels, Lucian O.: Der Austrofaschismus. Das Ende der Ersten Republik und ihr letzter Kanzler, Wien 1992.

Mitterauer, Michael (1982): Politischer Katholizismus, Österreichbewusstsein und Türkenfeindbild. Zur Aktualisierung von Geschichte bei Jubiläen. In: Beiträge zur historischen Sozialkunde, 4 (1982), S. 111–120.

Molisch, Paul: Geschichte der deutschnationalen Bewegung in Österreich von ihren Anfängen bis zum Zerfall der Monarchie, Jena 1926.

Moos, Carlo (Hg.): (K)Ein Austrofaschismus. Studien zum Herrschaftssystem 1933–1938, Wien 2021.

Moser, Karin: Die Demokratie hat ausgedient, in: Moritz, Verena/Leidinger, Hannes/Dies.: Kampfzone Kino. Film in Österreich 1918–1938, Wien 2008, S. 284–306.

Moser, Karin: Machtspiele, in: Moritz, Verena/Dies./Leidinger, Hannes: Kampfzone Film. Film in Österreich 1918–1938, Wien 2008, S. 307–349.

Moser, Karin: Der „gute" Film, in: Moritz, Verena/Dies./Leidinger, Hannes: Kampfzone Kino. Film in Österreich 1918–1938, Wien 2008, S. 357. 350–386.

Moser, Karin: „Mit Rücksicht auf die Notwendigkeiten des Staates …". Autoritäre Propaganda und mediale Repression im austrofaschistischen „Ständestaat", in: Karmasin, Matthias/Oggolder, Christian (Hg.): Österreichische Mediengeschichte, Bd. 2. Von Massenmedien zu sozialen Medien (1918 bis heute), Wiesbaden 2019, S. 37–58.

Mosse, George L.: Geschichte des Rassismus in Europa, Frankfurt a. M. 1990.

Mosser, Ingrid: Der Legitimismus und die Frage der Habsburger-Restauration in der innenpolitischen Zielsetzung des autoritären Regimes in Österreich (1933–1938). Dissertation, Wien 1979.

Neubauer-Czettl, Alexandra: Juden – (k)ein Thema im Ministerrat?, in: Enderle-Burcel, Gertrude/Reiter-Zatloukal, Ilse (Hg.): Antisemitismus in Österreich 1933–1938, Wien 2018, S. 153–165.

Neugebauer, Wolfgang: Repressionsapparat und -maßnahmen 1933–1938, in: Tálos, Emmerich/Ders. (Hg.): Austrofaschismus. Politik – Ökonomie – Kultur 1933–1938, Wien/Berlin 2014, S. 298–319.

Neumayr, Ursula J.: Nationalbewußtsein in der frühen Zweiten Republik am Beispiel des Salzburger Pinzgaus – oder: Warum lieb' ich mein Österreich?", in: Mitteilungen der Gesellschaft für Salzburger Landeskunde, 136 (1996), S. 277–310.

Nipperdey, Thomas: Wie das Bürgertum die Moderne fand, Stuttgart 1988.

Nolte, Ernst: Der Faschismus in seiner Epoche, München 1963.

Österreich und seine Identität, in: SWS-Rundschau, 34/2 [1994], S. 219–224.

Oexle, Otto Gerhard, Geschichte als Historische Kulturwissenschaft. In: Wehler, Hans-Ulrich/Hardtwig, Wolfgang (Hg.): Kulturgeschichte Heute, Göttingen 1996, S. 14–40.

Pawlowsky, Verena: Staatsmonument von kurzer Dauer. Zu den Bedeutungszusammenhängen eine Wiener Vorstadtkirche der 1930er Jahre, in: zeitgeschichte, 29/1 (2002), S. 3–24.

Payne, Stanley: Geschichte des Faschismus. Aufstieg und Fall einer europäischen Bewegung, Berlin 2001.

Pelinka, Anton: Stand oder Klasse. Die christliche Arbeiterbewegung Österreichs 1933 bis 1938, Wien/München/Zürich 1972.

Pelinka, Anton: Sozialdemokratie und Antisemitismus, in: Österreichische Zeitschrift für Geschichtswissenschaft (ÖZG)

Rásky, Béla: Mit dem Rücken zur Wand: die Februarkämpfe 1934, in: Hachleitner, Bernhard/Pfoser, Alfred/Prager, Katharina/Schwarz, Werner Michael (Hg.): Die Zerstörung der Demokratie. Katalog zur Ausstellung „Österreich. März 1933 bis Februar 1934", Salzburg/Wien 2023, S. 246–269., 4 (1992), S. 540–554.

Penning, Christoph: Josef Friedrich Perkonig – der zwiespältige Kärntner, in: Düsterberg, Rolf (Hg.): Dichter für das „Dritte Reich", Bd. 4. Biografische Studien zum Verhältnis von Literatur und Ideologie, Bielefeld 2018.

Pfoser, Alfred/Rásky, Béla/Schlösser, Hermann: Maskeraden. Kulturgeschichte des Austrofaschismus, Salzburg/Wien 2024.

Pfoser, Alfred/Renner, Gerhard: „Ein Toter führt uns an!" Anmerkungen zur kulturellen Situation im Austrofaschismus, in: Tálos, Emmerich/Neugebauer, Wolfgang (Hg.): Austrofaschismus. Politik – Ökonomie – Kultur 1933–1938,7. Aufl., Wien/Berlin 2014, S. 338–356.

Pfoser, Alfred: Die Intellektuellen und die Zerstörung der Demokratie, in: Ders./Rásky, Bela/Schlösser, Hermann: Maskeraden. Eine Kulturgeschichte des Austrofaschismus, Salzburg/Wien 2024, S. 15–20.

Pfoser, Alfred: Salzburger Festspiele – zweimal knapp an der Absage vorbei, in: Ders./Rásky, Bela/Schlösser, Hermann: Maskeraden. Eine Kulturgeschichte des Austrofaschismus, Salzburg/Wien 2024, S. 40–46.

Pfoser, Alfred: „O du mein Österreich" im Wiener Stadttheater, in: Hachleitner, Bernhard/Pfoser, Alfred/Prager, Katharina/Schwarz, Werner Michael (Hg.): Die Zerstörung der Demokratie. Katalog zur Ausstellung „Österreich. März 1933 bis Februar 1934", Salzburg/Wien 2023, S. 218–222.

Podbrecky, Inge: Unsichtbare Architektur. Bauen im Austrofaschismus: 1933/34–1938, Wien/Innsbruck 2020.

Rathkolb, Oliver: Die paradoxe Republik. Österreich 1945 bis 2005, Wien 2005.

Reiter, Margit: Die österreichische Sozialdemokratie und Antisemitismus. Politische Kampfansage mit Ambivalenzen, in: Enderle-Burcel, Gertrude/Reiter-Zatloukal, Ilse (Hg.): Antisemitismus in Österreich 1933–1938, Wien/Köln/Weimar 2018, S. 361–380.

Renner, Gerhard: Österreichische Schriftsteller und der Nationalsozialismus (1933–1940). Der „Bund der deutschen Schriftsteller Österreichs" und der Aufbau der Reichsschrifttumskammer in der ‚Ostmark'. Frankfurt am Main 1986.

Rumpler, Helmut: Der Ständestaat ohne Stände. Johannes Messner als „Programmator" der berufsständischen Idee in der Verfassung des Jahres 1934, in: Krammer, Reinhard/Kühberger,

Christoph/Schausberger, Franz (Hg.): Der forschende Blick. Beiträge zur Geschichte Österreichs im 20. Jahrhundert, Wien/Köln/Weimar 2010, S. 229-246.

Sandgruber, Roman: Ökonomie und Politik. Österreichische Wirtschaftsgeschichte vom Mittelalter bis zur Gegenwart, Wien 1995.

Sandner, Günther: Sozialdemokratie in Österreich. Von den Anfängen der Arbeiter:innenbewegung zur modernen Sozialdemokratie, 4., erg. Aufl., Wien 2024.

Schermaier, Josef: Geschichte und Gegenwart des allgemeinbildenden Schulwesens in Österreich unter besonderer Berücksichtigung der Allgemeinbildenden Höheren Schulen (AHS), Wien 1990.

Scheuer, Georg: Genosse Mussolini. Wurzeln und Wege des Ur-Faschismus, Wien 1985.

Schlösser, Hermann: Sinngebung des Todes, in: Pfoser, Alfred/Rásky, Béla/Schlösser, Hermann: Maskeraden. Kulturgeschichte des Austrofaschismus, Salzburg/Wien 2024, S. 123–129.

Schuster, Walter: Franz Resl, in: Daurer, Cornelia/Gräser, Marcus/Kepplinger, Brigitte/Krenn, Martin/Ders./Sulzbacher, Cornelia (Hg.): Bericht der Linzer Straßenkommission, Linz 2022, S. 1409–1433.

Schwarz, Werner Michael: Kino und Kinos in Wien. Eine Entwicklungsgeschichte bis 1934, Wien 1992.

Senft, Gerhard: Im Vorfeld der Katastrophe. Die Wirtschaftspolitik des Ständestaates. Österreich 1934–1938, Wien 2005.

Sillaber, Alois: Straßennamen. Wegweiser zur Identität, in: Riesenfellner, Stefan (Hg.): Steinernes Bewusstsein, Bd. 1. Die öffentliche Repräsentation staatlicher und nationaler Identität Österreichs in seinen Denkmälern, Wien/Köln/Weimar, S. 575–618.

Stadler, Georg: Von der Kavalierstour zum Sozialtourismus. Kulturgeschichte des Salzburger Fremdenverkehrs, Salzburg 1975.

Stadler, Karl R.: Die SDAP in der Ersten Republik, in: Fröschl, Erich/Zoitl, Helge (Hg.): Der 12. Februar 1934. Ursachen, Fakten, Folgen. Beiträge zum wissenschaftlichen Symposium des Dr.-Karl-Renner-Instituts vom 13. Bis 15. Februar 1984 in Wien, Wien 1984, S. 165–178.

Staudigl-Ciechowicz, Kamila: Zum rechtlichen Rahmen für die Personalpolitik an den österreichischen Universitäten im Austrofaschismus, in: Enderle-Burcel, Gertrude/Reiter-Zatloukal, Ilse (Hg.): Antisemitismus in Österreich 1933–1938, Wien 2018, S. 733–749.

Staudinger, Anton: Zur „Österreich-Ideologie" des Ständestaates, in: Jedlicka, Ludwig/Neck, Rudolf (Hg.): Das Juliabkommen von 1936. Vorgeschichte, Hintergründe und Folgen. Protokoll des Symposiums in Wien am 10. und 11. Juni 1976, Wien 1976, S. 198–240.

Staudinger, Anton: Austrofaschistische „Österreich"-Ideologie, in: Tálos, Emmerich/Neugebauer, Wolfgang (Hg.): Austrofaschismus. Politik – Ökonomie – Kultur. 1933–1938, 7. Aufl., Wien/Berlin 2014, S. 28–53.

Steiner, Waltraud: Die Heimatmacher. Kino in Österreich 1946–1966, Wien 1987.

Steinmair, Jürgen: Johannes Maria Gföllner und der Ständestaat, Porträt eines ungemütlichen Bischofs, in: Oberösterreich 1918–1938, Bd. III, Linz 2015, S. 279–318.

Sternhell, Zeev: Maurice Barrès et le nationalisme français, Paris 1975.

Stuhlpfarrer, Karl: Das Problem der deutschen Penetration Österreichs. Das Juliabkommen von 1936, Wien 1977.

Suppanz, Werner: Österreichische Geschichtsbilder. Historische Legitimationen in Ständestaat und Zweiter Republik, Köln/Weimar/Wien 1998.

Suppanz, Werner: Das „katholische Österreich" – ein Narrativ der österreichischen Geschichtswissenschaft und Identitätspolitik, in: Schweizerische Zeitschrift für Religions- und Kulturgeschichte – Revue suisse d'histoire religieuse et culturelle – Rivista svizzera di storia religiosa e culturale, 100 (2006), S. 155–175.

Suttner, Andreas: Das schwarze Wien – Bautätigkeit im Ständestaat 1934–1938, Wien 2017.

Tálos, Emmerich/Neugebauer, Wolfgang (Hg.): Austrofaschismus. Politik – Ökonomie – Kultur 1933–1938, 7. Aufl., Wien/Berlin 2014.

Tálos, Emmerich/Manoschek, Walter: Aspekte der politischen Struktur des Austrofaschismus. (Verfassungs-)rechtlicher Rahmen – politische Wirklichkeit – Akteure, in: Tálos, Emmerich/Neugebauer, Wolfgang (Hg.): Austrofaschismus. Politik – Ökomonie – Kultur 1933–1938, 7. Aufl. 2014, Wien/Berlin 2014, S. 123–161.

Tálos, Emmerich: Das austrofaschistische Österreich 1933–1938. Unter Mitarbeit von Florian Wenninger, Wien 2017.

Taschwer, Klaus: Geheimsache Bärenhöhle. Wie ein antisemitisches Professorenkartell der Universität Wien nach 1918 jüdische und linke Forscherinnen und Forscher vertrieb, in: Fritz, Regina/Rossoliński-Liebe, Grzegorz/Sarke, Jana (Hg.): Alma mater antisemitica. Akademisches Milieu, Juden und Antisemitismus an den Universitäten Europas zwischen 1918 und 1939, Bd. 3, Wien 2016, S. 221–242.

Thamer, Hans-Ulrich: Der Nationalsozialismus, Stuttgart 2002.

Tschopp, Silvia Serena: Die Neue Kulturgeschichte – eine (Zwischen-)Bilanz, in: Historische Zeitschrift, 289 (2009), S. 593–594.

Venus, Theodor: Bis zum Ende gespielt – Zur Geschichte des Reichssenders Wien, in: Rathkolb, Oliver/Duchkowitsch, Wolfgang/Hausjell, Fritz (Hg.): Die veruntreute Wahrheit. Hitlers Propagandisten in Österreich '38, Salzburg 1988, S. 108–157.

Volsansky, Gabriele: Die „Affaire Wenter". Zum Verhältnis austrofaschistischer Kulturpolitik und Nationalsozialismus, in: Haider-Pregler, Hilde/Reiterer, Beate (Hg.): Verspielte Zeit. Österreichisches Theater der dreißiger Jahre, Wien 1997, S. 47–59.

Wallnöfer, Elsbeth: Tracht Macht Politik, Innsbruck/Wien 2020.

Wassermann, Heinz P.: Verfälschte Geschichte im Unterricht. Nationalsozialismus und Österreich nach 1945, Innsbruck/Wien/München/Bozen 2004.

Weidenholzer, Josef: Bedeutung und Hintergrund des 12. Februar 1934, in: Kepplinger, Brigitte/Ders. (Hg.): Februar 1934 in Oberösterreich. „Es wird nicht mehr verhandelt …", Weitra 2009, S. 123–152.

Weinzierl, Erika: Vor- und Frühgeschichte der Zweiten Republik, in: Pelinka, Anton/Steininger, Rolf (Hg.): Österreich und die Sieger, Wien 1986, S. 109–129.

Wenninger, Florian: Die gewalttätige Niederschlagung des Aufstands, in: Hachleitner, Bernhard/Pfoser, Alfred/Prager, Katharina/Schwarz, Werner Michael (Hg.), Die Zerstörung der Demokratie, Salzburg/Wien 2023, S. 270–273.

Werba, Robert: Oper im Ständestaat. Die Auswirkungen der NS-Kulturpolitik auf das Opernleben in Wien und bei den Salzburger Festspielen, in: Haider-Pregler, Hilde/Reiterer, Beate (Hg.): Verspielte Zeit. Österreichisches Theater der dreißiger Jahre, Wien 1997, S. 89–105.

Wilson, Catherine: An Encyclopedia of Continental Women Writers, Bd. 2. L – Z, New York 1991.

Wimmer, Rudolf: Schule und Politische Bildung, Bd. 1. Die historische Entwicklung der Politischen Bildung in Österreich, Klagenfurt 1979.

Winock, Michel: Nationalisme, antisémitisme et fascisme en France, Paris 1982.

Wippermann, Wolfgang: Europäischer Faschismus im Vergleich, 3. Aufl., Frankfurt a. M. 1991.

Wittstock, Uwe: Marseille 1940. Die große Flucht der Literatur, München 2024.

Wladika, Michael: Hitlers Vätergeneration. Die Ursprünge des Nationalsozialismus in der k. u. k. Monarchie, Wien/Köln/Weimar 2005.

Wohnout, Helmut: Regierungsdiktatur oder Ständeparlament? Gesetzgebung im autoritären Österreich, Wien/Köln/Graz 1993.

Wohnout, Helmut: Politischer Katholizismus und Antisemitismus, in: Enderle-Burcel, Gertrude/Reiter-Zatloukal, Ilse (Hg.): Antisemitismus in Österreich 1933–1938, Wien 2018, S. 167–194.

Wohnout, Helmut: Das Ermächtigungsgesetz 1934 und seine Handhabung in Österreich, in: Beiträge zur Rechtsgeschichte Österreichs, 2 (2018), S. 371–384.

Wolf, Norbert Christian: Die österreichischen Reaktionen auf die NS-Bücherverbrennungen des Jahres 1933 und die Spaltung des österreichischen PEN-Clubs, in: Hachleitner, Bernhard u. a. (Hg.): Hachleitner, Bernhard/Pfoser, Alfred/Prager, Katharina/Schwarz, Werner Michael (Hg.): Die Zerstörung der Demokratie. Katalog zur Ausstellung „Österreich. März 1933 bis Februar 1934", Salzburg/Wien 2023, S. 148–151.

Personenregister

A

Adam, Walter   36–37, 82
Adorno, Theodor   145
Andrian, Leopold   36
Angerer, E. Tony   69
Aviano, Marco d'   94

B

Barrès, Maurice   52
Bassermann, Albert   126
Bassermann, Elsa   126
Bauer, Otto   122
Bauman, Zygmunt   152
Beethoven, Ludwig van   78–79, 140
Benda, Oskar   36, 39
Beneš, Jara   38
Bernaschek, Richard   122–123, 157
Biener, Wilhelm   100
Bodenwieser, Gertrud   19
Böhm, Anton   38, 65–66, 138–139, 150
Böhm, Wilhelm   138–139
Böhm, Karl-Heinz   135, 137
Bolváry, Géza von   111–112
Burjan, Hildegard   96

C

Campe, Johann Heinrich   45
Carpeaux, Otto Maria   62
Czermak, Emmerich   127–128
Csokor, Franz Theodor   70, 101–102, 127, 145

D

Déroulède, Paul   52
Dieterle, William   103

Dollfuß, Engelbert   4 (Impressum), 10, 16, 21, 25, 29–30, 34, 36, 41–42, 44, 49, 51, 53–54, 56, 59, 61, 63, 66, 72, 76, 81, 87–90, 94, 96–97, 103, 106–107, 109, 113–115, 118, 122, 142, 147–148, 150, 156–157

E

Egger-Lienz, Albin   77
Emhart, Maria   124
Eugen von Savoyen (siehe Prinz Eugen)

F

Farkas, Karl   18, 77
Fey, Emil   109, 157
Faymann, Werner   142
Fidelis, Otto Maria (siehe Carpeaux)
Figl, Leopold   133
Fischer, Franz   129
Fleck, Jakob   127
Fleck, Luise   127
Florian, Maximilian   123
Franz Joseph I.   94, 75, 135–137, 141
Frass, Wilhelm   76
Freis, Rudolf   45
Freumbichler, Johannes   116
Frost, Bruno   71

G

Gföllner, Johannes   128
Ginzkey, Karl   69, 97–98, 109, 150
Glaise-Horstenau, Edmund   119
Gleißner, Heinrich   119
Glöckel, Otto   82
Golte, Lothar   49–50
Gorbach, Alfons   142

Gomperz, Heinrich   125
Grengg, Marie   67, 69, 97
Grillparzer, Franz   64, 100
Grogger, Paula   99
Grünbaum, Fritz   18

H

Habsburg, Otto von   16, 61–62
Handel-Mazzetti, Enrica Freiin von   38, 72
Hantsch, Hugo   63
Hauser, Carry   4 (Impressum), 69–71, 102, 132, 145–146
Haydn, Joseph   16, 10. 78, 82, 91, 140
Helbig, Heinz   49
Henz, Rudolf   57, 90–91, 97, 107
Herterich, Franz   99
Herczeg, Ferenc (Franz)   114
Hieß, Joseph   20, 25
Hildebrand, Dietrich von   66
Hitler, Adolf   101, 104, 113–114, 117–120, 156, 158
Hofer, Andreas   78, 91
Holzmeister, Clemens   4 (Impressum), 95–96, 103
Hörbiger, Attila   111–112
Horthy, Miklós   24
Hueber, Franz   156
Hurdes, Felix   133–134

I

Innitzer, Theodor   76, 86, 89, 94, 97, 110

J

Joseph II.   53
Jürgens, Curd   9

K

Kadmon, Stella   19
Karl I.   17–18
Karl V.   63
Karl der Große   63

Kende, Oskar   25
Kernstock, Ottokar   16, 82
Keyserling, Hermann   36, 39–40, 129
Klaus, Josef   140
Knörrlein, Rudolf   67
Krakauer, Siegfried   145
Kreisky, Bruno   73, 124, 146
Kunschak, Leopold   127
Kürenberger   63
Kurzmayer, Carl   49–50
Kutter, Anton   138

L

Lamarr, Hedy   49, 136
Leb, Josef   66
Liebeneiner, Wolfgang   141
Locke, John   42
Lueger, Karl   94, 127
Luther, Martin   65
Lux, Joseph August   62, 78, 83

M

Machatý, Gustav   49
Mahler, Anna   145
Mahler-Werfel, Alma   245–246
Malir, Helena (siehe Malířová)
Malířová, Helena   114
Maria Theresia   61, 63, 141
Marischka, Hubert   77, 135
Marischka, Ernst   135–137
Marx, Karl   24
Meixner, Erich   79
Menasse, Robert   10, 144
Messner, Johannes   28, 41–44, 52–53, 124, 129, 151, 158, 167
Miklas, Wilhelm   30, 90, 94, 97, 156, 158
Moser, Simon   87
Mozart, Wolfgang Amadeus   91, 140
Münichreiter, Karl   97
Mussolini, Bennito   24, 29, 52, 96, 145, 147, 156

N
Nadler, Joseph   35, 39, 90
Napoleon, Bonaparte   78–79, 84, 91
Nestroy, Johann   71, 100

O
Ortner, Hermann Ernst   101
Oswald, Gerd   9
Otto I.   63
Ottokar II.   40, 167

P
Papen, Franz von   119–120
Perkonig, Josef Friedrich   99, 150
Pestalozzi, Johann Heinrich   107
Pfrimer, Walter   24, 156
Pittermann, Bruno   142
Pius X.   22
Pius XI.   90, 156
Ploberger, Herbert   103–104
Popp, Adelheid   73
Prinz Eugen   84, 91, 98
Probst, Franz   27

R
Radetzky, Josef Wenzel   91, 98
Reinhardt, Max   103–105, 157
Renner, Karl   133
Resl, Franz   107
Raimund, Ferdinand   100
Ranftl, Johann   72
Rieder, Ignatius   37
Rintelen, Anton   83, 150
Rousseau, Jean-Jacques   42, 45

S
Schubert, Franz   91
Schulz, Fritz   126
Schulz, Karl   25
Schuschnigg, Kurt   4 (Impressum), 29, 26, 36, 41, 51–52, 56, 61–62, 64–65, 67, 73–75, 82–85, 93, 97, 99, 113–114, 115–116, 118–120, 145, 147, 150, 156–158
Schmidt, Guido   119
Schneider, Romy   135, 137
Schönerer, Georg Ritter von   25
Seipel, Ignaz   18, 26, 28–29, 45, 47, 55, 72–73, 94, 96, 103, 1512, 155
Seyß-Inquart, Arthur   120, 158
Shakespeare, William   103
Sissi / Sissy   77, 135–137
Soyfer, Jura   123
Spann, Othmar   21, 42–44, 151, 155, 158
Spindelegger, Michael   142
Srbik, Heinrich Ritter von   34–35, 39
Stalin, Josef   133
Starhemberg, Ernst Rüdiger von   24, 62, 64–65, 73–74, 91, 109, 155–158
Starhemberg, Fanny   45–46, 55
Strauß, Johann   91
Strnad, Oskar   103
Suchy, Richard   123

T
Toscanini, Aturo   104

U
Urbanitzky, Grete von   99

V
Vaugoin, Carl   156

W
Waggerl, Karl Heinrich   67, 69, 97, 99
Wagner, Otto   63
Wagner, Richard   104
Weinheber, Josef   99
Werfel, Franz   145–146
Wernher der Gartenare   101
Wessely, Paula   105, 111–112, 136
Wolfring, Mina   45

Wondracek, Rudolf   76
Würtz, Johannes   101

Z

Zenker, Franz   65
Zernatto, Guido   57, 67, 97, 98, 124–125, 142–143, 149, 170
Zweig, Stefan   9, 24

Sachregister

A

Action française 24
Aktion gegen Antisemitismus 146
Aktivbürger:in 143
Alldeutscher Verband 25
Allgemeiner Deutscher Katholikentag 89–90
Anhaltelager 117, 146, 157
Antisemitismus 4 (Impressum), 15, 19, 22–23, 25, 39–40, 102, 113, 116, 125–129
Aufklärung 18, 23, 28, 40–43, 45, 47, 51, 91, 101, 141, 151–152, 185
Autorität 28, 43–44, 52–54, 59, 90, 144, 158

B

Babenberger 63, 140
Balilla 55, 84
Barock 10, 61, 65–66, 79, 88–89, 91, 93, 94, 103–104, 109, 110, 115, 139, 140–141, 152–153, 157
Berufsstände 4 (Impressum), 12, 24, 28–29, 36, 38, 41–44, 47–48, 52–54, 57–59, 71, 93, 96, 148, 151, 155
  – berufsständische Gesellschaft/Ordnung 28–29, 33, 40–44, 54, 59, 62, 89, 129, 151, 155, 156, 158, 167
Betriebsräte 16
Blauer Adler 68
Bolschewismus 26, 53, 78, 82, 89, 113
Brauchtum 57, 72, 86, 107, 109
Bund Neuland 22, 38, 150
Bundesheer 76, 78, 86, 91, 109, 118, 149
Bundeshymne 16, 82
Bundeskommissariat für Heimatdienst (siehe Österreichischer Heimatdienst)
Bundeskulturrat 57, 107, 125, 170
Bundestag 58
Bundesversammlung 58
Bundeswirtschaftsrat 57–58
Bürgerkrieg 1934 (siehe Februar 1934)

C

Christlichsoziale 16–18, 21–22, 26–31, 39, 45, 47, 73, 82, 96, 127, 142–143, 151, 155–156
  – Christlichsoziale Partei 17, 27, 31, 72, 89–90, 127, 157

D

Deutsche Arbeiterpartei 24–25
deutsch–österreichisches Filmverkehrsabkommen 126
Deutschösterreich 16–17, 21, 72, 155
Deutschnationalismus 19, 21, 134
Deutschtümelei 19, 21–22, 39, 121, 153
Demokratie 7, 9–10, 17, 18–19, 24, 28–30, 39, 43, 51, 78, 131, 143–144, 150–152, 155, 162, 167
  – bürgerlich-liberale D. 8–10, 12, 15, 17–18, 21, 23–15, 27–29, 41, 43–44, 47, 51–52, 68, 83, 87, 89–91, 94, 105, 124–125, 131, 133, 136, 138, 141–144, 147, 150, 151, 153, 155
  – Formaldemokratie 15, 162
  – illiberale D. 7, 23, 43, 152
  – organische D. 7, 15, 28, 40–44, 47, 57–59, 61, 89, 93, 124–125, 129, 143, 151, 167
  – plebiszitäre D. 51–54, 55, 57, 101, 124, 143–144, 151–152, 170
  – radikale Demokratietheorien 52, 170
  – Volksdemokratie 15
Deutsche Gemeinschaft (Verein) 21–22, 42

Deutscher Schulverein Südmark   20, 25, 118
Deutsch-Sozialer Volksbund   119
Dialekt   72, 116
Dichterstein Offenhausen   25
Dokumentationsarchiv des österreichischen Widerstands (siehe DÖW)
Dollfuß-Führerschule (siehe Frontführerschule)
Dollfuß-Lied (siehe Lied der Jugend)
Dollfuß-Mythos   16, 94, 96–97, 109, 114
Doppeladler   33–34, 51, 77, 78, 86
Doppelverdienerverordnung   47–48, 169
DÖW   146

E
Enzyklika „Quadragesimo anno"   29, 41, 59, 89, 156
Enzyklika „Rerum novarum"   39
Erinnerungskultur   9–10
Erste Republik   9, 15–19, 21, 27, 47–48, 53, 72, 121, 125, 134, 141, 143, 156
Erster Weltkrieg   15, 25, 30, 56, 61, 64, 73–77, 84, 86, 91, 111
Eugenik   129
Europa   12, 16, 21, 23–24, 34–38, 40, 63–66, 75, 77–79, 87, 90, 98, 102, 104, 109, 111, 116, 129, 137, 151–152

F
Faschismus   7, 33, 54, 81, 84, 88, 104–105, 146–149, 151–152
Familie   28–29, 38–39, 41–49, 52–54, 62, 68, 71, 109, 114, 122, 129, 145, 151
Februar 1934   9, 30, 64, 78, 82–83, 97, 109, 113, 122–124, 134–135, 141–142, 145–146, 157
Film   9, 11, 49–50, 103, 105, 108–112, 114–116, 126–127, 135–139, 141, 145, 156, 183–184
Föderalismus   10, 12, 38, 55, 61, 71–73, 93, 139, 141, 152

Forum Alpach   87
Franzosenkriege (siehe Napoleonische Kriege)
FPÖ   144, 159
Französische Revolution   18, 28, 37, 51, 87, 91
Frauenreferat   45–46, 55
Freiheitliche Partei Österreichs (siehe FPÖ)
Freimaurer   128
Fremdenverkehr (siehe Tourismus)
Frontführerschule   33–34, 96, 103
Frontkämpfer   26, 73, 86–87, 155
Frontmiliz   56, 148–149, 158

G
Gegenreformation   10, 65
Gemeinde (als Teil der austrofaschistischen Ideologie)   38, 42, 43, 52–54, 62, 68, 71, 73, 151
Gemeinwohl   41–43, 49, 52–54, 61, 129, 158, 162
geteilte Schuld   142, 146
Geschlechterrollen   44–50, 67, 69, 86, 93, 111, 114
Geschlechtsumwandlung   49–50
Gesellschaftsvertrag   42–43
Gestapo   9
Gewerkschaft   59, 134, 157

H
Habsburgermonarchie   12, 15, 17–18, 20, 33–36, 39–40, 55, 61–65, 75–77, 84, 102, 125, 136–137, 140, 143
Hagenbund   19
Handwerk   33, 43, 67, 93
Hauswirtschaftskammer   48
Heimat   7–8, 16, 37–38, 53, 67–69, 70, 72–73, 75, 79, 83–84, 90–91, 98, 107, 116, 119, 129
Heimatblock   26, 156, 148, 153
Heimatfilm   136–138
Heimatliteratur   46, 69, 83, 104, 107, 138

Heimwehr(en) 24, 26–27, 29–30, 55, 67, 73, 87, 109, 122, 148–149, 155–158
Heldendenkmal (Wiener) 76, 94, 98, 111
Heldendenkmäler (siehe auch Kriegerdenkmäler) 84
Heldenverehrung 16, 23, 56, 61, 73, 75–77, 79, 83–85, 88, 91, 94, 98, 102, 109, 111
Heiliges Römisches Reich Deutscher Nation 12, 33–35, 39–40, 62–64, 78, 89, 124–125, 139, 167
Hitler-Bewegung 25
Hitlerjugend 55, 84
Hochschulwochen 86–87
Horst-Wessel-Lied 94, 120

I

Identität(en) 4 (Impressum), 8, 10–13, 16, 24, 30, 57, 61, 63, 65–67, 69, 71, 73, 78, 84–85, 91, 94, 98, 103–104, 113, 116, 121–122, 124, 131–136, 139–142, 144, 150, 152–153
Imperialismus 40, 64, 112, 146, 149
Individualismus 18, 40, 66, 101, 151–152
Institut für Filmkultur 103, 110–111, 115, 126
Institut für Österreichkunde 134

J

Juliabkommen 1936 99, 112, 118–120, 158
Juliputsch 1934 94, 118, 142, 150, 157
Justizpalastbrand 26–28, 155

K

Kaiser 16–18, 53, 62, 63, 75, 79, 94, 135–137, 141
Kaisergemeinden 62
Kaiserhymne 16, 18, 136
Kapitalismus 18, 21, 67
  – Antikapitalismus 22
Katholische Aktion 110

Katholizismus 4 (Impressum), 10, 17, 33, 53, 61, 65–66, 88, 89, 136, 138, 140, 143–144, 150, 152
  – politischer K. 17, 27–29, 41, 47
Kiba 108
Kinderferienwerk 55
Kino 9, 49, 86, 106, 108–109, 115, 128,
Kinobetriebsanstalt Ges.m.b.H. (siehe Kiba)
Klasse (soziale) 22, 70, 91, 147
  – Arbeiterklasse 26, 134
  – Klassenkampf 21–22, 24, 49, 58, 124
  – klassenlose Gesellschaft 17, 21, 134
Kommunismus 16, 29, 30, 78, 93, 114, 116, 123–124, 128, 132, 135, 157–158
Konfliktdemokratie 9, 25–27, 135, 141–142, 146
Konkordat 136, 156
Korneuburger Eid 24, 29, 155
Konsensdemokratie 135, 141–142
Kraft durch Freude 57
Kriegerdenkmäler (siehe auch Heldendenkmäler) 73, 75–76
Kriegsverherrlichung 15, 23
Kriegswirtschaftliches Ermächtigungsgesetz 30, 47, 110, 156
Kruckenkreuz 33, 54, 87
Kulturfilm 109, 115
Kulturfundamentalismus (siehe auch Kulturrassismus) 149
Kulturgeschichte (siehe Neue Kulturgeschichte)
Kulturreferat 55, 57, 90, 97, 107

L

Landbund 29, 119, 156
Länderrat 57–58
Landschaft 4 (Impressum), 40, 66–70, 71, 84, 109, 110, 111, 115, 138–139, 152–153
Landtag 58, 156
Legitimisten 16–17, 55, 62
Lehrpläne 82, 143

Leitkultur   12, 21–22, 36, 37–38, 40, 51, 61, 64, 77, 116, 128, 135–136, 149, 152–153
Liberalismus   53, 81, 89, 114, 128
– Antiliberalismus   147, 148
Lied der Jugend   16, 94

M

Maiverfassung   25, 31, 41, 47, 49, 51, 57–59, 73, 78, 90, 105, 110, 125, 128, 150, 157
Marsch auf Rom   24
Marxismus   67, 89
– Antimarxismus   147–148
Migrantenfilme (siehe unabhängiger Film)
Militär/militärisch   55, 56, 73–75, 77–78, 84–86, 88, 91, 93, 122, 147–148, 157–158
Mittelalter   11, 33, 35, 44, 61, 63, 91, 113
Monarchisten   16–17, 55, 62
Mutterschutzwerk   45, 55
Mysterienspiel   88–90

N

Napoleonische Kriege   78, 84, 91
nation building   62, 152–153, 159
Nationalismus (siehe auch Deutschnationalismus)   15, 19, 66, 71, 113, 150
Nationalrat   20, 28, 30, 156, 159
Nationalsozialismus   4 (Impressum), 9–12, 15–16, 22, 24–25, 29, 35–39, 44, 52, 54, 57, 62–63, 67–69, 71, 76, 78, 81, 88, 94, 96–99, 101–107, 109, 111–114, 117–122, 124–125, 128, 129, 131–133, 135, 138, 140–142, 145–146, 148–152, 156–158, 167, 170
Nationalsozialistische Deutsche Arbeiterpartei (siehe NSDAP)
Neue Kulturgeschichte   7, 11, 39
Neues Leben   55, 57, 70, 100, 170
Nibelungenlied   35, 63
NSDAP   25, 30, 39, 99, 101, 119, 149–150, 156–157

O

ÖBUT   106, 109
Oper   38, 104, 140
Opera Nazionale Balilla (siehe Balilla)
Operette   38, 76, 135, 137, 139–141
Opera Nazionale Dopolavoro   57
Opferthese   9–10, 132
Österreich in Bild und Ton (siehe ÖBUT)
Österreichische Filmkonferenz   108
Österreichischer Heimatdienst   81, 105–106, 156
Österreichisches Jungvolk   55–57, 84–85, 128
Österreichische Radio-Verkehrs AG (siehe RAVAG)
Österreichische Volkspartei (siehe ÖVP)
Ostmärkische Sturmscharen   26, 55, 73, 87, 122, 156–157
ÖVP   10, 127, 133–136, 138, 140–142, 144, 159

Q

Queerness   49–50

P

paramilitärische Verbände   26–27, 87, 155
Parlament/Parlamentarismus   10, 15, 17, 19, 24, 28–30, 51–52, 88, 143–144, 151, 155–157
– Ausschaltung des Parlaments/der Demokratie   24, 28–31, 78, 82, 102, 105, 108, 110, 118, 142–143, 147
PEN-Club   99, 101, 150
Pfrimer-Putsch   24, 156
Propaganda   30, 37, 53, 55, 81, 92–94, 97, 106, 109–111, 113–114, 116, 120, 126, 156
Proporzdemokratie   142
Protestantismus   65

R

Radio   51, 86, 105–108, 118, 150
Rassismus   15, 19, 23, 39–40, 69, 113, 129, 147, 149, 185
RAVAG   106, 118
Republik Deutschösterreich   16–17, 21, 72, 155
Republikanischer Schutzbund   26–27, 30, 122, 155–157
Revolution   17, 19, 21, 26, 28, 37, 51, 87, 91, 102, 117–118, 123, 142–143
Revolutionäre Sozialisten   123–124, 158
Rundfunk   93, 106–108, 118, 140, 156

S

Salzburger Festspiele   102–105, 140, 157
SDAP   30, 123, 155, 157
Seipel-Dollfuß-Gedächtniskirche   96, 103
Schule   9, 20, 33, 46–48, 74, 82–85, 90–93, 96, 103, 107–108, 116, 127–128, 133–134, 136–137, 143–144
Schulfunk   107–108
Schulz-Bewegung   25
Schutzbund (siehe Republikanischer Schutzbund)
Schwangerschaftsabbruch   49
Singspiel   76–77, 136
Sozialdemokratie   16–18, 21–24, 26–31, 48–49, 73–74, 78, 83, 106, 108–109, 113–114, 121–125
Sozialdemokratische Arbeiterpartei (siehe SDAP)
Sozialdemokratische (Sozialistische) Partei Österreichs (siehe SPÖ)
soziale Frage   15, 41, 156, 158, 167
Sozialgesetzgebung   15–16, 18, 155
Sozialismus   15–17, 29, 44, 73, 78, 113, 117, 121, 124, 128, 134, 155–158
– Antisozialismus   39, 147–148
Sozialistenprozess (1936)   124, 158
SPÖ   9, 134–135, 141–142, 144

Staatspreis für Literatur   81, 98, 101, 116
Staatsrat   57–58, 69, 125, 127, 150
Stände (siehe Berufsstände)
Steirische Heimatschutz   24, 30, 157

T

Tausend-Mark-Sperre   102, 104, 157
Theater   11, 33, 57, 76–77, 88, 97, 99–103, 108, 126, 128, 136, 141
Thule-Gesellschaft   25
Tourismus   128, 102, 109–110, 149, 152, 157
Trabrennplatzrede   44, 53–53, 87–88, 89, 118, 122, 148, 157
Trachten   4 (Impressum), 67–70, 72, 91, 93, 104–105, 109, 135, 140–141
Traditionsreferat   55
Türkenbelagerung   12, 77–78, 84, 87, 89, 94, 141
Turn- und Sportfront   55, 118
Turnunterricht   74, 84
Turnvereine   20, 118, 120

U

unabhängiger Film   126, 183–184
Universität   39, 61, 78, 82, 83, 85–87, 103, 125–127
Unternehmerbünde   59

V

Vaterländische Front   31, 54–57, 62, 90, 100, 115–116, 118–119,125, 148–149, 157
VdU   133, 141, 144, 159
Verband der Unabhängigen (siehe VdU)
Vereine (siehe Vereinswesen)
Vereinswesen   20–22, 25, 27, 36, 62, 66, 68–69, 72, 111, 118, 120, 156
Verfassung   10, 25, 28, 29–31, 41, 47, 49, 51, 57–59, 72–73, 78, 90, 105, 110, 125, 128, 133, 135, 143, 150, 155–159
Volksbund für das Deutschtum im Ausland   25

Volksgemeinschaft   38, 83, 93, 147–148
Volkskultur   4 (Impressum), 67–69, 84, 98, 113, 116, 138, 140–141, 152
Volksmusik   67, 91, 107, 135, 140–141
Volkspolitisches Referat   119
Volkssouveränität   28, 43, 51–52, 151–152

W

Wehrfront   56
Wiener Bürgerschaft   58

Z

Zensur   105–106, 109–110, 112, 114, 116
Zentralismus   12, 37
Zweite Republik   9–10, 13, 131, 134–136, 138–141, 143, 152–153, 159